DU

DROIT DE RÉSOLUTION

ET DU PRIVILÉGE

ACCORDÉS AU VENDEUR NON PAYÉ.

THÈSE POUR LE DOCTORAT

PAR

HENRI ROUSSELLIER,

AVOCAT.

PARIS

IMPRIMERIE DE E. DONNAUD,

9, RUE CASSETTE, 9.

—

1863

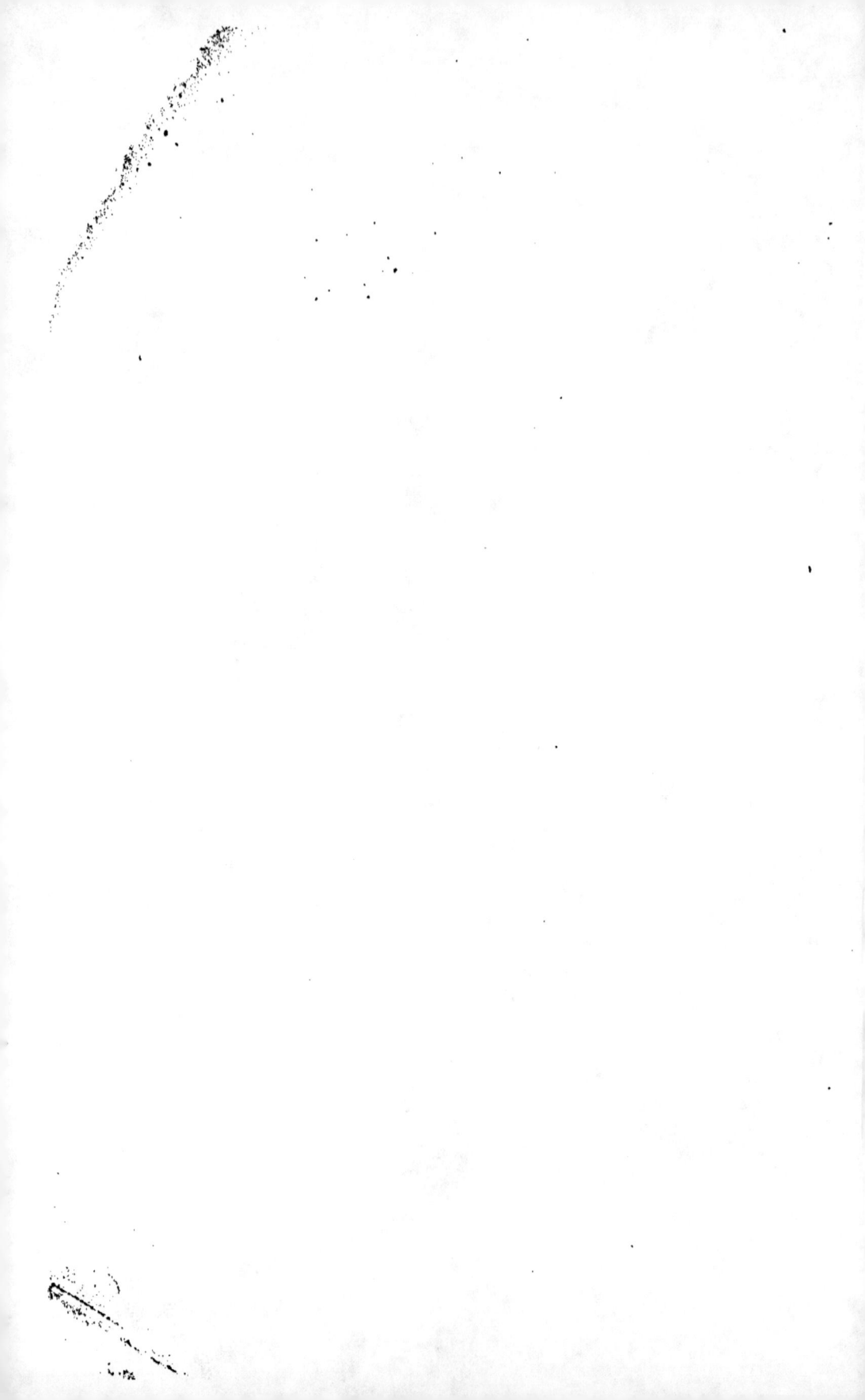

FACULTÉ DE DROIT DE PARIS.

DU

DROIT DE RÉSOLUTION

ET DU PRIVILÉGE

ACCORDÉS AU VENDEUR NON PAYÉ.

THÈSE POUR LE DOCTORAT

PAR

HENRI ROUSSELLIER,

AVOCAT.

L'ACTE PUBLIC SUR LES MATIÈRES CI-APRÈS SERA SOUTENU
EN PRÉSENCE DE M. L'INSPECTEUR GÉNÉRAL **GIRAUD**.

lo vendredi 21 août, à 2 heures.

PRÉSIDENT : **M. BONNIER**,

SUFFRAGANTS { MM. PELLAT, doyen. } *Professeurs.*
{ VALLETTE, }
{ BUFNOIR, } *Suppléants.*
{ GIDES, }

Le candidat répondra en outre aux questions qui lui seront adressées
sur les autres matières de l'enseignement.

PARIS

IMPRIMERIE DE E. DONNAUD,

9, RUE CASSETTE, 9

1863

A MON PÈRE, A MA MÈRE.

A MON ÉLOQUENT ET EXCELLENT MAITRE

M. A. CRÉMIEUX,

Hommage de respectueuse et vive gratitude.

DU DROIT DE RÉSOLUTION

ET

DU PRIVILÉGE ACCORDÉS AU VENDEUR NON PAYÉ

PREMIÈRE PARTIE

INTRODUCTION

De tous les contrats la vente est assurément le plus
naturel, le plus pratique, le plus digne, à tous égards,
de la sollicitude du législateur. Isolées, les forces
productrices seraient impuissantes : c'est elle qui les
vivifie et les complète les unes par les autres; qui
assure par la compensation et la répartition des produits la satisfaction de tous les besoins, et fait concourir toutes les aptitudes au bien-être universel. Elle
a dû être, sous la forme primitive de l'échange, un
des premiers besoins des sociétés : transformée par
l'emploi des équivalents monétaires et par les mille
branches de l'activité commerciale, elle a été l'instru-
ment le plus puissant de civilisation et le lien le plus
énergique entre les peuples qu'elle avait rapprochés.
L'accroissement des relations du commerce donne la
mesure de l'état de civilisation d'une société et de la
sécurité qui y règne. Les législateurs de tous les pays

ont donc été nécessairement conduits à s'occuper avec
une attention spéciale de ce contrat si important, et à
l'entourer de toutes les garanties qui pouvaient le
multiplier en faisant naître la confiance. En écarter la
mauvaise foi, y substituer l'interprétation saine de la
volonté des parties à l'observation judaïque des termes employés, admettre à y participer les étrangers
comme les citoyens, telles étaient les premières conditions de la législation de la vente, et les jurisconsultes romains ne les méconnurent pas. Mais pour
que la confiance fût entière, il fallait veiller à ce que
chacune des parties reçût bien de l'autre ce qu'elle en
attendait comme équivalent de ce qu'elle lui fournissait elle-même; ou lui assurer au moins les moyens
de rentrer en possession de son bien, s'il lui était impossible d'obtenir de l'autre l'exécution du contrat.
En faveur de l'acheteur furent posés les principes de
la délivrance et de la garantie, de l'action redhibi-
toire et *quanti minoris*, de la *cautio duplœ*. Quels sont
les moyens par lesquels, en sens contraire, sont protégés les droits du vendeur ? Quelles garanties lui
donna le droit romain ? Quel en fut le point de départ ?
Comment se développèrent-elles sous l'effort des jurisconsultes ? Qu'y ajouta notre ancienne législation ?
Comment enfin, de transformations en transformations, a fini par se constituer le système qui nous régit
aujourd'hui ? Tel est le sujet que nous nous proposons
d'étudier dans ce travail.

Rien ne fut plus étranger aux idées romaines que
l'effet attaché aux conventions par l'art. 1138 de notre

Codé civil, c'est-à-dire le transport immédiat de la
propriété (1) par le seul accord des volontés, et ce que
la loi 20, C. *De pactis* (l. II, tit. 3), dit du simple pacte
est également vrai des contrats : *Traditionibus et usu-
capionibus* (2) *dominia rerum, non nudis pactis transfe-
runtur.* — Le contrat de vente produit seulement deux
obligations corrélatives : Le vendeur s'oblige à livrer
la chose; l'acheteur s'engage à payer le prix convenu.
Deux actions personnelles sanctionnent ces deux obligations.

Le vendeur conservait donc la propriété de l'objet
vendu jusqu'à la tradition qui seule pouvait en opérer
le transfert. Mais le droit romain allait plus loin encore : bien que, intervenant après la vente, la tradition parût avoir cette *justa causa* sans laquelle elle
était impuissante (loi 31, pr. *De acq. rer. dom.*
D. XLI-1), les jurisconsultes exigeaient une condition
de plus; ou plutôt ils ne considéraient pas la vente
par elle-même comme suffisamment indicative de la
volonté d'aliéner pour constituer cette *justa causa.* Le
vendeur ne leur paraissait pas avoir voulu se dépouiller de sa chose avant d'en avoir reçu le prix, et

---

(1) Nous disons la *propriété* et non *les droits réels*, parce que, au
moins dans la jurisprudence prétorienne, le simple pac'e nous paraît
avoir suffi pour conférer certains de ces droits. Sans parler de l'hypothèque pour laquelle aucun doute n'est possible, tel nous parait être
relativement aux servitudes le sens du § 31 du com. II de Gaius,
de la loi 25 § 7, *De usufr.* D. et de plusieurs autres fragments.

(2) La tradition devra être complétée par l'usucapion quand il s'agira
d'une res *mancipi*, ou d'une chose dont le vendeur n'était pas propriétaire : dans ce cas, en effet, il n'a pu que mettre l'acheteur *in causa
usucapiendi.*

la possession dont il avait investi l'acheteur était réputée précaire jusqu'au paiement. Il se trouvait donc nanti de deux actions : l'action *venditi*, personnelle et de bonne foi, par laquelle il réclamait l'exécution du contrat, s'il lui était avantageux, et obtenait le paiement du prix et des intérêts de ce prix à partir de l'époque de la tradition. (Loi 13, § 20 et § 21 *De act. empt.* XIX-1, Ulp. D.) — L'action en *revendication*, conséquence nécessaire de la propriété qui lui était conservée, par laquelle il pouvait, à son gré, se faire remettre en possession de la chose, l'enlever même à des tiers détenteurs, ou éviter le concours des autres créanciers de l'acheteur insolvable. C'était là une garantie des plus énergiques et, dans la sphère de son application, pleinement efficace; puisqu'elle avait pour résultat la restitution effective de la chose. Cette dernière proposition est vivement contestée et a partagé les interprètes modernes comme les anciens commentateurs.

Dans le système de l'ancienne procédure des actions de la loi, tout porte à croire que l'exécution avait lieu sur la chose même (Gaius, *Com.* IV, § 16 et § 48), quoique les détails nous manquent absolument. Mais quand prévalut le système de la procédure formulaire, la règle s'établit que toute condamnation devait être pécuniaire, tant pour les actions réelles que pour les actions personnelles. Il semble dès lors que le demandeur ne devait avoir aucun moyen de rentrer en possession de la chose dont il était propriétaire et qu'il devait se contenter d'en recevoir l'estimation. Pour remédier aux inconvénients d'une pareille procédure,

le préteur introduisit dans la formule deux éléments
de nature à assurer au demandeur l'objet même de sa
réclamation : l'*arbitrium* ou *jussus*, par lequel il com-
mande au défendeur d'opérer la restitution, mettant
son absolution à ce prix, — la menace, s'il s'y refusait, de le frapper d'une condamnation excessive (1)
dont le chiffre serait laissé à la discrétion de son adversaire. Mais cette menace était-elle la seule sanction
du *jussus*, de telle sorte qu'en se soumettant aux
chances du *jusjurandum in litem*, le défendeur fût
maître de conserver la chose qu'il avait indûment
retenue ? Telle est la doctrine qu'ont soutenue de nombreux commentateurs, entre autres Antoine Favre,
et, de nos jours, M. de Savigny. On comprend que,
si on l'admet, la garantie que fournit au vendeur non
payé la conservation de la propriété, est singulièrement amoindrie. L'effet de sa revendication, si la résistance de l'acheteur peut la faire aboutir à une simple condamnation pécuniaire, va être précisément de
transférer à celui-ci *hic et nunc* cette propriété dont il
veut ressaisir l'exercice, en échange d'une créance
qui, pour être plus considérable peut-être que celle
du prix de vente, n'en courra pas moins, comme elle,
toutes les chances de l'insolvabilité du débiteur. En
échange de la créance du prix, le vendeur n'a pas
abandonné sa propriété : car sa volonté d'aliéner ne
paraissait pas suffisamment manifestée. Mais si, per-
dant l'espoir d'être payé, il veut faire valoir ses droits

---

(1) « *Magno condemnatus.* » Paul loi 73, D. *De fidejussoribus.* —
Loi 2, § 1. *De in litem jurando.* XII. 3.

de propriétaire, la sentence qu'il obtiendra l'en dépouillera définitivement et en investira l'acheteur
statim (1), avant même que le montant de la condamnation n'ait été payé (2)! Étrange garantie que cette propriété laissée au vendeur, s'il doit la perdre dès qu'il
voudra s'en prévaloir, et s'il ne peut en exercer les
droits qu'en compromettant les bénéfices que sa conservation devait lui assurer!

Ainsi pour apprécier l'étendue des droits du vendeur qui a livré sans recevoir le prix et sans qu'il soit
intervenu l'un de ces actes qu'à ce point de vue le
droit romain y assimile (3), il est important d'établir
que la revendication lui procurera bien, même malgré
la résistance de l'acheteur, la restitution de la chose
imprudemment livrée; que la force publique, au besoin, l'aidera à vaincre cette résistance et à faire respecter l'ordre du juge.

A côté de divers fragments qui n'indiquent d'autre
moyen de contrainte que la menace d'une condamnation exagérée (4), mais qui ne nous semblent cependant pas assez formels pour exclure l'idée d'une autre
sanction, plusieurs fragments nous paraissent consacrer invinciblement l'intervention de la force publi-

---

(1) Loi 46, Paul *De rei vindic.* D. VI. 1.

(2) M. Pellat, Principes de la propriété, page 295. — Commentaire
de la loi 46, *De rei vind.*

(3)... *Vel alio modo ei satisfecerit, veluti expromissore aut pi-
gnore dato.* Ajoutons le cas où le vendeur a simplement suivi la foi
de l'acheteur, en lui accordant un délai, par exemple, § 41 *De rerum
divis.* Instit. — Nous y reviendrons plus loin.

(4) Loi 16, § 3 *De pignoribus et hyp.* Marcien. — Loi 9, § 1. *De
furtis,* Pompon. Gaius Com. IV, § 48, 163.

que pour l'exécution du *jussus*. Ce sont d'abord la loi
0, *De rei vindicatione* (1) et la loi 58 du même titre (2),
où les termes dont se servent les jurisconsultes Ulpien
et Paul se rapportent bien mieux à une restitution
forcée qu'à une restitution volontaire. Néanmoins, si
ces deux textes étaient les seuls, il faut avouer qu'ils
seraient insuffisants; car, à la rigueur, ils pourraient
faire allusion à une contrainte indirecte, et le § 4,
tit. XIII, liv. I, des *Sentences* de Paul, nous montre
le mot *cogere* appliqué à une hypothèse où la contrainte directe est impossible (3). Un fragment de
Cicéron (n° 12 du 2° disc. contre Verrès) nous semble beaucoup plus décisif. Tandis que, dans l'opinion
de M. de Savigny, la seule *coactio* c'est la crainte de
la condamnation à laquelle, dans les textes cités, le
verbe *cogere* se rapporterait exclusivement, Cicéron
met formellement en regard l'un de l'autre ces deux
pouvoirs du juge : *Cogere reum fundum restituere* AUT
condemnare. La *coactio* ne peut donc pas consister
dans la condamnation, puisqu'elle forme le premier
terme d'une alternative dont la condamnation est le
second. Enfin, ne semble-t-il pas que toute controverse
est tranchée par les termes de la loi 68, *De rei vindic.*
où le jurisconsulte Ulpien s'exprime ainsi : « Qui re-
» stituere jussus, judici non paret, contendens se non
» posse restituere, si quidem habeat rem, *manu mili-*
» *tari*, officio judicis ab eo possessio transfertur, et

---

(1) *Necesse habebit possessor restituere.*
(2)... *Judicem cogere ut servum traderet.*
(3) *Venditor cogi potest ut tradat vel mancipet.*

« fructuum duntaxat omnisque causæ nomine con-
» demnatio fit..... » — Ce témoignage était trop formel pour que l'on pût équivoquer sur ses termes; on
ne pouvait écarter la preuve péremptoire qu'il fournit
qu'en le repoussant comme suspect. La nécessité de
la condamnation pécuniaire n'avait pas survécu au
système formulaire. Sous Justinien, la condamnation
portait sur la chose même. Pour l'accommoder au régime nouveau, les compilateurs, à en croire M. de Savigny, auraient fait subir au fragment d'Ulpien une
interpolation analogue à celle que le § 52 du Com. IV
de Gaius a subie en passant dans les *Institutes* de Justinien (1). Mais tandis que cette dernière altération
ressort clairement de la comparaison des textes de
Gaius et de Justinien, rien ne permet de douter de
l'authenticité du texte d'Ulpien. Sa décision est d'ailleurs parfaitement compatible avec la marche générale de la procédure formulaire, et parfaitement conforme aux procédés ordinaires du droit prétorien (2).
Bien plus, la combinaison des différentes parties de
cette loi n'a pu se rencontrer que sous la plume du
jurisconsulte classique, et ne peut être le produit d'un
remaniement, si maladroit qu'on le suppose, par les
rédacteurs des *Pandectes*. Si Ulpien n'avait pas admis
la restitution forcée de la chose, il n'aurait pas parlé
des fruits comme faisant l'objet *unique* de la condamnation; donc en admettant l'interpolation, les mots *fru-*

---

(1) *Curare debet judex ut. . . certæ pecuniæ* VEL REI *sententiam
ferat.* § 32. De actionibus. Instit.
(2) Tambour Voies d'exécution, I, p. 407.

ctuum duntaxat ne peuvent appartenir à Ulpien. D'autre part, il est impossible que Tribonien en soit l'auteur : car dire qu'il n'y a condamnation que pour les fruits, c'est dire qu'il y a absolution pour le principal. Or l'idée d'une absolution relativement à un objet sur lequel a eu lieu une exécution forcée est étrangère à la procédure extraordinaire où le *jussus* se confond avec la *condemnatio* (1), et n'a pu exister que sous le système formulaire. Quant aux mots *manu militari*, loin de trahir l'intervention du correcteur, ils sont une preuve de plus de la sincérité du texte : le même Ulpien les emploie ailleurs (loi 3 *pr.*, *D. Ne vis fiat* XLIII, 4) et M. Pellat fait remarquer que Tribonien les aurait précisément évités, une constitution (2) de Théodose le Jeune ayant défendu aux particuliers de requérir pour des intérêts privés la force militaire.

D'autres interprètes, touchés de ces raisons, consentent à accepter le texte d'Ulpien comme authentique; mais ils veulent y voir une décision exceptionnelle et qui laisse subsister comme droit commun l'obligation, pour le demandeur, de se contenter de l'estimation, si le défendeur refuse de s'exécuter spontanément Le point de départ de ce système, se trouve dans la loi même que nous invoquons, dans les mots : *contendens se non posse restituere.* « Ulpien, disent-ils, en accordant seulement l'exécution forcée pour ce cas-là, présente donc le mensonge du défendeur comme

---

(1) M. Pellat, *op. cit.*, p. 373, loi 17, C. *De fideic. liber.*, VII, 4.
(2) M. Pellat, *op. cit.*, p. 374 et suiv. loi 1, Code *De officio militarium judicum*, I, 46.

une condition nécessaire pour autoriser l'intervention de la *manus militaris ;* et cela s'explique : pour constater l'existence de la chose entre les mains du défendeur et le convaincre de mensonge, une perquisition a dû être faite par les agents de l'autorité. S'ils trouvent l'objet, n'est-il pas tout simple qu'ils le remettent immédiatement au propriétaire? Hors de ce cas, il faudra s'en tenir aux lois 16, § 3, *De pignor. et hyp.* 9, § 1, *de furtis,* etc., et ne reconnaître d'autre sanction que la menace de la condamnation. »

Faut-il attacher à ces mots : *contendens se non posse* le sens restrictif qu'on leur donne, et l'espèce prévue par la loi 68 n'est-elle pas plutôt une application d'un principe général qu'une dérogation au droit commun? La manière dont est rédigée dans son ensemble la loi qui fait l'objet de la discussion, les autres cas qu'elle prévoit et rapproche de la *contumacia,* me semblent ne laisser aucun doute. Ulpien ne se demande pas quels sont les cas où la *manus militaris* pourra intervenir et n'a pas pour but de rechercher les conditions de cette intervention. Il se demande ce qui se passera quand le défendeur répondra qu'il n'a plus l'objet, et il trouve que cette question peut se présenter dans trois circonstances différentes : ou bien il a menti et possède réellement la chose, ou bien il s'est frauduleusement mis dans l'impossibilité de la représenter, ou bien il a perdu la faculté de restituer sans qu'il y ait aucun dol à lui reprocher. Tandis que dans les deux derniers cas, il ne pourra être soumis qu'à une condamnation pécuniaire, par la force même des choses, Ulpien dit que dans le premier la condamnation aura lieu seulement pour les accessoires, parce qu'on le dépouillera de l'objet trouvé entre ses mains. Est-ce à dire que quand il le détiendra sans tenter de le cacher on ne pourra pas le reprendre? N'est-il pas probable plutôt qu'Ulpien a donné cette décision dans ce cas spécial par application des règles de la procédure ordinaire? Comment l'aveu du défendeur modifierait-il, malgré le propriétaire, les droits de celui-ci, qu'une allégation mensongère de sa part conserverait intacts? Sans doute celui qui essaie de se soustraire par fraude aux ordres d'une autorité légitime mérite les rigueurs de la loi; mais celui qui les méconnaît ouvertement est-il digne de faveur? Comprendrait-on enfin que durant toute l'époque classique du droit romain il n'ait existé aucun moyen d'assurer au propriétaire la restitution de son bien?

La loi 68 a donc une portée générale et dans tous les cas de contumace, avec ou sans mensonge, le propriétaire revendiquant pourra faire appel à la force publique, si mieux il n'aime se contenter d'obtenir une condamnation pécuniaire.

C'est ainsi que l'on peut s'expliquer que, dans la loi 46 du même titre, le jurisconsulte Paul considère l'acceptation de l'estimation comme une *transaction* dont le résultat immédiat va être le transport de la propriété au défendeur (*statim dominium ad possessorem pertinet*), tandis que non-seulement ce transport de propriété n'aura pas lieu, mais même le demandeur ne sera pas tenu de céder ses actions au défendeur quand celui-ci se sera mis par son dol dans l'impossibilité de restituer. Qu'y aurait-il de plus dans le premier cas que dans le deuxième, si dans l'un et dans l'autre c'était du défendeur qu'il dépendît de choisir entre l'exécution du *jussus* et la condamnation ? Comment pourrait on présumer de la part du demandeur l'abandon de ses droits, une transaction, une vente véritable, s'il n'avait pas dépendu de lui de reprendre l'objet? Sans cela, dans le premier cas comme dans le second, on devrait lui conserver la propriété, sauf à déclarer qu'il ne pourra plus agir en revendication, ayant épuisé son action en l'exerçant une fois. Il est vrai que M. de Savigny ne reconnaît pas au fragment de Paul d'autre sens que celui-là; mais les termes de cette loi indiquent trop formellement un transport réel et immédiat de propriété pour que l'on puisse admettre son interprétation. (M. Pellat, *op. cit* page 375 et la note. — Tambour, *op. cit.* I, page 407 et suiv.)

Faisant de ces principes généraux de la revendication l'application à notre matière spéciale, nous croyons donc pouvoir dire que le vendeur non payé reprendra, s'il le veut, en nature, la chose qu'il a prématurément livrée. Il est, par conséquent, en ce cas, protégé par une efficace garantie. Remarquons-le, toutefois, elle ne portait que sur la possession de la chose, et ne mettait à néant que la tradition imparfaite qui avait eu lieu, sans porter aucune atteinte aux obligations nées de la vente. Sans doute le vendeur pouvait, tant que le prix n'était pas payé, reprendre et retenir sa chose; mais il restait toujours tenu de l'action *empti* par laquelle l'acheteur pouvait plus tard exiger l'exécution du contrat. La revendication qui lui était accordée n'avait rien de commun avec l'idée d'une condition résolutoire tacite apposée à la convention, et avait l'incouvénient de la tenir dans une fâcheuse incertitude.

Tel était le droit commun : mais il s'en fallait que le vendeur romain fût toujours aussi énergiquement protégé. Le principe que la vente ne constituait une *justa causa traditionis* qu'après le paiement du prix, souffrait de nombreuses exceptions. Nous y avons déjà fait allusion plus haut. Le vendeur cessait d'être propriétaire dès le jour de la tradition, et irrévocablement quand il avait reçu de l'acheteur une garantie spéciale dont il était présumé s'être contenté (un fidéjusseur, un gage ou une hypothèque). — A lui de prendre soin que la caution fût solvable, que le gage fût suffisant et que l'hypothèque vînt en rang utile. Contre son acheteur, en vertu de la vente, il n'avait plus que les droits d'un créancier et ne pouvait agir que par l'action personnelle *ex vendito*. Il en était encore de même quand il avait suivi purement et simplement la foi de l'acheteur (§ 41, *De rer. divis. Instit.*), sans prendre de précaution pour assurer le paiement, manifestant sa confiance, par exemple, par la concession d'un délai. Dans ce cas, si sa confiance a été trompée, si l'acheteur devient insolvable, il court risque de perdre à la fois le prix et la chose sur laquelle il n'a plus que les droits accordés à un créancier sur les biens de son débiteur.

Le droit romain le laissait-il donc désarmé et ne lui accordait-il aucun moyen d'échapper à cette dangereuse situation ? Celui qui a mis un bien dans le pa

trimoine du débiteur, sans recevoir de lui aucun équivalent, n'aura-t-il ni un droit de préférence sur ce
bien, ni un moyen de faire résoudre le contrat que
l'acheteur n'a pas exécuté ?

Les auteurs s'accordent généralement à dire qu'il
n'y avait en droit romain, pour le vendeur, ni hypothèque tacite, ni privilége sur la chose vendue.
(M. Valette, *Priviléges*, p. 103. — M. Troplong, *Priviléges*, I, p. 230. — A. Favre, *Code*, liv. 3, tit. 7,
def. 6, note 2). Cependant Loyseau, dans l'ancien
droit (*Traité des offices*, liv. 3, chap. 8, *De la distribution du prix de l'office décrété*, page 102), et Grenier
parmi les modernes (*Hypothèques*, II, § 383), se sépa-
rent sur ce point de la doctrine universellement en-
seignée. La base de leur système se trouve dans la loi
34, *De reb. auct. jud.* XLII, 5, et dans plusieurs novelles. La loi 34, du jurisconsulte Marcien, est ainsi
conçue : « Quod quis navis fabricandæ, vel emendæ,
» vel armandæ, vel instruendæ causa, vel quoquo
» modo crediderit, vel *ob navem venditam petat :* habet
» privilegium post fiscum. » Elle semble donc bien
accorder au vendeur, sinon une hypothèque privilégiée, du moins un privilége personnel à l'égard des
autres créanciers chirographaires. (Pothier, *Pandectes*,
livre 20, titre C, n° 26, note 1. — Vinnius, *Selectæ
questiones*, II, 5.)

Barthole (et M. Troplong semble incliner vers son
opinion), se refuse à reconnaître dans cette loi un droit
accordé au vendeur du navire ; et il critique la Glose
d'avoir vu dans les mots : *ob navem venditam petat*,
la demande du prix du navire par le vendeur. Il veut

qu'on les entend ainsi : « ou pour toutes avances faites à propos du navire saisi et que l'on *va vendre,* » et il trouve une singulière raison de la décision qu'il prête au jurisconsulte : c'est que le prêteur de deniers, créditant un armateur, mérite d'être encouragé à cause du service qu'il rend à la navigation, tandis que le vendeur, manifestant par la vente l'intention d'abandonner le commerce maritime, a droit à peu de faveur.

Si cette réponse était la seule que l'on pût faire à Loyseau, je ne la croirais pas suffisante pour repousser son système, car il me semble difficile de croire que les mots *ob rem venditam petat* ne se rapportent pas au vendeur réclamant son prix. Après avoir, dans les phrases qui précèdent, énuméré si soigneusement toutes les formes que peuvent affecter des avances faites à l'armateur, après avoir terminé son énumération par la formule si large : *Quoquo alio modo crediderit,* dans laquelle sont évidemment comprises toutes les créances nées à l'occasion du navire saisi, comment le jurisconsulte ajouterait-il encore ces derniers mots qui ne seraient que la répétition des précédents? Il faut bien reconnaître que cette loi accorde au vendeur du navire un privilége, primé seulement par celui du fisc. Mais reste à savoir si cette décision doit être généralisée, ou restreinte au contraire à l'hypothèse qu'elle prévoit. La faveur, que Barthole reconnaissait être accordée en droit romain au commerce maritime (Pothier, *Pand.,* liv. 42, titre 8, art. 2, n° 33, note sur la loi 26), s'étendait, quoi qu'il en ait dit, au vendeur de navires, qui pourra bien souvent,

2

en fait, en être le constructeur. Nous voyons que de nombreux avantages étaient offerts à celui-ci, que la cité romaine lui était conférée. (Ulp. *Regul.* III, § 6.) Cette faveur motiverait assez un privilége exceptionnel pour ne pas permettre de conclure de la décision de la loi 34 à l'existence d'un semblable bénéfice au profit de tous les vendeurs, dont nulle part ailleurs on ne trouverait de traces.

Autant en dirai-je des novelles citées par Loyseau, qui pouvaient être probantes dans la matière qu'il traitait (*de la distribution du prix de l'office décrété*), mais dont, à coup sûr, il avait tort de généraliser les dispositions. Ces novelles (53, ch. 5-97, ch. 3 et 4), parlent d'une hypothèque tacite et privilégiée accordée à celui qui a prêté de l'argent *ad militiam emendam*. N'est-il pas évident, comme le dit M. Troplong, que, là encore, il faut voir une disposition tout exceptionnelle? Le gouvernement impérial n'était-il pas intéressé à ce que le crédit des acheteurs d'offices fût assuré, à ce que les capitaux vinssent volontiers à leur aide? Il est loin d'être démontré que cette hypothèque accordée au prêteur de deniers dût nécessairement, comme le suppose Loyseau, être accordée au vendeur lui-même; mais cela fût-il admis, nous nous trouverions encore dans une matière d'exception. — Et ce qui est vrai des novelles 53 et 97 le serait encore plus, s'il était possible, de la novelle 136, et des différents priviléges qu'elle accorde réciproquement aux *argentarii* sur les biens de leurs débiteurs, et aux créanciers des *argentarii* sur leurs offices ou ceux exercés par leurs fils. (Conf., loi 27, C *De pignor.*)

La loi 17, C. *De pignoribus et hypothecis*, démontre
bien que cette garantie tacite n'était pas accordée à
un prêteur quelconque de deniers destinés à un achat.
« Quand bien même, disent les empereurs Dioclétien
et Maximien dans cette constitution, ton frère aurait
acheté un fonds avec l'argent que tu lui as prêté, s'il
ne t'a engagé ce fonds par une convention spéciale ou
générale, le versement de ton argent n'a pu te conférer un droit de gage; mais rien ne t'empêche de poursuivre ton paiement par une action personnelle devant le président de la province. » « Nisi specialiter,
» vel generaliter hoc tibi obligaverit, tuæ pecuniæ nu-
» meratio in causam pignoris non deduxit. » Une
exception faite en faveur des pupilles par un rescrit
de Sévère et d'Antonin (mentionné par les lois 3, *pr.*
D. *De reb. eorum* et 6, C. *De servo pign. dat.*), ne fait
que donner à cette règle une nouvelle confirmation.
Les priviléges de la novelle 136 étaient donc spéciaux
aux *argentarii*, et rien ne porte à croire que le privilége accordé à l'*argentarius*, qui a désintéressé le vendeur, appartînt au vendeur lui-même avant qu'il eût
reçu son paiement. Dans tous les autres cas, pas plus
le prêteur de fonds que le vendeur n'avait de droit de
gage sur la chose achetée, en dehors d'une convention
expresse. Les §§ 17 et 18 de la loi 5, *De tribut. act.*
(XIV, 4), ne peuvent laisser aucun doute. « Si toutes
les marchandises étaient déposées dans la même bou-
tique, et que celles que l'on y trouve aient été payées
des deniers d'un seul créancier, il subira le concours
de tous les autres, à moins qu'elles ne lui aient été
hypothéquées. — Si j'ai donné ma marchandise dans

l'intention de la vendre et qu'elle s'y retrouve en nature, n'est-il pas injuste que je sois appelé contribu-
toirement? Si je n'ai plus qu'une créance (*in creditum
ei abiit*), je viendrai à contribution; sinon, comme la
vente ne m'empêche pas d'être encore propriétaire
tant que je n'ai reçu ni le prix, ni un *fidéjusseur*, ni
une autre satisfaction, je pourrai revendiquer. »
(Ulpien.) Loyseau prétend à son tour que ce sont là
des décisions spéciales. Mais rien ne l'indique, et il
n'apporte aucune preuve ni aucune raison à l'appui
de cette assertion.

Le privilége du vendeur, à moins qu'il ne fût formellement réservé, était donc étranger au droit romain, et Pothier avait raison de dire que c'était une
création de notre ancien droit. (Note 2, sur l'art. 458
de la cout. d'Orléans.) Le vendeur pouvait refuser de
se dessaisir de la possession de la chose. (Loi 22 *Dig.
De hæred. vel act. vend.* — Loi 13, § 18, *De act. emp.*)
Il pouvait en la livrant prendre soin de ne pas aban-
donner son droit de propriété, en refusant d'accorder
un délai, en évitant tous les actes qui auraient pu de
sa part faire présumer cet abandon, en faisant même
des réserves expresses. (Lauterbach, *Disser. Disput.*
152, §§ 23-24-25.) — Mais si une fois il a laissé s'accomplir le transfert de la propriété entre les mains de
l'acheteur, il a perdu sur la chose tout droit réel. Le
droit romain ne suppose pas qu'il ait eu l'intention de
retenir un privilége sur l'objet vendu, quand l'acheteur lui a fourni déjà des garanties spéciales, ou
quand il a témoigné de la confiance envers lui. Il a
une créance ordinaire : *res in creditum abiit.*

L'idée de la résolution légale de la vente par suite de l'inexécution des obligations de l'acheteur, était aussi étrangère au droit romain que le privilége du vendeur. De nombreux textes en font foi : « Actio tibi « pretii, non eorum quæ dedisti repetitio competit, » disent les empereurs Dioclétien et Maximien dans la loi 8, C. *De contrahenda emptione* (IV, 38).— « *Incivile atque inusitatum est,* » disent-ils encore dans la loi 12, C. *De rei vindic.* (III, 32), « quod postulas, ut manci- » pium quod tradidisti et eo modo dominium ejus » transtulisti, invito eo (1) ex nostro rescripto tibi as- » signetur. » — Ces fragments sont trop formels pour qu'il puisse s'élever un doute à cet égard, et les termes un peu vagues d'un rescrit de Carus, Carin et Numérien, formant la loi 6, C. du titre *De pactis inter emptorem,* ne peuvent prévaloir contre eux. Il faut dire, avec Pothier, qu'il contient simplement l'interpréta- tion et la sanction d'une condition véritable apposée par les parties, et non l'application d'une résolution légale que tous les autres textes excluent si énergique- ment.

Mais, de même qu'à défaut de gage tacite, le ven- deur pouvait en obtenir un par convention, de même, en l'absence d'un droit de résolution légale, il pou- vait, par une clause expresse, se réserver la faculté de mettre la vente à néant dans le cas où l'acheteur ne remplirait pas ses obligations, c'est-à-dire ne paierait

---

(1) Ou *hero* suivant la leçon de Noodt. — Pothier, liv. 27, tit. 5, § 13, note 2. Quoi qu'il en soit, il est clair qu'il s'agit de l'acheteur. — Jung. loi 14, C. *De resc. vend.* — Loi 5, C. *De act. emp.*

pas le prix. C'est le pacte qui était désigné sous le nom de *lex commissoria* et qui paraît avoir été, en droit romain, d'un usage assez fréquent : le *Digeste* le distingue des autres pactes ajoutés à la vente, et lui consacre un titre à part (1), le titre 3 du livre XVIII. C'est sur ce pacte, point de départ de notre condition résolutoire des art. 1184 et 1654, que nous désirons concentrer notre attention et notre étude, recherchant successivement : quels étaient ses caractères ; — quelles étaient les conditions de sa validité, de son accomplissement ou non-accomplissement ; — quels effets il produisait ou faisait produire à la vente dans l'un et dans l'autre cas ; — enfin et surtout quelle était la garantie qu'il fournissait au vendeur, quels moyens il lui assurait pour faire reconnaître et respecter ses droits.

Ces différents points ont été l'objet de nombreuses controverses dont plusieurs sont loin d'être encore tranchées ; il n'est pas jusqu'au nom de cette convention, aux mots *lex commissoria*, sur lesquels on n'ait pas pu parvenir à se mettre d'accord. C'est sur la rubrique même du titre que l'esprit des commentateurs a dû d'abord s'exercer.

Presque tous sont d'accord sur le sens du mot *lex*. Il se prend pour indiquer les pactes qui, devenus obligatoires par leur adjonction à un contrat « tiennent lieu de loi (2) » aux parties. Cujas ne ménage pas les

---

(1) *Tam propter utilitatem quam propter nonnullam obscuritatem.* Doneau Com. liv. 16, ch. 17, § 9.

2) Art. 1134, Code Napol.

épithètes les plus dures à un auteur qui, trompé par les mots, réservo à la *lex commissoria* une place au nombre des lois votées par le peuple romain dans ses comices (1). Le mot *lex* est pris ici pour *pactio*, quoiqu'à proprement parler il exprime plutôt la force obligatoire de la convention que la convention elle-même : (*dat legem contractui*, — loi 7, § 3, *De pactis.* Ulp.) Aussi comprend-on que l'on dise quelquefois *lex pacti commissorii*, sans que cela autorise, malgré l'autorité de Cujas, l'emploi que plusieurs interprètes anciens font de l'expression inverse : *pactum legis commissoriæ.* Celle-ci est justement critiquée par le président Favre : il la signale comme une conséquence de cette erreur singulière que Cujas lui-même relevait si aigrement chez Hotoman ; car, sans cela, *lex* étant ici forcément synonyme de *pactum*, comment aurait-on imaginé la bizarre association de ces deux mots, équivalant à *pactum pacti?*

L'origine et le sens du mot *commissoria* sont l'objet de plus grands dissentiments. D'après Voët (*ad h. tit.* I, page 625), ce pacte serait ainsi nommé parce que son effet, s'il s'accomplit, sera de mettre le contrat à la discrétion du vendeur. (Committitur venditio arbitrio venditoris.) Cujas (*Paratitla digestorum tit. de lege commiss.*) s'attachant à une autre signification du verbe *committere*, prétend que ce nom vient de ce que l'acheteur, portant atteinte à ce pacte, portera atteinte

---

(1) *Est perquam ridiculus, quod non possum reticere, qui de legibus scripsit populi Romani, et inter eas posuit legem commissoriam. Cujas resp.* Scævolæ, loi 6, *De leg. com.* — Cet auteur est Hotoman. Fabre *de error.* Pragmat. dec. 21.

à la vente même : « (Qui committit in eam, committit in » universam venditionem. ») Selon Doneau (*Com. ad* tit. 35, liv. 8 au Code), et Noodt (*Com. ad tit. de lege com.* D.), les mots *res committitur* indiqueraient la déchéance du propriétaire d'un objet et l'acquisition de cet objet par un autre. Ils invoquent la rubrique du titre 4 du livre XXXIX, D. *De publicanis et vectigalibus et commissis :* notre *lex* s'appellerait *commissoria* parce qu'elle frapperait l'acheteur d'une déchéance analogue à la déchéance encourue par celui qui a fraudé les droits du trésor. — Sans entrer dans l'examen de chacune de ces étymologies, nous leur préférons celle qu'a proposée Antoine Favre (*rational. ad leg. 1, h. tit.*) et qui nous paraît plus conforme aux habitudes de langage des jurisconsultes romains. *Committere* indiquerait simplement, comme dans l'expression *stipulatio committitur*, l'arrivée d'un événement prévu et la réalisation des effets qui y étaient attachés. La résolution de la vente à défaut de paiement du prix a beaucoup d'analogie avec une clause pénale (loi 23, *De oblig. et act.*), et, comme la peine encourue, la résolution encourue est dite *commissa.* D'où la convention qui la produit prend le nom de *commissoria.* Entre toutes les conditions résolutoires que l'on pouvait ajouter à une vente, ce nom avait été réservé à celle-ci, parce que seule elle opérait de plein droit (*se ipsam committebat*), tandis que les autres (*addictio in diem, pactes si displicuerit, de retrovendendo*), n'étaient *commises* que par suite d'un fait de l'homme.

On appelait aussi *lex commissoria*, une clause spéciale au gage qui paraît avoir été très-usuelle et qui fait l'objet d'un titre des Sentences de Paul (13, livre II) et d'un titre du Code de Justinien (35, liv. VIII). Elle n'a guère de commun avec le pacte de résolution de la vente que son nom et son caractère de peine encourue à défaut d'un paiement. Le débiteur d'une somme d'argent, donnant un gage à son créancier, consentait à ce que, s'il laissait passer l'échéance, le créancier en demeurât propriétaire. Sous le système des contrats de *fiducie*, c'était une condition apposée à l'obligation du gagiste de retransférer la propriété de l'objet qui lui avait été mancipé ou cédé *in jure* sous clause de *fiducie*. Sous le régime qui lui succéda, celui du *pignus* proprement dit, cette clause devint une véritable vente sous condition suspensive. Si, à l'échéance, la somme due n'est pas rendue, la tradition faite au créancier sera réputée faite à titre de vente; et l'argent prêté par lui au débiteur, représentant le prix d'achat, la propriété du gage s'est trouvée transférée par l'effet de cette tradition. (Loi 16, § 9, *De pignor. et hyp.* D. Marcien.) Ce n'est donc pas d'un paiement à faire par l'acheteur que dépend l'existence de cette sorte de vente; mais d'une restitution à faire par celui qui, à défaut, se trouvera réputé vendeur. Ainsi, si l'on veut trouver une analogie entre ce pacte et l'un des pactes que l'on ajoute au véritable contrat de vente, Favre a raison de dire qu'il faut le comparer au pacte *de retrovendendo* plutôt qu'au pacte commissoire. (*De error. pragm.* Dec. 21.) L'emprunteur se trouvant nécessairement à la discrétion du prêteur, cette clause était devenue un abus des plus graves; les dé-

biteurs qui l'avaient consentie dans l'espoir d'échapper
à ses conséquences par un remboursement, se trou-
vaient dépouillés d'objets d'une valeur quelquefois
bien supérieure à la somme empruntée. Aussi Cons-
tantin, dans une constitution qui du Code Théodosien
a passé dans celui de Justinien (loi 3, C. *De pactis pignor.*), en prohibe-t-il l'usage en ces termes (1) : « Quo-
» niam inter alias captiones præcipue commissoriæ
» legis crescit asperitas, placet infirmari eam et poste-
» rius omnem ejus memoriam aboleri. Si quis igitur
» tali contractu laboret, quæ cum præteritis præsen-
» tia quoque repellit, et futura prohibet. Creditores
» enim, re amissa, jubemus recuperare quod dede-
» runt. »

Rien n'indique du reste que la loi commissoire, dans
le sens de la rubrique de notre titre 3 (liv. XVIII, D.),
c'est-à-dire la résolution conventionnelle du contrat
faute par l'une des parties de satisfaire à ses engagements dans un certain délai, fût spéciale à la vente et
ne pût s'appliquer aux autres contrats synallagmatiques. (Lauterbach, *Dissert. disput.* 152, n° 22.)

Et pourquoi ne mentionnerais-je pas, si inattendue,
si étrangère qu'elle soit au droit romain, la singulière
application qu'ont faite de cette idée d'anciens jurisconsultes, fidèles à leur habitude de chercher dans les
conventions du droit civil le modèle des institutions
de droit public et le point de départ de leurs théories
sociales? N'est-ce pas un contrat synallagmatique
qu'une constitution qui lie les sujets au roi, et leur

---

(1) L'art. 2078, C. Nap. reproduit cette prohibition.

impose l'obligation de l'obéissance en échange des de-
voirs assumés par le souverain? Et si l'on convient
que, faute par ce dernier de se conformer à ses engagements, les sujets seront déliés des leurs, ne sera-ce
pas, transportée de la sphère modeste des intérêts
privés dans les hautes régions de la politique, une véritable loi commissoire? Pourquoi, valable dans tout
autre contrat synallagmatique ce *pactum adjectum incontinenti* n'aurait-il pas dans celui-ci toute sa vigueur?
Telle est l'invincible déduction qui amène Grotius
(*De jure belli*. I, ch. 4, § 12) et Leyser (*ad Pand. ad
tit. de lege com*. III, page 506) à dire que, à leur avé-
nement au trône, les rois pouvaient se soumettre valablement à la *lex commissoria* (1). Témoins ces rois de
Pologne qui prêtaient en montant sur le trône un ser-
ment dont la formule contenait ces mots : « Si in ali-
» quibus juramentum meum violavero, nullam mihi
» incolæ regni omniumque dominiorum uniuscujus-
» que gentis obedientiam præstare debebunt, imo ipso
» facto eos omni fide regibus debita liberos facio. »
Oserai-je ajouter que là ne s'arrête pas la théorie du
jurisconsulte allemand, et que, devançant, pour ce
cas seulement, l'art. 1184 du Code Napoléon, par une
hardiesse dont je lui laisse la responsabilité, il sous-
entend la *lex commissoria* quand on a omis de l'exprimer? Il termine, en effet, son commentaire de la pensée de Grotius par ces mots : « Sed et in universum

---

(1) *Talis autem ex commissoria non tantum in regni delatione ad-
jici potest, sed et in aliis contractibus. Grot. de jure belli*. I. ch. 3,
§ 16, n° 5.

» apud omnes Germaniæ populos *saltem tacite* reges
» quoque ea conditione ad regiam dignitatem evecti
» sunt. »

Descendant de ces hauteurs où il nous a paru curieux de voir l'abus des analogies et des assimilations
égarer d'éminents interprètes, nous allons étudier le
pacte commissoire ajouté à la vente dans les cinq cha-
pitres suivants, correspondant aux différents points
de la matière que nous avons indiqués ci-dessus.

CHAPITRE Ier.

Caractères généraux du pacte commissoire et conditions
de sa validité.

Comme nous l'avons déjà dit surabondamment, la
lex commissoria est un pacte accessoire de la vente
(*adjectum venditioni*) en vertu duquel, à défaut de paiement du prix dans un délai fixé, le contrat sera résolu.
— Tel est son objet, et il est exprimé par sa formule :
« Si ad diem pecunia soluta non sit, fundus sit inem-
» ptus »(lois 2, 4 pr., 5, *De lege com.* D.); formule qui
paraît avoir été la plus usitée, mais qui n'était pas sa-
cramentelle. Les mots : « Venditori fundi dominium
» pertineat (loi 1, C. *De pact. int. empt.*, IV, 54) — re-
» vertatur (loi 3, C. *eod. tit.*), — emptio sit infecta,
» — alteri liceat vendere et dare (Lauterbach, *Dissert.*
» *disp.* 152, § 5) » pouvaient lui être substitués :
et nous croyons, malgré l'autorité de nombreux jurisconsultes que les termes employés ne changeaient rien
aux effets de la clause, qu'ils fussent *directs* comme les
premiers, ou *obliques* comme les seconds. (Lauterbach, *Loc. cit.*, § 6.) Nous rencontrerons des applications de cette idée dans une controverse célèbre qui
s'élève sur les lois 3, et 4 Code *De pactis int. empt.* —
Quoi qu'il en soit, notre définition se compose de deux
éléments principaux sur lesquels il est nécessaire d'in-
sister : 1° C'est un *pactum adjectum;* 2° son but est la
résolution de la vente.

§ 1. — C'est un *pactum adjectum* et à ce titre toutes

les règles ordinaires des *pacta adjecta* lui sont applicables, et c'est à ces règles qu'il faut se reporter pour savoir à quelle condition la *lex* sera obligatoire.

Quoiqu'il n'y ait rien « tam congruum fidei humanæ » quam ea, quæ inter eos placuerunt, servare » (Ulpien, loi 1, *pr. De pactis*, D. II, 14), la simple convention, *nudum pactum*, ne donnait pas d'action en droit romain, et son effet ordinaire était de créer une exception. (Ulpien, loi 7, § 4, *eod. tit.*) Néanmoins, quand elle s'ajoutait à un contrat, elle pouvait, suivant certaines distinctions, lui emprunter la force obligatoire dont il était revêtu. Spécialement quand le contrat principal est, comme la vente, un contrat de bonne foi, le pacte qui y est ajouté immédiatement, *in continenti*, est pleinement valable comme le contrat lui-même, et on pourra l'invoquer aussi bien par voie d'action que par voie d'exception : « legem dat con- » tractui, judicio inest, format actionem. » Ajoutée *in continenti* la *lex commissoria* fera donc, sans aucun doute, partie de la vente, comme toute autre convention accessoire, et sera exécutée « tam ex parte actoris » quam ex parte rei. » (Loi 7, § 5 et 6, D. *De pactis*; — loi 8, Code *De pactis int. empt.*)

Mais pour que ce pacte fût pourvu d'une action, fallait-il nécessairement qu'il eût été ajouté *incontinenti?* Quel était son sort quand il était intervenu plus tard, *ex intervallo?* Lorsque, comme la vente, le contrat joignait au caractère de contrat de bonne foi, celui de contrat consensuel, susceptible, par conséquent, de se dissoudre comme il s'était formé, par le seul consentement, le pacte pouvait encore être obligatoire,

s'il portait sur des éléments essentiels de la convention principale. Par le nouvel accord de leurs volontés,
les parties paraissent avoir dissous la convention primitive et en même temps en avoir formé une nouvelle :
de telle sorte que le pacte se trouvait contemporain de
l'obligation principale renouvelée. Mais pour que ce
résultat fût possible, il fallait que la dissolution du
premier contrat pût encore dépendre de la volonté
seule des parties ; or, cela n'était admis qu'à la condition qu'aucune des obligations n'eût reçu même un
commencement d'exécution. (Loi 1 et 2, *quando liceat
ab empt. disc.* C. — loi 58, *De pactis* Neratius, D. — § 4,
Quibus modis toll. obl. Inst.) Dans ce dernier cas, en
effet, la dissolution du contrat aurait eu pour résultat,
non-seulement l'anéantissement de deux obligations,
mais la création d'une obligation de restituer : « non
» tam hoc igitur ut a pristino negotio discedamus
» quam ut novæ quædam obligationes inter nos con-
» stituantur. »

Même *rebus adhuc integris*, s'il ne porte pas sur les
éléments essentiels de la vente, il est fait *circa venditionis adminicula*, le pacte ajouté *ex intervallo* ne peut
fournir une action : car le nouvel accord de volonté
intervenu entre les parties, n'ayant porté que sur des
accidents du contrat principal, n'a pas pu le renouveler. (Noodt, *De pactis adjectis contractibus bonæ fidei.*)
Le pacte est resté *nudum pactum*. Mais il sera observé
toutes les fois qu'il sera possible de l'invoquer par
voie d'exception. Telle est évidemment la décision
d'Ulpien, dans la loi 7, § 5 et 6 *De pactis*, et de Papinien dans la loi 72 *De contrat. empt.* Tel est le sens

des mots : « ex parte rei locum habebit pactum, »
employés dans le premier de ces textes : tel me paraît
être aussi celui de la distinction proposée dans le second : « Les pactes qui, postérieurement, diminuent
les obligations nées de la vente sont censés faire partie du contrat. Ceux qui y ajoutent n'en font pas partie.
Cette distinction n'est faite que pour les *adminicula;*
telle est, par exemple, la clause qui dispense de fournir
la *cautio duplæ,* ou celle qui soumet à la fournir avec
fidéjusseur (1). Mais dans le cas où, par voie d'action,
l'acheteur ne pourra pas se prévaloir du pacte, il lui
fournira une exception contre l'action qu'intenterait
le vendeur (2). Peut-on en dire autant, ajoute Papinien, des pactes qui augmenteraient ou diminueraient
après coup le prix, élément substantiel de la vente? »
Et, dans une note, Paul répond à cette question : « Si
les choses étaient encore entières, ce pacte a mis à
néant le premier contrat, et nova emptio intercessisse
videtur. »

Quels sont, de ces principes des pactes joints *ex intervallo* ceux que nous devons appliquer à la *lex commissoria?* Évidemment ceux contenus dans la note de
Paul : car c'est bien sur la substance même de la
vente qu'elle porte. Elle peut être ajoutée aussi longtemps que les choses seront entières, et elle aura tout
son effet : car la convention nouvelle se trouvera avoir
anéanti la vente pure et simple primitive pour y sub-

---

(1) Tandis que c'est ordinairement une *nuda repromissio.*
(2) En paiement du prix. Il l'écarterait en refusant de payer tant
que la *cautio* ne serait pas fournie.

stituer une vente résoluble sous condition. Mais si le vendeur a livré, le pacte commissoire interviendrait tardivement, *rebus jam non integris* (1), et serait nécessairement impuissant à produire une action : car nous sommes en dehors des conditions de la loi 72, et, même en intervenant *circa substantialia*, un pacte ne peut jamais modifier un contrat partiellement exécuté. Le seul effet qu'il pourrait produire, ce serait de permettre au vendeur de repousser l'acheteur, si celui-ci avait consenti à lui restituer l'objet, et, se ravisant, voulait réclamer, par l'action *empti* une tradition nouvelle. L'exception *pacti conventi* est en effet toujours sous-entendue dans la formule des actions de bonne foi. (Loi 3, *De resc. vendit.*)

§ 2. — Le but de la *lex commissoria* est *la résolution* de la vente à défaut de paiement du prix.

On s'est demandé s'il en était toujours ainsi, et si la vente qui en était affectée était nécessairement pure et simple et résoluble sous condition, — en d'autres termes, et pour me servir du langage moderne, si elle peut constituer aussi bien une condition suspensive qu'une condition résolutoire. Cette question a profon-

---

(1) Nous croyons mal fondée l'opinion de plusieurs anciens auteurs qui semblent refuser sans distinction au pacte commissoire qui n'est pas apposé *in continenti*, la puissance de créer une action; à moins que *in continenti* ne soit dans leur pensée un équivalent *de rebus integris.* Tel paraît bien être le sens du § 7, de la disp 152 de Lauterbach, puisque dans ses Com. sur les Pandectes (I, page 871) il oppose justement *incontinenti* à *rebus non integris.* « *Requirunt doctores ut incontinenti fiat : ubi res non integra, fieri non potest.* » — Et Brunemann donnant un exemple *De lex commissoria* intervenant *ex intervallo* indique précisément un cas où les choses ne sont plus entières. (*Ad leg. 1, De leg. com.*)

dément divisé les interprètes. (*Affirmative* : Voët, *ad tit. De lege com.* I, p. 625 ; — Doneau, *com. De jure civili* XVI, ch. 19, § 6 ; — Noodt, *ad tit. De lege com.* — *Negative* : Lauterbach, *Dissert. disp.*, 152, § 3, et *Com. ad Pand.*, I, p. 874 ; — Verlohner, *ad h. tit.* — Strykius, *id.* ; — Favre, *ad leg.* 1, *De lege com. Rational.* ; — Cujas, *ad tit.* 54, liv. IV, C. *De pact. int. empt.*)

Que le plus fréquemment, ce pacte constituât une condition résolutoire, c'est ce qu'il n'est pas possible de contester : les textes l'envisagent en général à ce point de vue, et la loi 1 de notre titre au Digeste ne laisse sur ce point aucun doute. Mais la loi, 2 *pr. de in diem addictione*, déclare que le caractère de la vente faite sous cette dernière clause, dépendait exclusivement de la volonté des contractants et des termes emp'oyés. N'en serait-il pas de même de la *lex commissoria*, qui a d'ailleurs avec l'*in diem addictio* tant de points de ressemblance ?

Quelques textes sembleraient l'indiquer : la loi 38, § 2, *ad' leg. Falcidiam* (XXXV, 2) d'abord, puis, et surtout la loi 2, § 3, *pro emptore* (XLI, 4).

Dans la première de ces lois, le jurisconsulte Hermogénien détermine quels sont les biens que l'on doit comprendre dans le calcul de la masse héréditaire pour savoir jusqu'à concurrence de quelle somme le *de cujus* a pu mettre des legs à la charge de ses héritiers : « (Servus) cujus ususfructus alienus est, in dominio » proprietatis connumeratur; pignori dati in debitoris; » sub lege commissoria distracti, item in diem addicti » in venditoris. » Si l'esclave vendu sous une *lex com-*

missoria ou une *in diem addictio* est compté par Hermogénien dans le patrimoine du vendeur, c'est donc qu'il en est resté propriétaire : et que la *lex commissoria* de même que l'*in diem addictio* peut suspendre les effets de la vente. Si la vente avait été pure et simple, quoique résoluble, il eût été compté dans les biens de l'acheteur, son propriétaire.

La loi 2, § 3, *pro emptore* ne semble pas moins formelle. « Sabinus si sic empta sit, ut nisi pecunia intra » diem certum soluta esset, inempta res fieret, non » usucapturum, nisi persoluta pecunia... » — Pourquoi refuser à l'acheteur la faculté d'usucaper, *pro emptore?* L'usucapion ne commence-t-elle pas à courir du moment où la propriété se serait trouvée transférée si la tradition eût suffi pour en opérer le transfert? La loi 2, § 1, *de in diem addictione* ne fait-elle pas foi en particulier que, quand la vente est pure et simple et résoluble sous condition, l'usucapion *pro emptore* est immédiatement possible? Pour comprendre que Sabinus l'ajourne ici jusqu'après le paiement du prix, il faut bien admettre qu'il y voit une condition suspensive.

Malgré ces textes, malgré l'autorité des jurisconsultes qui les invoquent, nous ne croyons pas que ce système doive être préféré. Nulle part un texte ne nous indique une formule de loi commissoire ainsi conçue : « Si intra decem menses pretium solutum sit, » res aureis decem empta habeatur. (Voët, § 1, *ad h.* » *tit*), » de telle sorte que quand l'événement prévu arrivera, quand *lex committetur*, le résultat serait, non l'anéantissement de la vente, mais sa réalisation. Tous

les fragments des jurisconsultes, au contraire, contiennent la formule opposée, *nisi pecunia soluta fuerit,
fundus sit inemptus,* et, comme le dit Antoine Favre :
» Inempta res fieri non potest, quin prius empta fuerit. »
Il n'est pas jusqu'à l'une des lois que l'on cite à l'appui de l'opinion adverse, qui ne se serve de cette formule : je veux parler de la loi 2, § 3, *pro emptore*, et il
me paraît bien difficile d'admettre que, s'il eût voulu
faire de la *lex commissoria* une condition suspensive,
Sabinus eût conservé ces mots : *nisi... inempta,* qui
semblent impliquer une résolution. D'ailleurs il serait
étonnant, si telle est l'hypothèse à laquelle il faisait
allusion, qu'il se servît de termes aussi généraux. Le
cas où la *lex commissoria* était une condition résolutoire, à supposer qu'il ne fût pas le seul possible, était
au moins le plus fréquent ; comment Sabinus ne prend-
il pas la peine de le· mettre en dehors d'une solution
qui, d'après nos adversaires, est faite pour l'espèce
opposée? — A moins que l'on n'admette que Sabinus
ne reconnaissait pas aux parties le droit d'en faire une
condition résolutoire.

Au surplus, que, reconnaissant à la *lex commissoria*
le caractère absolu de condition résolutoire, il refusât
néanmoins à la vente qui en était affectée, la puissance
de faire courir l'usucapion ou bien qu'il voulût y voir une
condition suspensive, il ne s'en mettait pas moins,
dans l'un comme dans l'autre cas, en désaccord avec les
principes généralement adoptés. Aussi Paul ne cite-t-il
son opinion que pour la combattre, et ajoute-t-il :
« Mais examinons, s'il y a là une condition ou une
vente pure et simple ? Si nous reconnaissons que c'est

une vente pure et simple, elle n'attend rien pour être
parfaite; sa résolution seule est en suspens. » D'où la
conséquence implicite que l'usucapion courra sans attendre le paiement du prix. C'est bien la condamnation
de l'opinion de Sabinus, quelque portée qu'on lui
prête. On a voulu restreindre la critique que Paul
adresse à Sabinus, et entendre *videamus* en ce sens
qu'il y aurait là une question de fait que Sabinus aurait eu tort de négliger. La note de Paul signifierait : la
règle de Sabinus est trop étendue. Il faudra *voir en fait*
si c'est une condition ou une vente pure et simple.
Dans le premier cas, la doctrine de Sabinus est exacte ;
dans l'autre elle ne l'est pas : car *magis resolvetur quam
implebitur*. Si spécieuse que soit cette paraphrase du
texte de Paul, nous ne croyons pas qu'elle doive prévaloir contre l'interprétation que nous en donnions plus
haut. Car le terme *videamus*, dans les écrits des jurisconsultes, ne se prend pas d'ordinaire pour exprimer
un doute, une recherche, une question de fait ou de
droit. C'est plutôt une affirmation : de même que le
terme *magis* n'indique pas seulement une préférence,
mais bien l'exclusion de la doctrine ou de l'hypothèse
opposée. Et la preuve que telle est bien la pensée de
Paul et qu'il ne songe pas à établir une distinction, ne
ressort-elle pas du § 4 de cette même loi : « Si in diem
» addictio facta sit (id est, *nisi si quis meliorem conditio-
» nem attulerit* (1)) perfectam esse emptionem et

---

(1) Il est remarquable que cette formule est précisément celle qu'Ulpien indique dans la loi **2** *De in diem add.* comme constituant une
condition suspensive.

» fructus emptoris effici, et usucapionem procedere
» Julianus putabat; alii et hanc sub conditione esse
» contractam : illo non contrahi, sed resolvi dicebat;
» quæ sententia vera est. » Ainsi Paul et Julien n'admettaient pas même pour l'*in diem addictio* la possibilité de constituer une condition suspensive : et l'on
voudrait voir dans le paragraphe précédent l'application à la *lex commissoria* d'une distinction que le jurisconsulte repousse dans celui-ci !

Ayant à donner son opinion relativement à l'*in diem
addictio*, Ulpien se sépare franchement de Julien et de
Paul : « Quoties fundus in diem addicitur, utrum pura
» emptio est, sed sub conditione resolvitur; an vero
» conditionalis sit magis emptio, quæstionis est? Et
» mihi videtur verius interesse quid actum sit : nam si
» quidem hoc actum est, ut meliore allata conditione
» discedatur, erit pura emptio, quæ sub conditione
» resolvitur; sin autem hoc actum est ut perficiatur
» emptio *nisi melior conditio afferatur*, erit emptio
» conditionalis. » (Loi 2, *De in diem add.*). Quelle
différence de ces termes à ceux qu'il emploie dans sa
loi 1, *De lege commissoria*, où il traite le même point
relativement à celle-ci : il n'indique pas la question
comme douteuse; il ne se borne pas à émettre une opinion : il est aussi affirmatif que Paul dans son § 3 :
« *Magis est* sub conditione resolvi emptio quam sub
« conditione contrahi videatur. » Ces mots *magis est*
n'auraient-ils pas le sens dogmatique que nous leur
reconnaissons, le rapprochement de ces deux textes
d'Ulpien peut-il laisser place au doute, et ne doit-on
pas reconnaître que divisés sur l'*in diem addictio*, les

jurisconsultes Paul et Ulpien étaient d'accord pour refuser à la loi commissoire le caractère de condition suspensive.

Hermogénien suivrait-il une doctrine opposée et sa loi 38, § 2, *ad leg. Falcid.*, aurait-elle la portée qu'on lui attribue? Si l'esclave vendu sous clause commissoire est compté dans les biens du vendeur est-ce en effet que l'acheteur n'en soit pas devenu propriétaire, et que, par conséquent, la vente n'ait pas été pure et simple et résoluble, mais conditionnelle? Mais si c'était là le motif de sa décision, le jurisconsulte ne la donnerait pas dans des termes aussi généraux pour tous les cas de *lex commissoria*; car on ne peut nier qu'elle ne fût souvent conçue sous la forme de condition résolutoire, et, dans ce cas, les mêmes motifs qu'on prête à Hermogénien, devraient l'amener à une décision opposée. Le texte ne faisant aucune distinction, il est probable que telles ne sont pas les raisons qui l'ont dicté : car alors il prouverait trop et imprimerait à la *lex commissoria* le caractère absolu de condition suspensive. — Hermogénien donnait et devait donner cette solution en supposant la vente faite sous condition résolutoire. La chose vendue n'est pas dans l'hérédité du vendeur : mais il y a dans cette hérédité une action pour la reprendre; et cette action doit être comprise dans le calcul comme l'équivalent de la chose elle-même : « Qui » actionem habet ad rem recuperandam, ipsam rem » habere videtur. » (Loi 15, *De reg. juris,* Paul). — » Habetur quod peti potest » (Ulp. loi 143, *De verb.* *signif.*, L. 16.) On dit : « Si la vente est pure et simple, l'acheteur étant propriétaire, l'esclave doit être compté dans ses biens. » Hermogénien a pris soin lui-même de répondre à cette objection : dans le pr., de cette loi, il se demande si l'esclave affranchi sous condition (*statu-liber*) sera compté dans les biens de la succession, et il dit : *non auget familiam hæredis*. Et cependant le *statu-liber* est bien, en attendant, la propriété de l'héritier. (Ulp. *regul.* II, § 1 et 2; M. Ortolan, Inst. I, 81). Il suffit donc que la propriété ne soit pas incommutable pour que dans la pensée du jurisconsulte, l'esclave ne doive pas être compté dans les biens de son propriétaire actuel. La simple possibilité de la résolution de la vente, encore qu'elle soit pure et simple, suffit donc pour exclure l'esclave du calcul des biens de l'acheteur; et le principe de la loi 15, De reg. jur. ordonnait de le comprendre dans ceux du vendeur. Le texte d'Hermogénien est donc parfaitement d'accord avec les principes, dans notre système; tandis que l'interprétation des adversaires fait de la généralité de ses termes, sinon une divergence inexplicable avec la loi 1, *De lege com.*, au moins une grave inexactitude de rédaction.

Dans tous les fragments où elle est mentionnée, la *lex commissoria* est considérée comme une peine pour l'acheteur, comme un avantage pour le vendeur, comme un droit que celui-ci s'est réservé et qui ne peut se retourner contre lui. Le jurisconsulte Pomponius pour expliquer la décision de la loi 2, *De lege com.*, indique, comme un résultat absurde de la solution opposée, que la *lex commissoria* aurait alors pour effet de permettre à l'acheteur en ne payant pas son prix de s'affranchir du contrat : et cependant c'est à ce résultat qu'arrive forcément le système que nous combattons. — Étant une fois admis que la *lex commissoria* puisse être une condition suspensive, les risques seraient à la charge du vendeur, et d'une façon plus rigoureuse qu'avec une condition suspensive ordinaire : le droit commun des ventes conditionnelles met la perte partielle à la charge de l'acheteur. (Loi 8, pr. *De peric. et com. rei vend.*). Et ici il est bien évident que même les simples détériorations seraient supportées par le vendeur, l'existence de la vente étant entièrement laissée à la discrétion de l'autre partie. Aussi, non-seulement nous ne croyons pas que la convention qui serait ainsi conçue fût une *lex commissoria*, mais même, (malgré l'autorité de plusieurs des jurisconsultes que nous invoquons plus haut et dont en ceci nous nous séparons), il nous semble difficile d'admettre qu'elle soit valable comme vente conditionnelle. On invoque la liberté des conventions : nous rappelons que cette liberté a des limites, surtout en droit romain où le simple pacte n'est pas obligatoire. N'est-il pas de principe que « si la condition est simplement un acte de volonté, elle exclut absolument l'existence d'un rapport de droit?.... de même, lorsque dans un contrat de vente, l'acheteur ou le vendeur se réserve cette faculté illimitée, (*si velit*); car il ne se trouve pas engagé, et *le contrat étant synallagmatique, l'autre partie ne saurait être engagée.* (M. de Savigny III, page 133.) N'est-il pas évident que celui qui achète sous cette clause : *Si intra certum diem pretium solutum sit*, n'est engagé qu'autant qu'il le veut bien, ce qui, en droit, équivaut à ne pas l'être? Cette prétendue vente me paraît ressembler bien davantage à un contrat innommé. Le soi-disant acheteur en payant la somme convenue n'acquitte pas une obligation, car l'action *venditi* n'existait pas contre lui. L'effet de son paiement sera précisément de faire naître une action à son profit contre l'autre partie. Mais jusqu'au paiement il n'y a pas de lien de droit; car l'acheteur n'est pas engagé, et dans un contrat synallagmatique une des parties ne peut être engagée sans que l'autre le soit aussi. (Loi 13, C. *De contrah. empt.* IV, 38; loi 7, pr. D. *De contrah. empt.*) Qu'il en soit autrement dans l'*in diem addictio*; et que celle-ci puisse affecter la forme d'une condition suspensive, cela est parfaitement naturel; car cette condition n'est pas potestative pour l'une des parties, et le lien de droit qu'elles ont contracté dépend non de leur caprice, mais de l'intervention *réelle*, sincère d'un nouvel acquéreur offrant des conditions meilleures que le premier. (Loi 4, § 5, *De in diem add.*) — On ne peut raisonner par analogie de cette convention à la *lex commissoria* qui présente un tout autre caractère.

Ainsi pour résumer et conclure : tous les textes qui parlent de la *lex commissoria* la présentent comme une condition résolutoire. — A supposer, ce qui est fort contestable, que Sabinus se fût préoccupé de ses effets comme condition suspensive, c'était une opinion isolée et réprouvée des autres jurisconsultes. — La *lex commissoria* nous est toujours présentée comme une garantie donnée au vendeur. Sous la forme de condition suspensive elle le sacrifierait entièrement. — Subordonnant l'existence de la vente à la volonté de l'acheteur, elle nous paraît contraire au principe que, dans les contrats synallagmatiques, une des parties ne doit pas être obligée envers l'autre sans que l'autre le soit à son tour envers elle. — Enfin la vente n'existant pas encore au moment où l'acheteur payerait son prix, en le payant il n'exécute pas son obligation que ce paiement seul ferait naître (1); il exécute un pacte qu'il rend ainsi obligatoire pour l'autre partie, et qui devient un véritable contrat innommé. Ce n'est que sous cette forme, et non sous celle de vente condition. nelle que nous parait pouvoir exister la convention dont il s'agit.

La définition et la formule que nous avons donnée plus haut contiennent la fixation d'un délai fatal, passé lequel l'acheteur ne pourra plus échapper à la résolution de la vente. Cette fixation y était en effet généralement contenue; mais ce n'était pas un élément essentiel du pacte. Les lois 31, § 22, *De œdil. edicto* (XXI, 1). — 3. *De contrah. empt.* (XVIII, 1), et 41, *De rei vindic.* (VI, 1), indiquent les formules de deux autres clauses de résolution de la vente, conçues d'une manière indéfinie et sans fixation de jour. Il est vraisemblable qu'il pouvait en être de même de la *lex commissoria.* (Cujas, *ad leg.* 23, *De obl. et act.*) Nous verrons au chapitre suivant l'influence de cette omission sur l'accomplissement de notre pacte.

---

(1) § 4. *Justit. De verb. oblig.* « *Sub conditione stipulatio fit cum in aliquem casum differtur obligatio.... Spes tantum est debitum iri...* — Ces principes des stipulations conditionnelles sont certainement applicables à tous les contrats conditionnels. Ici le résultat de cette prétendue vente conditionnelle serait celui-ci : l'obligation de l'acheteur serait ajournée après le *casus.* Or le *casus,* c'est justement l'exécution de son obligation : de telle sorte que son obligation naîtrait après son exécution même, et de cette exécution.

CHAPITRE II.

Accomplissement de la lex commissoria.

Puisque tel est le pacte résolutoire apposé à la vente : *Si pretium non solutum fuerit, fundus inemptus sit*, la première condition pour que cette résolution se réalise, c'est qu'il n'y ait pas eu de paiement du prix fait en temps utile ; la seconde, que le vendeur veuille en profiter ; la troisième qu'il ne soit pas intervenu, soit du chef du vendeur, soit du chef d'un tiers, un fait qui excuse ou légitime le retard du débiteur. Réservant pour le chapitre suivant, le développement de cette troisième condition, nous rechercherons dans ce chapitre quelle est la nature de l'option laissée au vendeur, et quand l'on pourra dire qu'il y a, de la part de l'acheteur, retard à payer son prix.

§ 1. — La *lex commissoria*, comme nous avons déjà eu l'occasion de le dire est une sorte de peine infligée à l'acheteur [1], un droit donné au vendeur. Elle ne produira donc son effet qu'autant que celui-ci voudra l'invoquer : (lois 2 et 5 de notre titre), car il est de principe qu'une partie peut toujours renoncer à un droit introduit en sa faveur. (Loi 41, Dig. *De minoribus.* — Loi 29, C. *De pactis.*) — Quelquefois on ajoutait expressément dans la convention les mots : *Et si fundum venisse venditor nollet*, comme le prouve la loi 10,

---

[1] *Omne commissum est pœna.* Cujas, ad leg. 23, De obl. et act.

§ 1, *De resc. vend.* D. Mais, à défaut de cette clause, le vendeur n'en était pas moins le seul qui pût en exciper et jamais elle n'avait d'effet malgré lui. (Loi 3.) Indépendamment du premier motif, Pomponius (loi 2) trouve une autre raison de décider ainsi dans les résultats absurdes auxquels conduirait une interprétation différente de la volonté des contractants. Si le défaut de paiement du prix résolvait la vente même malgré le vendeur, il dépendrait de l'acheteur de s'affranchir des risques que la vente pure et simple a cependant mis à sa charge. La maison qu'il avait achetée ayant péri par l'incendie, il n'aurait qu'à se refuser à accomplir son obligation, et sa mauvaise foi aurait pour effet, en résolvant le contrat, de le libérer!

Une double raison de bon sens commandait donc la règle des lois 2 et 3 de notre titre : Nul ne peut être contraint d'user de son droit. — Nul ne peut voir retourner contre lui une clause écrite dans son intérêt. (Loi 6, C. *De legibus.*) Comme le fait remarquer Antoine Favre, il n'y a rien d'incompatible entre cette idée et celle que consacre la loi 4, § 4, à savoir que la *lex commissoria* opère de plein droit et par le fait seul du non-paiement du prix. Le droit de résolution de la vente est acquis immédiatement au vendeur; mais l'exercice de ce droit dépend de lui : de même, ajoute Favre, qu'il n'y a rien d'incompatible entre le transfert *ipso jure* de la propriété de la chose léguée sur la tête du légataire, et la faculté pour lui de répudier le legs. « Invito legatum defertur, adeo ut ab ignorante trans-» mittatur. Invito tamen non adquiritur. » (Favre, *ad* leg. 3, *h. tit.* —Loi 80, *De leg.* 2° XXXI. —Loi 86, § 2,

De leg. 1°, **XXX.**) Néanmoins le droit d'option donné
au vendeur sera épuisé par le premier choix qu'il fera,
et quand, une fois, il aura manifesté sa volonté de
maintenir la vente ou de la considérer comme résolue,
il ne pourra plus revenir à l'autre parti. C'est ce qu'exprime, dans la loi 4, § 2, le jurisconsulte Papinien en
ces termes : « Statim atque lex commissa est statuere
» venditor debere utrum commissoriam velit exercere
» an potius pretium petere; nec posse, si commisso-
» riam elegit, postea variare. » Ce n'est du reste que
l'application d'un principe général, et toutes les fois
que la faculté de choisir est donnée à quelqu'un, il est
entendu que cette faculté sera épuisée en une fois.
(Loi 0, § 1, *De trib. act.* —Loi 20, *De opt. legat.*)

Cette option peut être expresse ou tacite. Les lois 6,
§ 2 et 7 de notre titre et la loi 4 au Code *De pactis int.
empt.* font résulter la renonciation du vendeur à la *lex
commissoria* de la poursuite dirigée contre l'acheteur
en paiement du prix, de l'acceptation d'un nouvel
a-compte, ou seulement de la demande des intérêts.
Chacun de ces actes suppose en effet la vente valable, et,
émanés du vendeur, ils doivent faire présumer le maintien du contrat dont il accepte ou réclame l'exécution.
C'est donc une renonciation définitive à la *lex commissoria :* car il n'est pas possible qu'il puise dans ce
pacte des prétentions contradictoires, comme la résolution d'un contrat et l'accomplissement des obligations qui en naissaient. Ainsi en intentant une action
en paiement du prix, il a épuisé son droit d'option, et
Antoine Favre fait remarquer que c'est si bien cette
option présumée pour le maintien du contrat qui lui

enlève désormais la faculté d'user du pacte, qu'il n'y a pas à distinguer s'il a, ou non, obtenu son paiement. Quoiqu'infructueuse, sa poursuite l'aura fait déchoir; car on y voit un abandon implicite des droits que le pacte lui donnait : et, comme toute option exercée, ce choix a aussitôt constitué pour l'autre partie un droit acquis que les réflexions et le repentir du vendeur ne sauraient lui enlever. (Voët, *ad h. tit.* § 2. — Doneau Com. *De jure civ.* liv. 16, ch. 10, § 4 et 5. — Favre, *ration ad leg.* 4, § 2. — Cujas, Com. sur Scévola, loi 6 *De lege com.* — loi 75 *De reg. jur.*)

On a proposé de la loi 7 de notre titre une autre explication fondée sur le génie de la procédure formulaire : la même action (*venditi*) garantissait les deux droits du vendeur; si donc, une première fois, il l'avait exercée pour demander le paiement du prix, il ne pouvait plus l'intenter de nouveau à raison du même contrat. La vente avait été en entier *deducta in judicium :* tel est le motif pour lequel Hermogénien refuserait au vendeur le droit de revenir au pacte commissoire.

Sans contester les principes sur lesquels s'appuie cette interprétation, nous ne croyons pas que telle soit seulement la pensée du jurisconsulte et que le vendeur ne soit écarté que par un moyen de procédure. Suffisante à la rigueur pour la loi 7, cette explication ne saurait s'étendre à la loi 6 et à la loi 4, *De pact. int. empt.* C., dont l'une se place en dehors de toute procédure judiciaire, et dont l'autre prévoit une simple demande d'intérêts où le capital n'a pas été déduit *in judicium.* Nous préférons donc nous en tenir à l'opinion de Voët

que nous avons indiquée plus haut, et nous pensons
que le motif de ces différentes lois est uniquement la
renonciation tacite à la *lex commissoria* qu'elles impliquent de la part du vendeur.

§ 2. — Mais quand s'ouvre le droit du vendeur
non payé à opter entre la résolution et le maintien
du contrat? Quand peut-on dire que « *lex commissa
est,* » ou plutôt quand peut-on dire que l'acheteur
a manqué de payer son prix? C'est ici qu'il est important de distinguer entre le cas où les parties ont
inséré dans un pacte un délai et celui où elles se sont
contentées de dire : *Pretio non soluto, res sit inempta.*

Dans le premier cas, du moment où le terme est ar-
rivé, le droit est acquis au vendeur de se prévaloir du
pacte commissoire si l'acheteur n'a pas effectué un
paiement intégral. Les à-compte les plus considérables
payés n'empêcheraient pas la *commise* de la loi, si une
portion du prix, quelqu'insignifiante qu'elle soit, reste
encore à verser. (Lauterbach, *Dissert. disp.* 152, § 16.
Arg. loi 85 § 6. *De verb. obl.* [XLV-1], loi 6, § 2. *De lege
com.* (1). — Il n'est pas même besoin que le vendeur lui ait
fait une sommation de payer. En matière de clause pénale, la seule échéance du terme constituait le débiteur *in mora,* ce que nos anciens commentateurs expri-
maient par la formule bien connue : *dies interpellat pro
homine.* Cette idée n'avait pas été, à ce qu'il paraît, admise sans contestations. La combinaison de deux frag-

---

(1) Le droit canonique fit fléchir la rigueur de ces principes et dé-
cida que la résolution ne serait pas encourue si la plus grande partie
du prix avait été payée. (Leyser, *ad h. tit.*)

ments du titre *De nautico fænore*, semble indiquer que Labéon exigeait une sommation ou au moins un acte analogue de la part du créancier, dans l'espèce même où Africain (loi 23 *De obl. et act.*) déclare la peine encourue de plein droit. Toujours est-il que c'est cette dernière opinion qui prévalait dès avant l'époque où la constitution qui forme la loi 12, C. *De contrah. et com. stip.*, vint lui donner une consécration définitive. (*Cujas ad leg.* 23 *De obl. et act.*)

Mais cette rigoureuse conséquence des stipulations pénales serait-elle étendue des obligations de droit strict à un pacte accessoire d'un contrat de bonne foi? Africain n'hésite pas dans la loi 23, *De obl. et act.*, à pousser jusqu'à cette extrémité l'assimilation si naturelle du pacte commissoire à une clause pénale; Marcellus, soit qu'il fût plus touché qu'Africain de cette considération, soit qu'il partageât l'opinion de Labéon sur la nécessité d'une sommation « dubitabat utrum » commissoria tunc locum habeat si interpellatus non » solvat, an vero si non obtulerit. » Mais Ulpien ne rapporte ces doutes de Marcellus (loi 4, § 4, *De lege com.*) que pour les résoudre dans le même sens qu'Africain. S'il veut échapper à la *lex commissoria* il faut que l'acheteur prenne les devants, et qu'il offre son prix au vendeur. Un oubli du délai qu'il s'est engagé à ne pas dépasser serait inexcusable de sa part et la circonstance que *nemo eum admonuit* ne saurait l'affranchir de ses conséquences.

Seius, l'acheteur sous pacte commissoire, et qui n'a payé qu'une partie de son prix, devient, avec d'autres, tuteur des enfants de son vendeur; il n'a pas payé entre les mains de ses co-tuteurs ; son compte de tutelle ne mentionne. pas un paiement qu'il se serait fait à lui-même pour le compte de ses pupilles. Scévola déclare la résolution encourue. (Loi 10, *De resc. vend. D.*)

Antoine Favre dans son commentaire sur la loi 4, § 4, ajoute à l'exposition de ces principes généraux une observation ingénieuse qui a été l'objet de vives critiques, « tant s'en faut, dit-il, qu'une sommation soit nécessaire pour l'accomplissement de la *lex commissoria*, qu'il n'est pas même possible d'en concevoir une. Faite avant le jour indiqué, elle serait prématurée, (loi 213, *De verb. sign.* — loi 42, *De verb. obl*). car on ne peut poursuivre avant le terme et on ne peut mettre en demeure celui que l'on ne peut pas poursuivre. (Loi 127, *De verb. obl.* — Loi 88, *De reg. pur.*) — Faite après le terme, au lieu de mettre l'acheteur en demeure, elle aurait au contraire pour effet de l'en relever : le vendeur réclamant son prix après l'échéance serait censé renoncer au bénéfice de la *lex.* » — Par une interprétation de ce passage qui ne me semble pas exacte, on a dit souvent que Favre, au lieu de chercher dans les principes généraux l'explication de la décision d'Ulpien, la cherchait dans l'impossibilité où était le vendeur d'adresser une sommation à l'acheteur sans s'exposer à une déchéance : on lui a vivement reproché l'erreur qu'on lui prêtait, en disant que, si la sommation du vendeur avait cet effet, les scrupules de Marcellus ne se concevraient pas ; car il ne pouvait exiger du vendeur, pour acquérir son droit de résolution, un acte qui aurait précisément pour effet de l'en priver.

A notre avis, tout autre est le sens qu'il faut atta-

cher aux paroles du savant interprète. Ce ne sont pas
les motifs de la décision d'Ulpien qu'il recherche, il
vient de les indiquer d'après les principes généraux
dans les passages précédents. Mais, après avoir dit
pourquoi la *lex commissoria* est encourue sans interpellation, il ajoute, *comme conséquence* de cette doctrine : « Non-seulement la sommation n'est pas nécessaire, mais elle ne saurait avoir qu'un effet funeste au
vendeur : car, *puisque la loi commissoire est encourue
par l'effet seul du terme*, cette interpellation serait
considérée comme un exercice de son droit d'option,
et entraînerait sa déchéance. » — Ainsi entendue,
l'opinion de Favre peut être combattue, mais elle
peut être comprise : tandis que si l'on y cherche
un motif à l'appui de la décision d'Ulpien, on l'en-
ferme nécessairement dans un cercle vicieux. Comment pourrait-il dire qu'on n'aura pas besoin d'une
sommation pour l'accomplissement de la *lex*, parce
que cette sommation serait considérée comme l'abandon du droit de résolution qu'elle seule ferait naître,
comme l'exercice d'un droit d'option qu'elle seule
pourrait ouvrir? Si la sommation doit être assimilée
à la demande du prix, ce ne peut être que la sommation faite après l'ouverture du droit de résolution, et
non celle qui serait exigée pour l'ouverture de ce
droit. — Je ne vois donc pas comment les scrupules
de Marcellus peuvent empêcher d'admettre avec Favre
comme conséquence du principe *dies interpellat pro
homine*, que toute interpellation non-seulement est
inutile, mais est impossible de la part du vendeur;
qu'intervenant *ante diem*, elle est faite sans droit;

qu'intervenant après que l'échéance a ouvert le droit
de résolution, elle aurait précisément pour le vendeur
le funeste effet de l'en faire déchoir. L'interpellation
exigée par Marcellus arrivant nécessairement avant
l'ouverture du droit qu'elle produit, ne saurait avoir
les effets reconnus par Favre à celle qui serait faite
après cette ouverture produite par un autre fait, et ces
effets ne peuvent avoir aucune influence sur la question de savoir quelles sont les conditions requises pour
que la *lex commissoria* s'accomplisse.

Maintenant on peut se demander s'il est exact de
dire qu'une simple sommation de payer faite après
l'accomplissement de la *lex* purge en effet la demeure
du débiteur. On a répondu qu'à cet égard Favre avait
eu tort d'assimiler les effets d'une interpellation
à ceux d'une demande en justice; que si l'exercice
d'une action épuise le droit du créancier, il n'en est
pas de même de l'interpellation; que, par conséquent,
si celle-ci reste infructueuse, le vendeur pourra recourir à la résolution. — Nous ne croyons pas cette réponse décisive. Nous savons, en effet, que ce n'est pas
seulement l'exercice d'une action en paiement du
prix qui forclot le vendeur de toute demande postérieure en résolution, mais aussi un acte extrajudiciaire
impliquant option pour le maintien de la vente, par
exemple, l'acceptation du plus faible à-compte. N'est-
ce pas aussi se prévaloir de la vente, et faire présumer l'intention de la maintenir que de sommer l'acheteur de payer après que la *lex commissoria* est accomplie? (Paul, loi 58, *De minoribus*, vers. *dicebam posse
magis.*) Nous allons voir dans les développements qui

suivent que, la résolution une fois encourue, l'acheteur ne peut plus y échapper en offrant de payer. Que serait-ce qu'une sommation de payer adressée à quelqu'un qui ne peut plus le faire, sinon déclarer qu'on le relève de la peine contenue dans la convention? S'il n'a pu recevoir un faible à-compte sur le prix qu'en optant irrévocablement pour la confirmation du contrat, où le vendeur pourrait-il puiser le droit de sommation, sinon encore dans le contrat confirmé?

Telles sont les raisons qui ont dicté la solution d'Antoine Favre, et qui lui ont fait considérer l'interpellation postérieure au *dies* comme impliquant option définitive de la part du vendeur aussi bien qu'une action en justice, et ces raisons nous semblent très-graves.

Peut-être, cependant, pourrait-on dire qu'il faut se garder de multiplier des présomptions de renonciation à des droits acquis et se refuser à voir un abandon de ces droits dans des actes qui ne l'impliquent pas nécessairement; — qu'une simple sommation, une simple menace est une manifestation de volonté moins arrêtée, moins grave qu'une demande en justice; (Strykius, *ad Pand. ad h. tit.*) — qu'il n'y a là qu'une offre faite à l'acheteur de lui laisser purger sa *mora,* quoique le vendeur pût l'en empêcher; — qu'en interpellant, il ne renonce pas à la résolution qu'il a le droit d'invoquer, mais se déclare seulement prêt à y renoncer, et à accepter, quoique tardif, le paiement que l'acheteur lui apporterait; — que, cette offre n'étant pas acceptée, sa renonciation conditionnelle s'évanouit et doit être tenue pour non avenue; — enfin qu'aucun texte n'établit pour ce cas cette présomption d'option que les lois 6 et 7 de notre titre et la loi 4, Code *De pact. int. empt.* attachent à l'acceptation de l'à-compte ou à la poursuite judiciaire.

Quoi qu'il en soit, il n'en est pas moins certain que, s'il y a un terme fixé, l'acheteur encourra la *lex commissoria*, et le sort de la vente sera désormais à la discrétion du vendeur non payé.

Si au contraire la convention ne contient pas de délai, à quelle époque dirons-nous que, faute de payer son prix l'acheteur est tombé sous le coups de la *lex commissoria?* Puisque l'on ne peut pas dire ici que *dies interpellat pro homine*, nous retombons dans les principes ordinaires de la mise en demeure. Le débiteur n'est en demeure que si *interpellatus opportuno loco, non solverit.* (Voët, *ad h. tit.* § 4. — Loi 32, *pr.* Marcien, *De usuris* XXII, 1.) Les interprètes ont beaucoup varié sur la question de savoir à quelle époque pouvait être faite cette interpellation. Voët propose timidement le terme de 60 jours (1) emprunté à la loi 31, § 22, *De œdilitio edicto,* relative à la clause : *si displicuerit, res sit inempta :* terme qui, du reste, (la lecture même de cette loi l'indique) n'était qu'une interprétation légale de la volonté des parties et pouvait être indéfiniment prorogé par leur convention expresse. Son opinion nous semble arbitraire, et nous n'apercevons pas l'analogie qu'il cherche entre cette espèce et la nôtre. L'opinion la plus généralement admise (Noodt, *ad h. tit.* — Lauterbach *dissert. loc. cit.* § 17), est que cette mise en demeure ne pourra avoir

---

(1). FORTE *post sexaginta dierum lapsum.*

lieu qu'après avoir laissé à l'acheteur, un certain laps
de temps pour payer (*modicum tempus*.) Cette opinion
invoque la loi 23, D. *De obl. et act.* (XLIV, 7,) dans
laquelle le jurisconsulte Africain après avoir posé le
principe qu'une clause pénale accompagnée d'un délai
est accomplie par le fait seul de son expiration, ajoute :
« le seul point sur lequel on puisse élever des doutes,
c'est celui de savoir si, après la mise en demeure, il
peut échapper à la peine en offrant son prix. Il faut
répondre que non. De même, si un arbitre, à la suite
d'un compromis, a ordonné à l'une des parties de
donner à l'autre, à un jour fixé, une somme d'argent,
le débiteur qui n'a pas payé n'échappera à la clause
pénale contenue dans le compromis que s'il n'a pas
dépendu de lui d'effectuer son paiement : «.Adeo ut
» et illud Servius rectissime existimaverit, si quando
» dies quà pecunia daretur, sententia arbitri compre-
» hensa non esset, modicum spatium datum videri. —
» Hoc idem dicendum, et cum quid ea lege venierit,
» ut, nisi ad diem pretium solutum fuerit, inempta
» res fiat. » Est-il à croire, comme on l'a dit, que cette
dernière phrase ait pour portée d'étendre le *modicum
tempus* de la phrase précédente à la *lex commissoria?*
Elle nous semble bien plutôt avoir pour objet de déclarer applicables à elle les principes contenus dans le
reste de la loi, que la phrase incidente qui la termine.
La seule doctrine qu'Africain développe *ex professo*,
c'est que l'expiration du délai dans la clause pénale
du *nauticum fœnus* ou du compromis, et dans la *lex
commissoria*, met le débiteur, *in mora*, que cette *mora*
ne peut être purgée, et que la seule allégation qu'il

puisse présenter pour excuse, c'est qu'il n'a pas tenu
à lui de payer. Que maintenant cette dernière idée
l'entraîne, à propos du compromis, dans une digres-
sion relative au cas où la sentence de l'arbitre ne contient pas de terme ; — qu'il se préoccupe de cette circonstance que condamné à payer sans délai, le débiteur peut se trouver au dépourvu, et que dès lors son
retard ne lui est pas imputable *quia per eum non stetit
quin solveret ;* — qu'il en conclue avec Servius qu'un
modicum tempus doit être sous-entendu dans la sentence *ad conquirendam pecuniam* (Cujas, sur Afric. loi
23, *De obl et act.*) — cela ne nous paraît pas tirer à
conséquence pour le pacte commissoire. Sans doute
nous admettons bien qu'il peut aussi être conçu avec
ou sans délai. Mais comment croire que la pensée
d'Africain soit d'étendre à lui cette distinction avec
toutes les conséquences qu'il lui donne dans le compromis, quand nous voyons précisément qu'il en présente la formule avec l'indication d'un délai ? « *Hoc*
» *idem dicendum et cum quid ea lege venierit ut nisi*
» *ad diem pretium solutum fuerit inempta res fiat.* »
— D'ailleurs le motif est-il le même ? pour que la sentence arbitrale soit équitable, il ne faut pas que la
peine frappe le débiteur à cause d'un retard qui ne
lui est pas imputable. Et, condamné à payer une
somme d'argent peut-être considérable, le débiteur
n'est pas véritablement en faute, si on ne lui laisse pas
le temps nécessaire pour se la procurer. C'est la même
considération qui faisait donner un répit de 30 jours
à celui qui avait été condamné sur une poursuite judiciaire. Tout autre est la position de l'acheteur : il a

librement contracté; sachant à quoi il s'engageait, ayant pu solliciter un délai, s'il en avait besoin, ou, en cas de refus, ne pas acquérir ce qu'il ne pouvait payer. Nous croyons donc que la loi 23, *De obl. et act.* ne s'occupe que du cas où un délai a été fixé, et que ce qu'elle dit incidemment de la sentence arbitrale rendue sans terme, doit être restreint à cette espèce particulière; que l'on ne saurait arguer de là pour obliger le vendeur à laisser toujours à l'acheteur un *modicum tempus* avant de le mettre en demeure. Tout ce que l'on peut dire, c'est que la *mora* est une question de fait : que, si l'interpellation a été trop hâtive, si l'on n'a pas tenu compte d'un délai tacite qui était dans l'intention des parties, le juge pourra déclarer que l'acheteur n'a pas été réellement en retard. (Loi 32, *pr. De usuris.*) Mais si les parties ont entendu que le prix serait payé comptant, pourquoi refuser au vendeur le droit de mettre l'acheteur immédiatement en demeure de s'exécuter, et, si celui-ci n'en tient compte, d'invoquer la *lex commissoria.*

Ainsi le droit pour le vendeur de se prévaloir de la résolution de la vente s'ouvre : 1° S'il y a un délai fixé dans la *lex commissoria*, le jour de l'expiration de ce délai et par la seule force de la convention; — 2° S'il n'y a pas de délai, du jour où l'acheteur aura été mis en demeure par une interpellation dont le juge appréciera l'opportunité, mais qui n'est pas nécessairement soumise à l'observation d'un *modicum tempus.*

Mais est-il obligé d'exercer immédiatement le droit d'option qui vient de s'ouvrir en sa faveur, et faute par lui de prendre aussitôt parti, l'acheteur peut-il, en payant son prix échapper à la *lex commissoria* ?

Si la *lex* était *ad diem*, il est difficile en présence de la loi d'Africain que nous avons mentionnée plus haut, de comprendre que des doutes aient pu s'élever sur ce point. »…. An quamvis pecuniam postea offe-
» rat nihilominus pœna committatur ? Et hoc rectius
» dicitur. » N'est-ce pas établir formellement l'impossibilité pour l'acheteur d'éviter la résolution ?

Néanmoins cette solution a été contestée, et le sys-
tème contraire compte des partisans plus ou moins radicaux. Les uns veulent que le vendeur se décide sans tarder un instant, et accordent à l'acheteur la faculté de purger sa demeure, dès l'échéance, et jusqu'à l'option du vendeur. Cette opinion se fonde exclusivement sur un texte de Papinien, cité par Ul-
pien, et que nous avons déjà mentionné : « *Statim* at-
» que commissa lex est, statuere venditorem *debere*
» utrum commissoriam velit exercere an potius pre-
» tium petere. » Arguant des mots *statim* et *debere*,
on a dit que l'option n'était pas seulement une faculté, mais un devoir pour le vendeur ; que le terme le met-
tait en demeure aussi bien que l'acheteur lui-même ; que dès lors c'était à qui de l'un ou de l'autre serait le premier en règle vis-à-vis de la *lex commissoria*.

C'est en vérité faire un étrange abus de deux mots placés, par hasard peut-être, au milieu d'un texte, et, *à priori*, nous nous défions d'un système qui n'a qu'un argument pareil à opposer à un témoignage aussi formel que celui de la loi 23 *De oblig. et act.* — Mais la loi 4, § 4, *De lege com.* ne porte-t-elle pas en elle-même la condamnation de l'interprétation judaïque que l'on

propose de sa première partie? De quoi s'occupe Papinien et quelle est la conséquence qu'il va tirer de l'o-
bligation imposée au vendeur de se déterminer? « Nec
» posse si commissoriam elegit, postea variare. » Quand
la *lex* est commise, le vendeur doit prendre une détermination ; car même si c'est la résolution qu'il exerce
il ne pourra plus revenir. Son choix est un droit acquis
pour l'adversaire. Voilà le seul objet de la loi, et
quant au mot *statim* tout ce que l'on peut en conclure,
c'est que l'acheteur pourra faire sommation au vendeur de le tirer, en se décidant, de la fâcheuse incertitude où il se trouve placé. (Strykius, *ad h. tit.* —
Brunemann, *ad h. leg.*)

En réfutant ce système, nous avons ôté toute raison
d'être à une autre opinion qui, partant de cette fausse
interprétation de la loi 4, § 4, s'efforçait seulement
d'en atténuer les effets. (Lauterbach, *ad Pan. ad h. tit.*
§ 18. — Hilliger note sur Doneau, liv. 19, tit. 19,
note 4.) Le tempérament imaginé consistait à donner
au vendeur un certain temps (*modicum tempus arbitrio
judicis definiendum*) pendant lequel il pourrait déli-
bérer sans craindre que l'acheteur ne profitât de ses
hésitations pour purger sa demeure. On s'étonne de
voir invoquer à l'appui la loi 21, § 1, *De constit. pecun.*
où Paul déclare que le pacte de constitut, fait sans
terme, sera sensé fait : « *Cum modico tempore, non minus
» decem dierum.* » Qu'a de commun le pacte de constitut fait sans indication de jour et qui ne peut échapper à la nullité que si l'on y sous-entend un terme tacite,
avec la purge de la demeure encourue par l'acheteur
à l'expiration de la *lex commissoria?* La loi 21, § 1,

ne nous semble donc pas permettre de restreindre la portée du mot *statim*, s'il a le sens qu'on lui donne. Mais comme nous l'avons montré, c'est l'interprétation de ce mot qui est la première erreur des auteurs que nous combattons.

On a cru trouver la confirmation de la doctrine que l'on prêtait à Papinien, dans la loi 73, § 2 et 91, § 3, *De verb. obl.* qui contiennent les mots : « offerendo moram purgat. »; mais il suffit de lire attentivement ces textes pour reconnaître que l'espèce qu'ils prévoient n'a aucun rapport avec la nôtre, et que l'on ne saurait légitimement conclure de l'une à l'autre. Au lieu d'un débiteur de somme d'argent, il s'agit du débiteur d'un corps certain. Un des principaux effets de la *mora*, c'est de mettre les risques à la charge du débiteur : on comprend que l'offre qu'il fait de livrer la chose, le décharge de la responsabilité que son indue détention faisait seule peser sur lui; sa faute était d'avoir l'objet entre ses mains : s'il n'a pas dépendu de lui de s'en dessaisir, il est évident qu'il n'en est plus coupable : car cette faute était successive, et, du moment où elle cesse, ses conséquences doivent cesser pour l'avenir. Il en est autrement du cas où une clause pénale a été stipulée faute de paiement à jour fixe, et par conséquent aussi du cas de loi commissoire, qui a tant d'analogie avec la clause pénale : ce n'est point par le fait de sa persistance à ne pas payer qu'il l'encourt : c'est pour n'avoir pas payé avant le terme fixé. Cette faute une fois commise aucun acte de sa part ne peut le soustraire à ses conséquences. C'est pour cela que la doctrine de Paul, de Julien et de Celsus, sur

la responsabilité du débiteur d'un corps certain, relativement aux risques, ne peut être étendue à la résolution ou à la peine ; et cela est si vrai que le même
Celsus, l'une des autorités citées par le § 3, de la loi 91,
De verb. obl., est aussi celui qui fournit à Ulpien, dans
la loi 23, pr. *De receptis qui arbit.*, la formule de notre
système : « Celsus ait, si arbiter intra Kalendas se-
» ptembres dari jusserit, nec datum erit, licet posteà
» offeratur, attamen semel commissam pœnam com-
» promissi non evanescere : *Quoniam semper verum*
» *est intra Kalendas datum non esse.* »

Si donc le pacte est conçu dans sa forme la plus ordinaire : « Si pretium intra tot menses solutum non
» fuerit, fundus sit inemptus, » l'offre tardive du
débiteur ne le relèvera des suites de sa négligence que
si elle est acceptée par le créancier. La mise en demeure qui résulte d'une *interpellatio* produit-elle les
mêmes effets, dans le cas où la convention ne contenait
que les mots : *Si pretium solutum non fuerit, res sit
inempta ?* Sans doute cette sommation a ouvert le
droit d'option du vendeur. Sans doute, si postérieurement il recevait un à-compte ou demandait le prix,
il serait déchu du droit de résolution. — Mais cependant ce n'est que la *litis contestatio* qui enlèvera à
l'acheteur la faculté de payer. Telle est l'opinion de
Cujas (*ad Afric.* loi 23, *De obl. et act.* — *Ad tit. De
obl. et act. ead. leg.* — ad tit. *De verb. obl.*, loi 84, —
conf. Lauterbach disp. 152, § 17 et § 19), reproduite
par plusieurs commentateurs, et qui nous paraît, quoi
qu'on en ait dit, conforme aux principes. Nous avons
constaté à plusieurs reprises l'analogie qui existe entre

la clause pénale et la loi commissoire : la loi 23, *De obl. et act.* a déclaré que la décision devait être la même pour l'une que pour l'autre quand il y aurait un délai fixé. N'est-il pas probable que les règles applicables à la clause pénale qui ne contient pas de *dies*, sont applicables aussi à la *lex commissoria* dans les mêmes circonstances? C'est le raisonnement qui amène Cujas à établir son système sur les lois 84, *De verb. obl.* — 21, (§ 12) et 52, *De receptis*. (IV, 8). De ces textes il ressort que le débiteur *in mora*, mais dont la *mora* ne résulte pas de l'expiration d'un délai conventionnel peut échapper à la peine en payant *ante judicium acceptum*. Pourquoi n'en serait-il pas de même de la peine spéciale de la résolution? N'est-ce pas toujours au moment de la *litis contestatio* que se fixent les droits des parties? Le juge saisi de la demande en résolution, qu'aura-t-il à rechercher? Si la condition négative qui suspendait la *lex commissoria* a été accomplie. Avait-on dit : si le prix n'a pas été payé tel jour, que la résolution ait lieu? Si en effet ce jour-là le prix n'a pas été payé, il condamnera le défendeur quelqu'offre qu'il ait pu faire depuis. — Avait-on dit, d'une manière générale, *si le prix n'a pas été payé?* Dès qu'il se trouve qu'au moment de la *litis contestatio* il l'a été, ou du moins, ce qui est équivalent, qu'il n'a pas tenu à l'acheteur qu'il ne le fût, la prétention du demandeur n'est plus justifiée et le défendeur sera absous. Car c'est à la *litis contestatio* que le juge doit se reporter pour apprécier les allégations des parties.

En résumé, pour pouvoir demander la résolution, il faut que l'acheteur soit en demeure; il faudra l'y mettre par une *interpellatio* puisqu'il n'y a pas de *dies* qui puisse *interpellare pro homine*. S'il ne tient compte de cette sommation, le droit de se prévaloir de la *lex* est ouvert pour le vendeur. Néanmoins, jusqu'à la *litis contestatio*, l'acheteur pourra y échapper non-seulement en payant, mais encore en offrant son prix.

CHAPITRE III.

Comment la lex commissoria fait-elle défaut ?

Après avoir étudié de quelle manière la *lex commissoria* est encourue, et constaté le droit qu'a le vendeur de n'en point profiter, il nous reste à signaler les causes qui peuvent nonobstant le défaut de paiement du prix, en empêcher l'accomplissement.

La *lex commissoria* a pour but de donner au ven· deur une garantie contre la négligence ou la mauvaise foi de l'acheteur; et non de lui fournir un moyen de résilier un marché qu'il trouverait désavantageux et se repentirait d'avoir conclu. Il n'est donc pas possible qu'il dépende de lui, par l'obstacle que sa faute ou son simple fait apporterait au paiement d'infliger à l'acheteur une résolution qu'il n'aurait aucun moyen d'éviter. Il suffira donc à celui-ci de prouver qu'il était prêt le jour de l'échéance à exécuter son obligation et que cette exécution a été empêchée par le créancier lui-même.

Les textes contiennent différentes applications de cette idée. Tel est d'abord, et bien évidemment le cas où le vendeur a indûment refusé de recevoir le prix que l'acheteur lui offrait. (Arg. loi 72, pr. *De solution*. XLVI, 3.) De même aussi celui où l'acheteur, à l'échéance, est dans l'impossibilité d'en faire le versement, faute de savoir à qui s'adresser, parce que, par exemple, le vendeur était absent et n'avait point laissé de manda-

taire : « Si non habet cui offerat potest esse securum. »
(Loi 4, § 4, *De lege com.*) Cette règle s'applique toutes
les fois que l'obstacle viendra du côté du créancier
quelque involontaire qu'il puisse être : « Si post mor-
» tem creditoris, nemo fuit cui solveretur pecunia,
» ejus temporis inculpatam esse moram constitit.
» (Loi 9, § 1, *in fine De usuris,* XXII, 1, D.) »

Cet obstacle venant du chef du vendeur n'aura cependant pas pour effet de mettre d'une manière absolue l'acheteur à l'abri de la *lex commissoria.* Il est
affranchi seulement de la règle *dies interpellat pro homine ;* mais il doit se tenir prêt à payer quand le créancier l'exigera, et il ne pourra pas tirer argument du
retard occasionné par son adversaire pour excuser
celui qu'il apporterait lui-même ultérieurement à
l'exécution de sa promesse. (Loi 51, *pr. in fine De act.
empt.* Labéon.) — « Quod si fundum emisti ea lege ut
» des pecuniam Kalendis Juliis, etsi ipsis Kalendis per
» venditorem esset factum quominus pecunia ei sol-
» veretur, deinde per te staret quominus solveres, uti
» posse lege sua venditorem dixi : quia in vendendo
» hoc ageretur, ut *quandoque per emptorem factum
» sit quominus pecuniam solvat,* legis pœnam patia-
» tur. » (Loi 51, § 1, *De act. empt.*) Par exception à
cette règle, Labéon déclare cependant qu'il serait excusé
si le paiement qu'il était prêt à faire à l'échéance, avait
été empêché par le vendeur dans l'intention frauduleuse de saisir ensuite, pour le réclamer, un moment
où il serait impossible à l'acheteur de l'effectuer.

Mais quand il est mis ainsi par le fait de son créancier
dans l'impossibilité de satisfaire à ses engagements, lui

5

suffit-il pour échapper à la *lex commissoria* de faire des offres sérieuses, ou de faire duement constater qu'il n'a pas tenu à lui que le prix ne fût payé? n'est-il au contraire complétement à l'abri de la résolution (*securus*), que s'il a consigné la somme? Cette doctrine compte, parmi les anciens auteurs, des partisans qui s'appuient pour la soutenir sur la loi 7, C. *De pact. int. empt.* (Voët, *ad h. tit.* § 5.) — Un vendeur qui s'est réservé le droit de reprendre la chose en rendant le prix dans un certain délai, s'adresse aux empereurs Dioclétien et Maximien, pour demander à être protégé par eux contre la déchéance qui le menace. Les empereurs lui répondent que sa demande n'est pas fondée, et qu'il est lié par la convention : « Au surplus, ajoutent-ils, si l'acheteur veut se soustraire à la restitution du prix afin de garder l'objet, tu peux lui adresser une injonction de recevoir, consigner et déposer la somme, et tu auras ainsi sauvegardé tes droits contre toute fraude de sa part. » Le rescrit, on le voit, est relatif au pacte *De retrovendendo*; peut-il légitimement être étendu à la *lex commissoria?* Existe-t-il entre ces deux cas une analogie qui permette cette extension ? Le vendeur sous pacte de rachat s'est réservé la faculté de mettre la vente à néant, en rendant le prix dans un certain délai. Pour acquérir le droit de réclamer l'objet, il faut évidemment qu'il ait fait de son côté tout ce qui dépendait de lui pour remettre les choses dans leur premier état; et il ne peut réclamer l'anéantissement de la vente, tant qu'il conserve entre ses mains le prix qui lui a été compté à l'occasion de ce contrat. C'est le versement effectué qui fera naître pour lui le droit à la reprise de la chose.

Quand donc il ne pourra pas l'opérer entre les mains
de l'acheteur, il faudra qu'il ait recours à la consignation, équivalant complet du paiement.

Tout autre est la nature de la *lex commissoria*. C'est
une peine qui frappera l'acheteur négligent ou de mauvaise volonté. Elle ne devient un droit pour le vendeur
qu'en compensation du préjudice que lui cause ou
peut lui causer le retard de l'acheteur. Si donc ce retard
est son fait, si c'est à lui seul qu'on peut l'imputer,
par cela même le droit de résolution ne doit pas lui être
acquis. Quoique la consignation eût été nécessaire pour
libérer l'acheteur, l'offre faite en temps utile le garantit certainement du reproche de négligence : et, s'il
reste tenu de payer, il n'en est pas moins affranchi de
la peine que cette négligence lui eût fait encourir.

Dans une convention conditionnelle ordinaire, la
condition est réputée accomplie quand le débiteur a
mis obstacle à son accomplissement : dans une convention conditionnelle qui a le caractère d'une peine,
la condition doit être réputée défaillie quand le créancier, en mettant obstacle à l'accomplissement de
l'obligation principale, s'oppose à ce que l'exactitude
du débiteur la fasse défaillir. Il ne s'agit pas ici pour
l'acheteur de faire naître une obligation à la charge du
vendeur; il ne s'agit pas même pour lui de se libérer :
insuffisante pour produire de pareils résultats, l'offre,
nuda oblatio doit suffire pour constater son désir d'exécuter le contrat, et lui épargner une résolution écrite
pour garantir cette exécution. Cette distinction très-bien
indiquée par Doneau (Com. *De jure civili*, XVI, ch. 13,
n° 17) trouve dans un texte de notre titre une énergi-

que confirmation : Je veux parler de la loi 8, où Scévola
se pose l'espèce suivante : Un acheteur soumis au pacte
commissoire se présente le jour de l'échéance, et ne
trouve pas son vendeur. Il fait constater qu'il est prêt à
payer, et met l'argent dans un sac sur lequel des témoins
apposent leur cachet. Le lendemain le fisc lui fait défense
de payer entre les mains du vendeur : véritable *saisie-
arrêt*, dont le jurisconsulte étudie les conséquences.
Nous aurons bientôt à revenir sur ce texte : pour l'instant, bornons-nous à constater que Scévola déclare que
l'acheteur n'a point encouru la résolution. L'offre qu'il
avait faite était donc suffisante pour y échapper ; et
cependant il est impossible qu'une consignation l'ait
suivie : car la consignation eût, comme le paiement
même, produit une entière libération : « obsignatione
» totius debitæ pecuniæ solemniter facta, liberationem
» contingere manifestum est (1), » loi 9, C. Dioclet. et
Maxim. *De solution.* VIII, 43 ; et dès lors la saisie-arrêt
adressée à un débiteur libéré eût été tardive et dénuée
de toute espèce d'effet.

---

(1) Le mot *obsignatio* dans la loi 8 *De legi com.* est loin d'avoir
le même sens que dans le rescrit de Dioclétien, puisque, par les motifs
indiqués, Scévola ne peut avoir supposé une consignation. L'opération
que nous désignons sous le nom de consignation comprenait en droit
romain trois actes différents : *Des offres,* — Une *obsignatio*, c'est-à-
dire l'apposition du sceau des témoins sur le sac contenant la somme ;
enfin le dépôt. Dans le fragment du Digeste, on est allé seulement
jusqu'au second de ces actes, qui n'est en quelque sorte que la constata-
tation du premier. Le troisième seul constituait la véritable consignation telle que nous l'entendons aujourd'hui, et libérait le débiteur.
Néanmoins le mot *obsignatio* s'employait souvent comme dans la loi
9, C. *De solut.* pour indiquer l'opération complète. (Doneau, com.
De jure civili. XVI, ch, 14, § 3.)

Ce n'est pas seulement quand il apporte des obstacles au paiement offert que le vendeur empêche la *lex commissoria* de s'accomplir. La négligence, l'inexécution de ses propres engagements, peut aussi justifier le retard de l'acheteur : la loi 10, § 1, *De rescind. vend.*, en mentionne un curieux exemple : Un acheteur d'immeubles, ayant à craindre quelque contestation de la part de Numeria et de Sempronia, s'est réservé par un pacte la faculté de retenir une portion du prix jusqu'à ce que le vendeur lui ait donné caution. Le vendeur a fait ensuite insérer dans le contrat la clause qu'à défaut de paiement intégral du prix dans un certain délai, il pourra résilier. Dans l'intervalle, l'acheteur triomphe de l'une de ces deux femmes et transige avec l'autre. Le voilà donc devenu paisible possesseur des immeubles achetés. Le vendeur néglige de fournir un fidéjusseur; à l'échéance, l'acheteur n'a point parfait son paiement. La vente sera-t-elle résolue? — Non, répond Scévola : car l'argent ne devait être entièrement payé que quand un garant aurait été fourni. Peu importe que l'issue du procès et la transaction en aient rendu l'intervention inutile. Les termes généraux du pacte ne comportent pas de distinction. L'acheteur s'est réservé de garder par devers lui une somme jusqu'à cette époque. Il ne peut être en faute pour avoir usé de son droit. C'était au vendeur à le constituer en demeure en accomplissant lui-même son obligation. Puisqu'il ne l'a point fait, c'est à lui seul qu'il doit s'en prendre si le prix n'est pas payé le jour fixé, et la *lex commissoria* ne sera pas réalisée.

Après ces différentes applications d'une même idée,

à savoir que l'acheteur n'est point en faute quand *per venditorem stetit quominus pretium solveretur*, nous devons mentionner un second cas de non-accomplissement de la *lex commissoria*. C'est celui où l'acheteur allègue pour sa justification la prohibition à lui faite par un créancier du vendeur de verser la somme entre ses mains. Telle est la décision de la loi 8 de notre titre, où nous avons déjà trouvé la preuve qu'une consignation n'était pas indispensable. L'acheteur s'est présenté à l'échéance, mais n'a pas trouvé son créancier. Le lendemain, ce que nous appellerions aujourd'hui une saisie-arrêt, est pratiqué de la part du fisc. Le pacte commissoire aura-t-il son application ? Le jurisconsulte répond que les faits étant ainsi présentés, la négative ne peut être douteuse. D'une part, l'offre faite à l'échéance a empêché la résolution de s'accomplir *ipso jure* par le seul effet du terme. D'autre part, si le vendeur, se ravisant, vient à réclamer un prix qu'il n'a pas pu ou voulu recevoir quand on le lui apportait, la *denuntiatio* du fisc légitime tout refus ultérieur de la part de l'acheteur de se soumettre à ses réclamations. Cette loi confirme donc, en même temps, ce que nous disions plus haut, à savoir que l'acheteur reste soumis à la *lex commissoria*, s'il ne se tient pas prêt à payer à la réquisition du vendeur, puisque c'est justement des conséquences d'un pareil retard que le garantit l'opposition du fisc.

En résumé, l'acheteur qui ne s'est point libéré à l'échéance, sera excusé, s'il démontre : qu'un fait émané du vendeur justifie son retard, ou qu'une saisie-arrêt lui en faisait un devoir. Nous ne pensons pas qu'il

faille aller plus loin, et que l'on puisse, avec Strykius,
appliquer à la résolution de la vente tous les cas
d'excuse énumérés dans la loi 2 *si quis caution. in jud.*
(II, 11,) pour le défendeur qui ne se présente pas en
justice le jour fixé. La *lex commissoria* n'a pas seulement pour but de punir l'acheteur : elle est aussi la
compensation du préjudice que le défaut de paiement
du prix est présumé causer au vendeur .Du moment
donc que celui-ci n'est pour rien dans ce retard, il a
droit à cette compensation, « ad diem sub pœna pecu-
» nia promissa, et ante diem mortuo promissore, com-
» mittetur pœna, licet non sit hœreditas ejus adita. »
(Paul, loi 77, *De verb. oblig.* XLV, 1.)

C'est aussi, à notre avis, par une fausse interprétation de la loi 38 *De minorib.* (IV 4) que le même interprète professe que l'âge du débiteur peut le protéger
contre les fâcheuses conséquences d'un pacte commissoire contracté par son auteur. Le terme étant expiré
après la mort de celui-ci, et en la personne d'un héritier mineur de vingt-cinq ans qui n'a pas payé et au
nom duquel personne ne s'est présenté, il y aura lieu,
dit-il, à une *restitutio in integrum* au profit de cet héri-
ritier. *Et succurrendum propter œtatem.* — La loi qu'il
invoque contient une décision toute de faveur, rendue
par l'empereur après une délibération que Paul reproduit sommairement et dans laquelle les considérations
de fait l'emportèrent sur les raisons de droit dévelop-
pées par ce jurisconsulte lui-même: « Quia *tamen* lex
» commissoria displicebat ei, pronuntiavit in integrum
» restituendam : movit etiam illud imperatorem quod
» priores tutores qui non restitui desiderassent suspecti

« pronuntiati erant. » Mais blâmée comme elle l'est au point de vue juridique par le jurisconsulte dont l'opinion est insérée au Digeste, la constitution dont parle ce fragment ne peut être considérée comme établissant une règle générale. Elle ne peut tirer à conséquence en dehors de l'affaire où elle a été rendue, et laisse subsister entièrement le principe qu'un mineur ne peut être restitué *in integrum* contre les obligations de celui auquel il a succédé.

Néanmoins Antoine Favre, persistant aussi à la généraliser, et recherchant les motifs de cette dérogation au droit commun qu'il croit y rencontrer, s'arrête à ces mots du texte que nous avons transcrits : *quia ei displicebat lex commissoria*. Il a tiré de ce membre de phrase un prétendu principe qui se retrouve à chaque instant dans ses commentaires (Rational. *ad leg.*, 1-*ad leg.* 0, § 1, rat. dub., *De lege com.* — *De erroribus I dec.* 21) : « lex commissoria odiosa est in venditione. »

Et d'où venait cette défaveur? Était-ce de son analogie avec la *lex commissoria* dans le gage? Non, répond-il; car, dans le gage, c'est le prêteur qui est *odiosus*, parce qu'il abuse de la position de l'emprunteur pressé d'argent. Le vendeur ne peut mériter une telle défaveur. Car c'est lui qui est poussé par le besoin, et non l'acheteur pleinement libre de ne pas contracter. Aussi n'est-ce pas le vendeur qui est *odiosus*; c'est le pacte commissoire lui-même. La vente contractée de bonne foi est le plus favorable des contrats : « quoniam eo potissimum contractus genere societatis « humanæ commercia constare necesse est, ita conse- « quens est odiosam videri debere pactionem per quam

« venditio justa perfectaque in irritum deducatur. »

L'ingénieux interprète, à la recherche des motifs d'une défaveur imaginaire nous paraît tomber dans une singulière confusion, et rien ne démontre mieux la fausseté de son principe que les raisons mêmes par lesquelles il s'efforce de le justifier. Comment n'a-t-il pas aperçu que si la vente est un contrat utile à la société et digne de la faveur du législateur, ce qu'il importait surtout d'assurer, c'était l'exécution des engagements réciproques des deux parties; que dès lors c'était cette inexécution qui était *odiosa*, et non la menace faite à l'acheteur de lui retirer les bénéfices d'un contrat qu'il n'exécutait pas. Sans doute la *lex commissoria* ayant le caractère d'une peine doit plutôt s'interpréter dans un sens restrictif qu'extensif; mais ce n'est pas une raison pour qu'elle fût *odiosa* : et ce serait probablement pour le président Favre un grand sujet d'étonnement que de voir le progrès de la législation et des relations commerciales arriver à faire sous-entendre ce pacte si défavorable dans tous les contrats synallagmatiques.

Au contraire Doneau se félicite de ce que, supprimée dans le gage, elle a été conservée dans la vente. Elle y est, en effet, d'après lui, éminemment juste; bien loin d'être contraire à la bonne foi, elle en est la sauvegarde; au lieu de dépouiller le propriétaire, elle lui conserve sa propriété; elle est enfin librement consentie, et si des deux parties, l'une est pressée de contracter, c'est bien plutôt le vendeur, qui l'impose, que l'acheteur qui l'accepte. (Doneau, *ad tit.* 38, liv. 8 code, tome IX, page 1223.)

Au reste, Favre ne fonde son système que sur cette loi 58, *De minoribus*, et sur les mots qu'elle contient : *quia ei displicebat lex commissoria.* Mais ce que nous avons dit de la décision même de cette loi, qu'elle doit être restreinte à l'affaire soumise au prince, est également vrai de ces mots; on doit les entendre, comme l'ont fait Lauterbach (*ad Pand.* I p. 874); Verlohner (*ad Pand. ad h. tit.*) et l'annotateur de Doneau (com. *de jure civili*, liv. XVI, ch. 10, note 5), en ce sens que les circonstances de la cause rendaient l'empereur défavorable à la résolution encourue par la plaignante.

CHAPITRE IV.

Effets de la vente sous clause commissoire.

La vente sous clause commissoire est une vente pure et simple et on aura par conséquent tous les effets. Il n'y a de conditionnel que sa résolution. « Magis est sub conditione resolvi emptio quam sub conditione contrahi videatur. (Loi 1.) » L'acheteur a donc l'action *empti* pour demander la tradition. La tradition le rendra propriétaire, si le vendeur a suivi sa foi, ou lui a donné une satisfaction. Strykius va jusqu'à dire qu'elle le rendra toujours propriétaire; car le vendeur sous *lex commissoria* « omnino inte-» rim fidem de pretio habuisse videtur. » Cette idée nous semble très-contestable, et nous ne voyons pas de bonne raison pour décider que le vendeur, en se réservant la faculté de faire résoudre la vente, a nécessairement suivi la foi de l'acheteur. Serait-ce parce que le pacte contient un *dies?* D'abord nous savons qu'il pouvait n'en point contenir : mais s'il y en avait un, ce *dies* faisait-il de la vente une vente à terme, autrement dit, suspendait-il l'exercice des droits du vendeur? On comprend qu'il ait pu en être souvent ainsi dans la convention des parties; mais, par lui-même le pacte n'a pas pour but de permettre à l'acheteur d'attendre une certaine époque pour se libérer, mais de l'assujettir à payer avant l'expiration d'un certain délai. S'il en était autrement, accorderait-on au vendeur, comme on le fait généralement, l'exercice immédiat de l'action *venditi* pour réclamer le prix? Pour savoir si la tradition faite par le vendeur a trans-féré à l'acheteur la propriété, il faut donc, comme en l'absence d'une *lex commissoria* rechercher, en fait, si le vendeur a entendu suivre la foi (1) de l'acheteur. (Vasquez, cité par l'annotateur de Doneau, lib. 16, tit. 19, note 6.) Sans doute, dans le cas où il ne l'a pas suivie, la *lex commissoria* aura bien moins d'importance, puisque, resté propriétaire, il trouve dans la revendication une efficace garantie. Cette clause ne serait cependant pas dénuée d'intérêt, la revendication laissant subsister le contrat et permettant à l'acheteur de se raviser, et d'exiger, le prix à la main, une nouvelle tradition.

S'il est devenu propriétaire, l'acheteur se comportera comme tel, pourra consentir des hypothèques, des aliénations, exercer contre des tiers l'action en re-vendication.

Si la chose était de telle nature que la tradition ne pût en transférer la propriété, soit qu'elle fût *res mancipi*, soit que le vendeur n'en fût pas propriétaire lui-même, l'acheteur pourra l'usucaper *pro emptore*, à supposer d'ailleurs que toutes les conditions requises pour l'usucapion se rencontrent.

Comme dans toute vente pure et simple, l'acheteur supporte les risques, et soit que la chose ait péri ou

---

(1) Ce serait à l'acheteur à le prouver, car la volonté de transférer la propriété ne se présumait pas chez le vendeur non payé. Ducaurroy, Instit. 1 n° 391. — M. Ortolan, II, n° 419.

ait été dégradée avant ou après la tradition, il n'en
continuera pas moins, dans tous les cas, à être débiteur du prix. (Loi 2, *De lege com.*)

Enfin l'acheteur perçoit les fruits de la chose (loi 5,
De lege com.) et c'est à lui que les charges incombent.
(Loi 7, D. *De publicanis* XXXIX, 4), *arg.* loi 13, D.
De impens. in res dotal. XXV, 1.)

CHAPITRE V.

Des effets de la lex commissoria réalisée.

Mais si la vente produit tous ses effets ordinaires, comme vente pure et simple, il est évident que ces effets sont provisoires et que leur sort dépend de l'accomplissement ou du non-accomplissement de la *lex commissoria*. Si elle manque de se réaliser, si le prix est payé à l'échéance, ou si, malgré le retard de l'acheteur, le vendeur a opté pour le maintien du contrat, ils seront définitifs. Les fruits perçus par l'acheteur continueront à être réputés acquis par lui « *suo jure* » (Loi 5). — S'il était devenu propriétaire, la propriété lui est incommutablement acquise; les aliénations et hypothèques qu'il a consenties sont également incommutables. — S'il était *in causa usucapiendi*, il continue à prescrire. — Enfin si la tradition à lui faite était à titre précaire, le paiement du prix la rend translative de propriété.

Que si, au contraire, la *lex commissoria* se réalise, la chose est tenue *pro inempta* : la vente est anéantie, et tous ses effets doivent disparaître avec elle.

Tel est le principe général, bien simple en apparence, gros en réalité de difficultés et de controverses quand on veut le suivre dans ses diverses applications. Recherchons d'abord quelles seront les conséquences de cette résolution relativement à la chose elle-même; le sort des accessoires (fruits, arrhes) et des à-compte versés par l'acheteur, l'étendue de la peine encourue par celui-ci, nous occuperont ensuite.

§ 1. — Le premier effet de la résolution de la vente doit être de faire revenir la chose entre les mains du vendeur. Mais quel moyen lui donnera-t-on pour la reprendre? Tous les droits que le vendeur peut exercer sont garantis par l'action *venditi* : mais si la vente est anéantie, comment peut-elle procurer une action? Bien loin de pouvoir sanctionner la résolution, l'action *venditi* ne doit-elle pas être comprise au nombre de ces effets de la vente que la résolution vient faire cesser? N'est-il pas bizarre et contradictoire de puiser dans un contrat l'action par laquelle on va faire constater que ce contrat n'existe pas? Et il ne faut pas se borner à dire : *et quidem finita est emptio* (loi 4. pr. de notre titre); car alors on pourrait répondre que la fin du contrat n'est pas toujours la fin des actions qui en sont nées; que le mandat est éteint par la mort de l'une des parties, mais non l'action *mandati*; que l'action *pro socio* survit à la société; — que dès lors l'action de vente peut bien aussi survivre à la vente. (Cujas, *notœ ad h. tit.*) La vente résolue est plus que *finita* : elle est rétroactivement annulée et réputée n'avoir jamais existé. (Favre, *ration. ad h. leg.*) Comment a-t-elle pu faire naître une action? Il ne paraît pas que cette contradiction ait préoccupé les jurisconsultes avant la scission entre les deux écoles des Sabiniens et des Proculiens. Ceux-ci en furent frappés, et la signalèrent avec d'autant plus d'empressement qu'en enlevant à l'ex-vendeur l'action *venditi*, ils n'étaient point embarrassés pour lui en trouver une

autre. L'action *præscriptis verbis*, avec son élastique
formule ne pouvait-elle pas s'accommoder aux exigences de cette situation, comme à tous les autres cas où
« deficiunt vulgaria atque usitata actionum nomina, »
et où il s'agit de faire exécuter une convention « cujus
» appellatio nulla jure civili prodita sit? »(Lois 2 et 3,
præscriptis verbis XIX, 5.)

Ennemis des innovations et portés par l'esprit de
leur école à chercher dans les anciennes institutions
des réponses pour toutes les questions et des solutions
pour toutes les espèces, les Sabiniens soutenaient que
l'action *venditi* était pleinement applicable à celle-
ci. Ajouté à la vente, le pacte commissoire en fait
partie : agir en vertu de ce pacte, c'est encore agir en
vertu de la vente. N'est-ce pas en effet de la vente
seule qu'il tire sa force obligatoire, et s'il échappe à
l'impuissance du *nudum pactum*, n'est-ce pas en se
confondant avec le contrat? On ne peut donc pas dire
que le contrat n'existe pas; car il en existe toujours,
au moins, cette partie qui a servi à anéantir le reste.
D'ailleurs la vente est un contrat de bonne foi, où il
faut rechercher plutôt *quod actum est* que *quod
dictum est*. Or, n'est-il pas évident qu'en écrivant la
lex commissoria, les contractants n'ont pas eu l'intention de dissoudre toutes les obligations nées de la
vente; qu'elles ont voulu seulement dégager le vendeur, tout en laissant l'acheteur obligé? (Paul, loi 6,
§ 1, *De contrah. empt.*)

Néanmoins la doctrine des Proculiens dût en pratique être souvent préférée comme plus sûre ; de même
que nous voyons quelquefois les jurisconsultes, hésitant

à accorder, dans tel cas donné, telle ou telle action, conseiller de recourir dans le doute à l'action *præscriptis verbis*. (Loi 1, § 1, *De præscript. verb.* Papinien. — Cujas, *ad codic. tit. De pact. int. empt.*)

Il fallut un rescrit de Sévère et d'Antonin pour sanctionner la doctrine des Sabiniens : à partir de ces empereurs, l'action *ex vendito* fut donnée sans difficulté, et la seule question est de savoir si l'action *præscriptis verbis* continua à être applicable.

Imaginée pour tenir lieu de l'action *venditi*, et par ceux qui ne l'admettaient pas, il semble qu'elle dût disparaître quand l'application de celle-ci ne fut plus contestable : approuvant la doctrine des Sabiniens, les empereurs durent repousser celle des Proculiens. (Perezius, *ad codic. tit. De pact. int. empt.*) Les textes semblent indiquer au contraire que les deux actions étaient indistinctement données. La loi 6, *De resc. vend.* D. et la loi 2, *De pact. int. empt.* C. font foi de leur coexistence pour le pacte de réméré et le pacte *si displicuerit*. Les termes des lois 6, § 1, *De contrah. empt.* et 4, *pr. De lege com.* qui affirment l'existence de l'action *venditi*, n'excluent pas l'action *præscriptis verbis*, et ce ne serait pas la première fois qu'une conséquence aurait survécu au principe dont elle avait découlé. (Noodt, I, page 312. — Cujas, *notæ, ad leg. 2, De pact. int. empt.* — Doneau, liv. XVI, tit. 17, § 7.)

Au surplus, l'action *venditi* comme l'action *præscriptis verbis* était purement personnelle, et si l'on n'avait pour recouvrer la chose que l'une de ces deux voies, elle pouvait être insuffisante. Car l'une et l'autre supposaient seulement l'obligation, mise par la résolution

6

à la charge de l'acheteur, de retransférer la chose au
vendeur. Elles ne pouvaient donc aboutir qu'à une
condamnation pécuniaire comme toutes les actions
personnelles. L'acheteur, pour être absous, pouvait
offrir une *rétrotradition ;* car *omne judicium est absolu-
torium ;* mais s'il refusait d'acquiescer à la demande et
préférait subir la condamnation, aucun moyen n'était
donné au vendeur de triompher de sa résistance, aucun
privilége pour faire passer sa créance avant celle des
autres créanciers de l'acheteur insolvable. A ce point
de vue déjà, la garantie que fournissait au vendeur le
pacte commissoire sanctionné seulement par ces actions,
était loin d'être complète. Elle était encore insuffisante
en ce sens qu'elle n'était pas opposable à des tiers
auxquels l'acheteur aurait livré l'objet.

Si le vendeur était demeuré propriétaire parce que
la chose était *mancipi,* ou qu'il n'avait pas suivi la foi
de l'acheteur, il avait la revendication. Mais que décider dans le cas inverse ?

Si la propriété avait passé sur la tête de l'acheteur,
n'était-ce pas encore un effet de la vente? Si la tradition avait pu opérer ce transfert, n'était-ce pas uniquement parce qu'elle trouvait dans le contrat cette *justa
causa* sans laquelle elle fût demeurée impuissante? Le
contrat étant résolu, étant tenu *pro infecto,* n'est-il
pas vrai de dire, pour nous servir de l'expression de nos
anciens auteurs, que cette *causa redigitur ad non causam,* ce *titulus ad non titulum ?* (Favre *ad leg.* 5, vers.
sed si fundus revenisset.) Au lieu de dire que la résolution obligera l'acheteur à faire une rétrotradition au
vendeur, ne faut-il pas dire que la propriété lui fait

retour de plein droit, « non tanquam rursus translatum
» ab emptore, sed quasi nunquam illius factum. »
(Hillig. sur Don. note 3, ch. 8, liv. 16.) Puisque la
tradition ne transfère la propriété qu'autant qu'elle a
une cause, « tamdiu prodest ad translationem quandiu
» emptio subsistit; ea resoluta desinit causam habere
» traditio, nec unquam habuisse videtur. » On comprend toute la portée de ce système et les conséquences
qui s'ensuivront :

La *rei vindicatio* sera donnée au vendeur, tant
contre des tiers que contre l'acheteur lui-même, et il
y trouvera un moyen de se remettre en possession de
sa chose, malgré la mauvaise volonté, malgré l'insolvabilité du possesseur (s'il est vrai, comme nous le
pensons, que l'*arbitrium judicis* fût sanctionné par la
force publique).

Toutes les aliénations, toutes les charges imposées à
la propriété par l'acheteur, croûleront, tandis que dans
le système opposé, même après la résolution encourue,
l'acheteur pourrait en consentir, et, se résignât-il a
opérer la retranslation de la propriété au vendeur, il
la lui rendrait grevée des hypothèques et autres droits
réels qu'il en aurait démembrés.

Si on lui reconnaît cette portée, la *lex commissoria*
devient alors une garantie des plus énergiques, et protége efficacement le vendeur non payé.

Cette doctrine et ses conséquences étaient-elles
admises en droit romain, ou bien la *lex commissoria*
(et les autres conditions résolutoires, car cette question
leur est commune), faisaient-elles seulement naître une
obligation? C'est là un des points les plus délicats et les

plus obscurs que nous présente le droit romain : et les recueils de Justinien fournissent des textes dans le sens de l'une et de l'autre opinion. Ainsi les commentateurs sont-ils très-divisés et de nombreux systèmes ont-ils été imaginés pour concilier ces témoignages discordants.

Le retour légal de la propriété entre les mains du vendeur compte, parmi les interprètes anciens surtout, de nombreux partisans (1). Indépendamment des raisons ci-dessus indiquées, on invoque à l'appui les textes suivants :

Loi 8, *De lege com.* Scévola, après avoir posé l'espèce que nous avons déjà eu l'occasion de développer à la page 70, se demande si la vente est résolue en vertu du pacte commissoire, et c'est en ces termes qu'il se pose cette question : « Quæsitum est an fundi non sint » in ea causa ut a venditrice vindicari debeant ex con- » ventione venditionis? »

Loi 41, *pr. De rei vindic.* « Si quis hac lege emerit » ut si alius meliorem conditionem attulerit, receda- » tur ab emptione, post allatam meliorem conditionem » jam non potest in rem actione uti. Sed et si cui in » diem addictus sit fundus, antequam adjectio sit » facta, uti in rem actione potest; postea non po- » terit. » — Sans examiner les diverses questions que fait naître l'interprétation de cette loi, sans cher-

_____

(1) Voët, *ad h. tit.* — Lauterbach, disp. 152, § 11. — Brunemann, *ad l. 1.* — Noodt, *ad h. tit.* — Strykius, Verlohner, *ad h. tit.* — Perezius et Vissembach, *ad codic. tit. De pact. int. empt.* — Covarruvias, *ad tit. De leg. com.* — Doneau, 16, 8, 12. — Parmi les modernes : Thibaut.

cher le sens de cette distinction faite par Ulpien entre
deux cas qui paraissent identiques, sans choisir entre
Cujas qui y voit, traitées séparément, l'*addictio* condition suspensive et l'*addictio* condition résolutoire, —
Azon qui n'y voit d'autre différence que l'adjonction ou
l'omission d'un *dies*, — Favre, enfin, qui applique
la première phrase aux meubles, et la seconde aux
immeubles, — il en résulte bien évidemment :

Qu'avant l'accomplissement de la condition résolutoire, l'acheteur se comportait comme propriétaire,
puisqu'il agissait en revendication ;

Qu'après l'accomplissement de cette condition, il n'a-
vait plus cette qualité, puisqu'on lui refusait cette action ;

Que par conséquent la propriété a dû faire retour
de plein droit au vendeur.

Sans doute, c'est au point de vue de l'*in diem addictio* que le jurisconsulte parle ainsi. Dans la loi 4, *pr.*
De lege com., le même Ulpien se contente de donner
l'action *venditi* : il est étonnant qu'il n'y mentionne
pas l'action en revendication ; car, revenue au vendeur
avec la propriété, elle s'exercerait évidemment à l'encontre de l'acheteur lui-même. Mais les termes dont
il se sert n'ont assurément rien d'exclusif, et l'on
comprend cette omission en remarquant que son but
est seulement d'expliquer dans cette loi, que l'on
puisse se servir de l'action *venditi*. Telle avait été aussi
la portée du rescrit de Sévère et d'Antonin qui n'avait
pas eu pour but, quoiqu'en ait dit Antoine Favre,
d'exclure, au profit de l'action *venditi*, la revendication dont il ne s'occupait pas ? Y a-t-il rien de contra-

dictoire entre l'action *venditi* et la revendication ?
L'acheteur ne peut-il pas en même temps être dépouillé de la propriété et obligé, en vertu du pacte
inséré dans la vente ? Le vendeur ne peut-il pas avoir
à réclamer à son adversaire autre chose que la possession même, par exemple une indemnité pour des détériorations ? Pour des cas semblables, Ulpien ne de-
vait-il pas, même à côté de la revendication, accorder
l'action *venditi* ? La loi 4, *pr.* ne prouve donc rien, et
il est probable qu'Ulpien n'eût pas hésité à étendre de
l'*addictio in diem* à la *lex commissoria* la doctrine
de la loi 41, *De rei vindic.*, ces deux clauses ayant entre
elles, à ce point de vue, une entière analogie.

Barthole a donné de cette loi 41 une explication qui,
si elle était exacte, n'autoriserait pas les conséquences
que nous en tirons. D'après cet interprète, l'espèce
prévue par le jurisconsulte serait celle où le vendeur,
par un cas fortuit quelconque, serait rentré en possession de l'objet : l'acheteur peut-il exercer contre lui la
revendication ? Oui, car il est propriétaire. S'il l'intente avant l'arrivée de la condition résolutoire, il
triomphera. S'il l'intente après, il sera repoussé par
l'exception *pacti conventi :* c'est là seulement ce que
voudrait enseigner Ulpien.

Si ingénieux que soit ce système, il a le tort de ne
reposer sur rien ; d'apporter à notre loi des restric-
tions qui n'y sont pas ; de substituer une exception à
un refus d'action qu'elle contient ; de maintenir à l'a-
cheteur la revendication avec tous ses effets à l'égard
des tiers, tandis que les termes de la loi la lui refu-
sent *erga omnes*. Nous croyons donc que c'est avec

raison que Favre et Covarruvias l'ont déclaré inadmissible.

Loi 20, *De mortis causa donationibus*. « Si mortis
» causa res donata est, et convaluit qui donavit, vi-
» dendum an habeat in rem actionem. Et si quidem
» quis sic donavit, ut, si mors contigisset, tunc habe-
» ret cui donatum est, sine dubio donator poterit rem
» vindicare; mortuo eo, tunc is cui donatum est.
» Si vero sic ut jam nunc haberet, redderet, si con-
» valuisset, vel de prælio, vel peregre rediisset, potest
» defendi, in rem competere donatori, si quid horum
» contigisset, interim autem ei cui donatum est.
» Sed et si morte præventus sit is cui donatum est, ad-
» huc quis dabit in rem donatori. » Voilà donc encore un cas où la propriété a été transférée sous une
condition résolutoire, et où le jurisconsulte Ulpien
donne l'action en revendication à celui qui veut se
prévaloir de la résolution. C'est donc bien encore que
la propriété a été transférée par le seul effet de la convention; et ce qui est vrai de la condition résolutoire
de survie du donateur dans une donation à cause de
mort, pourquoi ne le serait-il pas de toute autre condition résolutoire?

Loi 4, § 3, *De in diem addictione*. « Puro vendito
» et in diem addicto fundo, si melior conditio allata
» sit, rem pignori esse desinere, si emptor eum fun-
» dum pignori dedisset. » Telle était la décision de
Marcellus, et il est évident qu'elle impliquait l'anéantissement rétroactif de la propriété de l'acheteur.
Le gage conféré par le propriétaire devait suivre l'objet entre les mains du vendeur à qui il serait restitué;

et supposer que le gage est éteint, c'est supposer que
l'acheteur n'a jamais été propriétaire. D'un autre côté,
on ne peut pas dire qu'il s'agit ici d'un cas où la propriété n'avait pas été transférée par la tradition faite en
vertu du contrat primitif, car pour que le gage ait eu
une existence quelconque, il faut bien supposer que
l'acheteur a été propriétaire dans l'intervalle. Puisque, d'après la donnée de Marcellus, il y a eu un gage
conféré, — que, d'autre part, ce gage est éteint par
la réalisation de la condition résolutoire, il est donc
vrai que l'acheteur, traité provisoirement comme propriétaire, se trouve ensuite réputé ne l'avoir jamais
été (M. Pellat, op. cit. p. 283,): c'est ce que constate Ulpien, après nous avoir rapporté l'opinion de Marcellus.

Une autre décision qui est nécessairement la conséquence de la même doctrine, se trouve dans la loi 9
De aqua et aquæ (XXXIX, 3.) « In diem addicto præ-
» dio, et emptoris et venditoris voluntas exquirenda
» est, ut, sive remanserit penes emptorem, sive reces-
» serit, certum sit domini factam aquæ cessionem. » Il
s'agit de la constitution d'une servitude sur le fonds
vendu sous *in diem addictio*. Qu'importerait à l'acquéreur de la servitude la réalisation de la clause, et pourquoi le jurisconsulte Paul lui conseillerait-il de faire
intervenir le vendeur, si la propriété n'était retrans-
férée à celui-ci que par une rétrotradition, et, par
conséquent, pour l'avenir seulement?

Et si, du Digeste, nous passons au Code, le titre *De
pactis inter emptorem* fournit encore à cette opinion
de nouvelles armes :

C'est d'abord la loi 1, de l'empereur Antonin :

» Si ea lege prædium vendidisti, *ut nisi intra certum*
» *tempus pretium fuisset exsolutum emptrix arrhas*
» *perderet* ET DOMINIUM AD TE PERTINERET, fides contra-
» ctus servanda est. »

La loi 4, d'Alexandre, paraît encore plus formelle :
« Commissoriæ venditionis legem exercere non potest
» qui post præstitutum pretii solvendi diem non *vin-*
» *dicationem* rei eligere, sed usurarum pretii petitio-
» nem sequi maluit. »

Mais, par malheur, la loi 3 du même titre, émanée
du même empereur, dit textuellement le contraire :
« Qui ea lege prædium vendidit, *ut nisi reliquum pre-*
» *tium intra certum tempus restitutum esset, ad se re-*
» *verteretur,* si non precariam possessionem tradidit,
» REI VINDICATIONEM NON HABET, sed actionem ex vendito. »

Comment concilier ces deux rescrits? Comment
expliquer la loi 3, contraire non pas seulement à la
loi 4, mais aussi à tous les autres textes que nous avons
cités? Voët, Brunemann, Lauterbach, et presque tous
les partisans de l'opinion que nous venons de développer, opposent à l'objection tirée de la loi 3, une
réponse qui a longtemps joui d'un grand crédit. Ils
font remarquer que la formule de la *lex commissoria*
dans la loi 3, n'est pas celle que nous trouvons généralement employée. C'est de cette différence de rédaction que dépendrait d'après leur système, la différence des solutions. Les parties ont-elles dit, *res sit*
inempta, emptio sit nulla : ces paroles sont *directa;*
elles supposent l'anéantissement de tout ce qui s'est
passé antérieurement, le rétablissement des parties
dans le même état qu'avant le contrat. Se sont-elles

servies d'expressions qui peuvent laisser un doute sur leur intention, (*obliqua*), qui sont compatibles avec l'idée de deux états successifs dont l'un se substituerait à l'autre, *fundus redeat, revertatur, restituatur* : comme la volonté des parties n'en sera pas moins exécutée à la lettre par une retrotradition, l'action *venditi* sera seule donnée. Or la loi 5 de notre titre emploie le terme *revertatur*.

Telle est la distinction qui a été érigée pendant long-temps en principe de droit par beaucoup de commentateurs, à tel point que nous les voyons oublier que la présence du mot *revertatur* dans la loi 5 et la nécessité d'expliquer la solution de celle-ci, ont été sa seule raison d'être, (1) et se demander si ce mot est *direct* ou *oblique*.

Est-il besoin de faire observer que c'est une subtilité véritablement incompréhensible; qu'un hasard de rédaction ne peut autoriser de pareilles conclusions et changer ainsi entièrement la situation et les droits des parties?

D'autres interprètes désespérant de plier la loi 5 à la doctrine qui semble ressortir de la loi 4, ont fait de la première la base de la thèse opposée, et ce sont

---

(1) Verlohner, *ad Pand. de leg. com. « Disputatur de verba revertatur, an sit obliquum vel directum,* » Il se décide pourtant à le tenir pour oblique et s'appuie pour cela sur la loi 3. — Cette distinction a été aussi le point de départ du système bizarre de Barthole sur la loi 11 *De rei vindic.* : les mots employés par cette loi lui paraissant obliques et incapables, à ce titre, de produire la résolution de plein droit. Covarruvias lui répond que la distinction n'est pas applicable à l'*in diem addictio.* Mais alors pourquoi l'est-elle à la *lex commissoria?* Parce que celle-ci étant *odiosa,* il faut être rigoureux dans ses termes.

les autres lois qu'ils ont travaillé à accommoder à ce système nouveau. Le principe est donc, d'après eux, que la propriété n'est point transférée de plein droit, et qu'une tradition est nécessaire.

A côté de la loi 3, ils rangent un certain nombre d'autres textes qui excluent bien évidemment cette re-translation. Citons, entre autres, la loi 35, § 3, D. *De mortis causa donat.*, où le jurisconsulte Paul donne formellement au donateur, survivant au donataire, une *condictio*. Or, si l'on pouvait dire tout à l'heure que l'action personnelle *venditi* n'était pas incompatible avec l'action réelle en revendication, il n'en est pas de même de la *condictio*. On ne peut avoir la *condictio* relativement à une chose dont on est redevenu propriétaire, et la donner, c'est dire que l'on n'est que créancier. (M. de Savigny, IV, p. 262.) Ces principes admis, de nombreuses tentatives ont été faites pour concilier avec eux les textes qu'invoque la première opinion. La plus subtile, à coup sûr, de ces conciliations est celle qu'Antoine Favre propose sur la loi 41, *De rei vind.* Suivant lui, la propriété n'appartient plus à l'acheteur, la tradition qu'il a reçue ayant été faite *sine causa*. Aussi cette loi lui enlève-t-elle la revendication. D'autre part, elle n'appartient pas non plus au vendeur, car le pacte ne transfère pas la propriété. (Loi 20, *De pactis*, C.) C'est comme conséquence de ce second principe que les autres textes ne donnent au vendeur qu'une action personnelle après la résolution, et la loi 41 ne lui donne pas la revendication dont elle prive l'acheteur. D'où il résulte « *nescio quid singulare* » que la propriété n'appartient ni à l'un ni à l'autre. Résultat

bien singulier en effet, et qui créerait une situation
non-seulement nouvelle et sans analogue, mais complétement impossible à concevoir. La chose n'étant à
personne, un tiers qui l'usurperait, l'acquerrait par
occupation ! Et comment, selon la très-juste remarque
de M. Pellat, le vendeur peut-il demander à l'acheteur
et en obtenir la retranslation d'une propriété qu'il n'a
plus ? Les deux propositions de Favre ne sont-elles pas
contradictoires ? La tradition *sine causa facta* ne se
trouverait-elle pas avoir été aussi impuissante à dépouiller le vendeur de la propriété qu'à en investir
l'acheteur ? D'ailleurs si des textes nombreux ne donnaient à la condition résolutoire d'autre sanction qu'une
action personnelle, ce n'était pas, comme il le pensait,
en vertu du principe de la loi 20 au Code *De pactis* :
principe étranger à notre question. Car, selon la remarque qu'il fait lui-même, on ne prétendait pas que
la clause commissoire eût retransféré la propriété ; on
soutenait qu'elle la faisait considérer comme n'ayant
jamais été déplacée. Ces textes avaient leur origine
dans un autre principe, pleinement mis en lumière
par la découverte des *Fragmenta Vaticana*, à savoir
que la propriété ne pouvait pas être transférée *ad
tempus* ou *ad conditionem*; § 283 : « Si stipendia-
» riorum prædiorum proprietatem dono dedisti,
» ita ut, post mortem ejus qui accepit, ad te re-
» diret, donatio irrita est, *cum ad tempus proprietas
» transferri nequiverit*. » C'est la condamnation de
la doctrine de Favre, comme de la première opinion ;
car si la propriété avait été une fois transmise à l'acheteur par la vente, non-seulement elle ne pouvait re-

tourner au vendeur sans nouvelle tradition, mais encore elle était définitivement fixée sur la tête de l'acheteur, n'étant pas, comme la vente, susceptible d'une existence provisoire. Rien ne peut être plus radicalement contraire aux lois 41, *De rei vindic.; 8, De lege, com.,* etc., que ce texte et ceux qui en sont les applications. Aussi, loin de suivre les anciens commentateurs dans la tâche pénible de trouver entre eux des conciliations, nous ne croyons pas qu'il en existe. Nous pensons avec M. Pellat et M. de Savigny que les jurisconsultes romains étaient sur ce point en désaccord complet ; les divergences qui se sont produites entre les interprètes de leurs décisions ne sont que la conséquence des divisions qui existaient entre eux.

Le principe le plus généralement admis dans l'ancien droit romain paraît bien avoir été celui du § 283 des *Fragments du Vatican.* Car il est impossible, à la lecture de la loi 29, *De mortis causa donat.,* de n'être pas frappé de l'hésitation, de la timidité avec laquelle Ulpien indique la doctrine opposée. S'agit-il d'une donation sous condition suspensive : « *sine dubio* donator pote- » rit rem *vindicare.* » C'est l'opinion universellement admise. S'agit-il d'une condition résolutoire : « POTEST DE- » FENDI in rem competere donatori... adhuc QUIS dabit » in rem donatori. » N'est-il pas évident qu'ici non-seulement il professe une opinion qui n'est pas généralement adoptée, mais même qu'il propose un système nouveau qui lui est personnel, ou qui compte du moins peu de partisans ? Il n'a pas été le premier à l'enseigner puisque Scévola l'appliquait déjà dans la loi 8,

De lege com. (1) et que dans la loi 1, § 5, *De in diem addictione,* Ulpien lui-même prend soin de nous transmettre l'opinion conforme de Marcellus, (*supr.*, p. 87).
Néanmoins, c'est lui qui paraît s'en être fait le propagateur le plus convaincu, et qui l'a le plus nettement
formulé. Dès cette époque, ce système prend une importance doctrinale considérable, puisque Paul contemporain d'Ulpien, sectateur de l'ancienne théorie sur
le transport temporaire de la propriété, (comme le
témoigne la loi 35, § 5, *De mortis causa donat.*), semble
avoir subi son influence en écrivant la loi 9, *De aqua
et aquæ.* La loi 1, *De pact. int. empt. C.,* peut bien
aussi, quoique ses termes ne soient pas très-précis,
avoir été rendue sous l'empire de semblables idées.
Mais la loi 5, *De pact. int. empt.* et la constitution de
Dioclétien qui forme le § 283 des *Fragm. Vatic.,*
montrent bien qu'elles n'étaient pas sitôt passées dans
la jurisprudence des rescrits impériaux. Néanmoins il
il est certain qu'elles finirent par prévaloir, et sans
que nous puissions préciser l'époque où elles fu-

---

(1) Antoine Favre a donné de cette loi 8 une tout autre interprétation : il a prétendu que dans l'espèce prévue, il n'y avait pas eu de
tradition : la vente, non suivie de tradition n'avait pu transférer la
propriété. Si l'acheteur était en possession, c'était par suite d'un cas
fortuit. Nul doute que la venderesse ne pût revendiquer : seulement,
paralysée par l'exception *rei venditæ* tant que dure le contrat, la *vindicatio* sera pleinement efficace après la résolution. C'est là, d'après lui
ce qu'exprime Scévola.—Tout cela n'est-il pas purement divinatoire ?
Rien indique-t-il que la prise de possession par l'acheteur ait été for-
tuite, et que l'action en revendication ait, quoique paralysée par une
exception, appartenu dans l'intervalle à la venderesse ?

rent définitivement consacrées, Justinien nous fournit le témoignage le plus positif de leur triomphe. Il a donné à la constitution de Dioclétien une place dans son recueil, mais en lui faisant subir un de ces remaniements caractéristiques qui substituent le droit nouveau à la décision des empereurs sous le nom desquels il le présente : corrections dangereuses et propres à nous égarer quand rien ne nous prémunit contre elles; précieuses au contraire pour nous faire apprécier les changements de législation, quand un heureux hasard nous a conservé le texte primitif. Ce rescrit forme la loi 2, Code *De donat. quæ sub modo*. L'espèce est la même, à cela près que la constitution remaniée parle de biens quelconques, tandis que dans la première, il s'agissait de fonds stipendiaires, désignation disparue sous Justinien avec la classification dont elle faisait partie. Mais là où Dioclétien écrivait : *donatio irrita est*, Tribonien écrit : *donatio valet*, et de même que la nullité était présentée dans le § 283 , *Frag. Vatic.* comme la conséquence du principe : *ad tempus proprietas transferri nequit*, de même la validité est ainsi motivée dans la loi 2 *De donat.*, *quæ sub modo* : « Cum ad tempus » certum vel incertum ea fieri potest, lege scilicet » quæ ei imposita est, conservanda. » N'est-ce pas la consécration formelle de la doctrine de Scévola, de Marcellus et d'Ulpien ? N'est-ce pas la preuve de l'abrogation réfléchie de l'ancienne théorie, encore que le Digeste et le Code en aient conservé des traces?

La plus considérable est sans contredit cette loi 3 du titre *De pact. int. empt.*, si embarrassante pour les partisans absolus du retour de la propriété *ipso jure*, et qu'ils conciliaient avec leur doctrine par cette bizarre distinction des *verba directa vel obliqua*. Si malencontreux qu'ait été leur essai de conciliation; si convaincu que nous soyons que ce texte est l'application d'une théorie répandue sous le droit classique et abrogée sous Justinien; si décidé que nous soyons dès lors à le croire inconciliable avec de nombreux fragments conçus dans l'opinion adverse et favorablement accueillis par les compilateurs, il est difficile de ne pas être étonné de voir côte à côte deux rescrits du même empereur, donnant, sur le même point, deux solutions opposées. Nous renonçons volontiers à chercher à mettre d'accord cette loi 3 avec les lois 41, *De rei vind.*, etc., et réciproquement. Mais comment admettre que, œuvre du même empereur, la loi 4 soit l'expression d'une opinion formellement repoussée par la loi 3? Sans doute, il n'est pas absolument impossible que l'influence d'Ulpien, si grande dans les conseils d'Alexandre, ait dicté l'une de ces décisions tandis que l'autre aurait été le produit de l'ancienne routine. Mais quelques étourderies de cette nature qu'on puisse reprocher à Tribonien, n'est-il pas probable que si la loi 4 était réellement en flagrante contradiction avec la loi 3, ce rapprochement l'eût frappé et lui eût fait apercevoir le démenti donné par l'insertion de la loi 3 à la jurisprudence alors dominante?

D'autre part, nous savons aussi combien peu scrupuleux étaient les compilateurs, et ce ne serait pas un fait sans exemple que l'interpolation de la loi 4. Mais s'ils avaient songé à corriger ce rescrit où le caractère de l'action accordée est bien moins saillant que dans le précédent, comment auraient-ils négligé de modifier celui-ci?

Indépendamment de l'explication que nous avons mentionnée plus haut, plusieurs autres conciliations ont été tentées. On a dit que, dans la loi 4, le mot *vindicatio* n'était pas pris dans son sens rigoureux; que, n'ayant pas à indiquer au vendeur la nature de l'action qui lui appartenait, mais voulant le prévenir que la demande des intérêts lui ferait perdre le droit de demander la chose même, Alexandre prend le mot *vindicatio* dans le sens de *réclamation*, d'action aussi bien *ad rem* que *in rem*. — D'autres ont dit que la loi 4 ne se référait pas à un cas de résolution, mais au cas où la clause commissoire était conçue sous forme de condition suspensive. (Pothier, *ad Pan.*)

Aucune de ces deux explications ne nous satisfait : la première parce qu'elle prête gratuitement au rédacteur de la loi une inexactitude de langage d'autant plus grave, que la question de savoir si le vendeur avait une action *in rem* était de jour en jour plus vivement controversée; et que l'empereur avait été appelé à la trancher. La seconde, parce que nous croyons inexacte l'idée sur laquelle elle repose, à savoir que le pacte commissoire peut constituer une condition suspensive. (*Supr.*, pages 33 et suiv.)

Une troisième conciliation qui, selon nous, est préférable, ressort des termes mêmes de la loi 3 : « ... *Si » non precariam possessionem tradidit,* rei vindicationem » non habet, sed actionem ex vendito.» N'est-il pas probable que la loi 4 se place justement dans l'hypothèse où la loi 3 elle-même déclare implicitement qu'il y aura re-

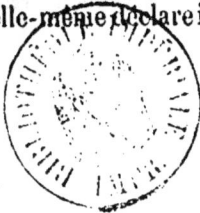

7

vendication, c'est-à-dire dans le cas où le vendeur n'a livré
à l'acheteur qu'une possession précaire (1)? On nous dit
que rien, dans la loi 4, n'indique cette circonstance. Mais
ne savons-nous pas que, le prix n'étant pas payé, la tradition, faite en vertu de la vente, a pour effet ordinaire
de transférer une possession précaire? N'est-ce pas par
exception que, dans ce cas, elle transfère la propriété ?
Nous ne croyons pas que l'adjonction de la *lex commissoria* par elle-même change cet état de choses et
dispense l'acheteur qui prétend être devenu propriétaire de prouver que le vendeur a suivi sa foi. (*Supr.*,
page 76, note.) Dès lors la loi 4 n'a rien à spéci-
fier ; car, tant que cette preuve n'est pas faite, la revendication est le droit commun. C'était à la loi 5
à indiquer, au contraire, qu'elle se plaçait dans l'hypothèse où la tradition avait transféré la propriété,
et elle n'y a point manqué : *Si non precariam possessionem tradidit.*

En résumé, voici comment nous comprenons en
droit romain les effets de la *lex commissoria* relativement à la chose vendue par son propriétaire :

Avait-il suivi la foi de l'acheteur et lui avait-il transmis la propriété ?

Dans le droit ancien, il avait seulement l'action *venditi ;* — Dans le droit classique, l'action *præscriptis
verbis*, selon les Proculiens, l'action *venditi* selon les
Sabiniens, l'une et l'autre à partir de Sévère et d'An-

---

(1) Cette conciliation, proposée par Vasquezius, est rapportée par
l'annotateur de Doneau, qui du reste semble préférer celle des *verba
obliqua*. Liv. 16, § 19, note 6.

tonin ; mais aucun moyen de rentrer dans la propriété de la chose sans une rétrotradition ; une simple action personnelle pour l'obtenir ; aucune action contre des tiers acquéreurs de l'objet, aucun moyen de se soustraire aux charges imposées par l'acheteur, même depuis la résolution. Cependant, dès cette époque, une minorité de jour en jour plus influente soutient, contre la doctrine générale, que la propriété peut être transférée à titre provisoire ; qu'une tradition faite en vertu d'une vente sous condition résolutoire ne peut transférer qu'une propriété résoluble comme elle ; que la réalisation de cette condition opérera retour *ipso jure* de la propriété au vendeur, et cela aussi bien à l'égard des tiers qu'à l'égard de l'acheteur. Néanmoins les rescrits impériaux repoussent encore cette opinion, sauf peut-être la loi 1, *De pact. int. empt.*, dont encore les termes sont bien peu précis. Quant à la loi 4 du même titre, malgré l'autorité d'Ulpien, il est peu probable que l'auteur de la loi 3 se soit démenti dans la suivante, et c'était sans doute d'une autre espèce qu'il s'occupait. Ce n'est enfin que sous Justinien que nous trouvons admise et prépondérante l'opinion encore si timide sous Sévère, Antonin et Alexandre. — Que si le vendeur y a intérêt, même dans cette opinion, il pourra encore agir *ex vendito*, puisque son propagateur Ulpien est précisément l'auteur de la loi 4, *pr. De lege com.* qui lui accorde formellement cette action.

Etait-il resté propriétaire pour n'avoir pas suivi la loi de l'acheteur ou parce que la chose était *mancipi*, il avait la revendication et pouvait repousser toute exception *rei venditæ et traditæ* qu'on voudrait lui opposer. Si du reste il avait intérêt à exciper en quelque autre manière de la résolution de la vente, il avait l'action *venditi*.

Quels sont les effets de la résolution, si le vendeur n'était pas propriétaire de la chose qu'il avait livrée et qu'il avait mis l'acheteur à même d'usucaper?

Deux hypothèses sont possibles : ou bien l'usucapion n'est pas encore accomplie au profit de l'acheteur quand arrive la résolution, ou bien elle est accomplie.

Dans le premier cas, le vendeur ne peut demander la restitution de la chose que par l'action *venditi* (la revendication n'appartenant ici qu'au véritable propriétaire). Mais s'il l'a obtenue, peut-il, pour usucaper lui-même, joindre la possession de l'acheteur à la sienne?

Des divergences s'étaient produites sur ce point parmi les jurisconsultes romains, ainsi que le témoigne Ulpien, à propos de la *redhibitio*, dans la loi 13, § 2, *De acq. vel amit. poss.* (XLI, 2.) Mais il se prononce en faveur de l'affirmative que Javolenus et Africain, dans les lois 19 *De usuc. et usurp.* (XLI, 3) et 6, § 1, *De diver. temp. præser.* (XLIV, 1) avaient déjà professée: cette opinion avait prévalu. Cette dernière loi, écrite spécialement en vue de la *lex commissoria*, est ainsi conçue :
« Vendidi tibi servum et convenit ut nisi certa die pe-
» cunia soluta esset, inemptus esset. Quod cum eve-
» nerit, quæsitum est quid de accessione tui temporis
» putarem? Respondi : id quod servatur cum redhibi-
» tio sit facta; hunc enim perinde haberi ac si retror-
» sus homo mihi venisset, ut scilicet, si venditor pos-
» sessionem postea nactus sit, et hoc ipsum tempus et

» quod venditionem præcesserit, et amplius accessio
» hæc ei detur cum eo quod apud eum fuit a quo ho-
» mo redhibitus sit. » La retranslation, sinon de la
propriété, du moins de la possession, faite par tradition à la suite de l'accomplissement de la condition
résolutoire, c'est, pour Africain, une sorte de nouvelle
vente, et le vendeur joint à sa possession celle de l'a-
cheteur, comme s'il était lui-même son ayant cause.
Ne peut-on pas aller plus loin, et, par un raisonnement
analogue à celui d'Ulpien dans le cas où il s'agissait de
la propriété, dire que la première tradition se trouvant
dépourvue rétroactivement de *justa causa*, n'a pu transférer que la possession physique? (M. Ortolan II, p. 306.)
La possession légale se trouverait alors de plein droit
réputée avoir toujours appartenu au vendeur qui l'aurait exercée par l'entremise de l'acheteur, détenteur
précaire. Nous n'aurions plus deux possessions qui se
joignent, mais une seule qui se continue.

Si l'usucapion était accomplie dans l'intervalle au
profit de l'acheteur, il avait acquis par lui-même un
droit sur la chose, que n'avait jamais eu le vendeur.
Cela a fait douter qu'Ulpien eût poussé sa doctrine
jusqu'à lui donner la revendication : car la fiction de
rétroactivité, a-t-on dit, ne peut que rendre au vendeur des droits qu'il avait déjà, et ne peut pas lui en conférer de nouveaux. Nous croyons qu'il y a dans ce raisonnement une confusion. Sans doute le vendeur n'a-
vait pas transféré à l'acheteur la propriété : mais il n'en
est pas moins vrai que, cette propriété, il l'a acquise
du chef du vendeur; et la preuve, c'est que tout le
monde reconnaît que l'acheteur est au moins tenu de

la retransférer par l'action *venditi* en vertu de la résolution. Si donc il est vrai de dire, d'une part : que la
possession civile n'a lieu que si la remise matérielle de
la chose est accompagnée d'un fait manifestant l'intention de l'aliéner; qu'en dehors de là il y a seulement
détention physique (M. Ortolan, page 303); — d'autre
part : que « le rapport de droit soumis à une condition
résolutoire est, la condition s'accomplissant, complétement anéanti comme s'il n'eût jamais existé (Savigny
Droit romain, t. III, p. 157), » — la conséquence
forcée de ces deux idées ne sera-t-elle pas que la tradition faite en vertu de la vente résolue est réputée avoir
été *sine causa;* — qu'elle n'a pu dès lors transférer
pas plus la possession civile que la propriété; — que
si l'acheteur a usucapé, il a usucapé pour le vendeur
au nom duquel il se trouve avoir détenu précairement;
— que, par suite, ce n'est véritablement pas lui, mais
le vendeur qui est devenu propriétaire? Nous ne pensons pas qu'Ulpien eût reculé devant cette conséquence
extrême de ses principes et qu'il eût refusé au vendeur
la revendication. Dans la loi 41, *De rei vindic.*, il n'accorde cette action à l'acheteur que *pendente conditione*,
dans le cas où la propriété et la possession lui ont été
simultanément transférées; pourquoi la lui laisserait-il
après la réalisation de cette condition quand la possession, pour le rendre propriétaire, a dû être consolidée
par l'usucapion? Et si l'acheteur n'a plus la revendication, si l'ancien propriétaire l'a perdue, ne doit-elle pas
appartenir au vendeur?

Au nombre des effets de la vente pendant que la

condition résolutoire est en suspens, nous avons indiqué la mise des risques à la charge de l'acheteur. La
résolution de la vente fera-t-elle cesser rétroactivement cette responsabilité? La question ne peut pas se
présenter pour la perte totale; car le vendeur conservant le droit d'opter pour le paiement du prix, la perte
de la chose le déterminera certainement à préférer cette
voie. La loi 2 de notre titre nous apprend même que le
choix lui a été laissé précisément en vue de cette hypothèse.

Quant à la perte partielle, le vendeur peut encore
la laisser à sa charge en renonçant à la résolution.
Mais s'il opte pour celle-ci, il reprend la chose comme
elle est, et sans compensation pour les détériorations
fortuites. Il va sans dire que l'acheteur devrait indemniser le vendeur de celles qui proviendraient de sa faute
ou de son fait.

§ 2. — Après avoir étudié les effets de la résolution
relativement à la chose elle-même, reste à examiner
ce que deviennent les accessoires.

Les fruits de la chose vendue, avons-nous dit, sont
dans l'intervalle perçus par l'acheteur en son nom
propre, *suo jure;* mais cette acquisition n'est que provisoire : elle est subordonnée au sort de la vente, et si
la résolution s'opère, il devra les rendre au vendeur.
Car il ne puisait son droit à en bénéficier que dans le
contrat désormais réputé n'avoir jamais existé. C'est
là du reste une application de cette doctrine générale
qui faisait considérer les fruits comme compris dans
toutes les actions, tant personnelles que réelles, tendant à faire obtenir une restitution. La restitution

n'était considérée comme complète, les choses comme
rétablies dans leur état primitif que si les fruits produits dans l'intervalle, même avant la *mora*, étaient
rendus en même temps que l'objet principal. (Loi 38,
§ 1, 2, 4, 6, *De usuris*. — Loi 173, § 1, *De reg. jur.*
— Lois 15 et 65, § 5, *De condic. indeb.* — Loi 4, § 2,
Paul *finium regendorum* [X, 1.] Loi 22, C. *De rei vind.*)

A ce motif, qui est commun à la *lex commissoria* et
à l'*additio in diem* (loi 4, § 4 et 6 *De add. in diem*), le
jurisconsulte Neratius, dans la loi 5 de notre titre, en
ajoute un autre tout spécial à notre pacte : « Aristo
existimabat venditori de his judicium in emptorem dan-
dum esse, quia nihil penes eum residere oportet ex re
in qua fidem fefellisset. » Ce motif n'est évidemment
pas le seul, puisqu'il n'expliquerait nullement la décision analogue donnée pour l'*addictio in diem*, où il n'y a
aucune faute imputable à l'acheteur. Il a bien néanmoins son importance : car il serait bizarre de voir un
acheteur qui n'a rien payé, bénéficier de la jouissance
de la chose pendant un certain temps et gagner à la
résolution édictée contre lui, des fruits dont le maintien de la vente l'aurait obligé de fournir la représentation par le paiement des intérêts de son prix. (Loi 13,
§ 20 *De act. empt.*)

Ce que Neratius dit des fruits dans la loi 5, Scévola
le répète pour les accessoires de l'objet vendu, dans la
loi 6, § 1 ; à quel titre, en effet, l'acheteur garderait-il les
accessoires quand il n'a plus droit au principal ? « Cum
« principalis causa non consistat, plerumque ne ea
« quidem quæ sequuntur, locum habent. » (Loi 178
De reg. jur. Paul.)

Si l'acheteur a fait sur la chose des dépenses nécessaires, nous pensons qu'il pourra la retenir jusqu'à ce
qu'elles lui soient remboursées, ou garder des fruits jusqu'à due concurrence. Si ce sont des dépenses simplement utiles, comme le vendeur ne doit pas s'enrichir à
ses dépens, il devra lui payer la plus-value, ou le laisser
rétablir les choses dans leur premier état. (Arg. loi 27
§ 5 *De rei vindic. versic. Quod et in area uxori...* —
loi 38 *De rei vindic.* — Loi 38, *De hæred. petit.*)

Il est du reste évident que les fruits qu'il doit rendre
sont les fruits nets, c'est-à-dire déduction faite des charges de la jouissance. « Fructus intelliguntur deductis
impensis quæ quærendorum, cogendorum, conservan-
dorumque eorum causa fiunt.» (Loi 36, § 5, *De hæred.
petit.* V. 3.)

Peut-il se faire restituer les arrhes qu'il a fournies,
les à-compte qu'il a payés au vendeur? L'action *empti*,
que la vente lui fournissait, n'a pu survivre à la résolution, et, si l'action *venditi* pouvait encore être exercée après la réalisation du pacte commissoire, le motif
que la loi 6, § 1, *De contrah. empt.* nous en donnait,
montre bien qu'il ne pouvait en être de même de l'action *empti* : car la résolution a pour but, nous dit Paul,
de dégager le vendeur vis-à-vis de l'acheteur, tout en
laissant l'acheteur tenu vis-à-vis de lui. Mais ne pourra-
t-il pas au moins arriver à cette restitution par voie
d'exception?

Quant aux arrhes, aucun doute n'est possible. Elles
sont définitivement acquises au vendeur, et la résolution
ne l'obligera pas à les rendre. Quoique plusieurs textes
nous montrent la perte des arrhes formellement écrite

dans le contrat (loi 1 C., *De pact. int. empt.;* — loi 8, D.
De lege com.), on ne peut voir dans ces fragments que
la constatation de ce qui se passait le plus souvent en
pratique : la loi 6 *pr.*, par la généralité de ses termes,
ne permet pas de douter qu'en l'absence de cette clause,
on ne dût la suppléer. Si on l'insérait souvent, c'était
pour prévenir toute espèce de doute; mais on ne peut
en conclure qu'à défaut de convention, l'effet inverse
se produirait. De même nous avons vu dans la loi 10,
De resc. vend., le vendeur se réserver l'option qu'il aurait eue cependant de plein droit. De même encore
quoique l'acheteur soit toujours tenu de rendre les
fruits, la formule contenue dans la loi 6, § 1, *De contrah.
empt.*, règle spécialement ce point. «Quæ dubitationis
« tollendæ causa contractibus inseruntur, jus com-
» mune non lædunt. » (Loi 56, pr. *mandati.*) Les arrhes
étaient données comme preuve de la conclusion et de
l'irrévocabilité du contrat. Si ce contrat est résolu par
la faute de l'acheteur, à quel titre se plaindrait-il que
les arrhes ne lui soient pas rendues? Il n'a tenu qu'à
lui que le contrat fût en effet irrévocable; il ne
peut donc s'en prendre qu'à lui de cette perte; et « qui
» damnum sua culpa sentit, non damnum sentire in-
» telligitur. » (Pomponius, loi 203, *De reg. jur.*) — Il
ne peut pas plus prétendre à les recouvrer qu'à rentrer
dans ce qu'il aurait payé à tout autre titre, en vue de la
conclusion de la vente, soit pour la rédaction d'un *in-
strumentum*, soit pour le salaire d'un courtier.

En sera-t-il de même des à-compte qu'il a payés depuis, et, malgré la résolution de la vente, le vendeur
les retiendra-t-il? Est-ce à un bénéfice de cette nature,

ou seulement au gain des arrhes que fait allusion la loi
25 *De hœred. petit.* quand elle déclare l'héritier apparent
« *præstaturum lucrum quod sensit lege commissoria,* »
à l'occasion d'un objet de l'hérédité vendu sous cette
clause ?

Les partisans de l'affirmative (Favre, *ad leg. 4 et ad
leg. 6 pr. De lege com.*—Lauterbach, *dissert. disp.* 152,
§ 13) ne manquent pas d'arguments, sinon irréfu-
tables, au moins d'apparence très-spécieuse. Dans la
loi 6 pr., le jurisconsulte Scévola n'attribue pas au
vendeur seulement les arrhes, mais ce qui « *vel alio
nomine datum esset.* »

Dans la loi 4, § 1, rapportant une décision de Neratius,
qui dispensait l'acheteur de rendre les fruits « cum pre-
» tium quod numeravit, perdidit », Ulpien ajoute :
» Igitur sententia Neratii, tum habet locum, quæ est
» humana quando emptor aliquam partem pretii
dedit. » Ne résulte-t-il pas de là que toutes les fois
qu'il a versé un à-compte, il doit en subir la perte ?

Enfin des arrhes ne sont-elles pas elles-mêmes de véritables à-compte (1) ? La loi 8 de notre titre ne le dit-
elle pas en propres termes, lorsqu'après avoir parlé
d'arrhes données, elle ajoute: *Statuta sunt tempora reli-
quæ pecuniæ ?* Pourquoi distinguer entre ce versement
et les versements postérieurs ?

Si puissantes que soient ces raisons, elles ne peuvent
vaincre nos préférences pour le système opposé, dont
Voët s'est fait le défenseur. D'après lui, si les arrhes

_____

(1) M. Ortolan, page 267. — Varron, *De lingua latina*, liv. V,
§ 175.

sont perdues de plein droit, il n'en est pas de même
des à-compte. Le vendeur devra les rendre à l'acheteur,
à moins qu'une convention formelle ne les lui ait attri-
bués, menaçant ainsi l'acheteur négligent d'une peine
de plus (1). Autre chose, quoi qu'on en dise, sont les
arrhes, autre chose les à-compte. Sans doute les arrhes
sont imputées sur le prix quand elles consistent en une
somme d'argent. Mais elles ont en elles-mêmes un caractère tout spécial. C'est en quelque sorte une manifestation matérielle de l'accord des deux volontés : c'est
un signe, une preuve de la conclusion du contrat, et,
comme nous l'avons dit, les dépenses faites pour arriver à cette conclusion doivent être perdues pour l'acheteur. Cela est vrai des arrhes, comme des épingles,
pots-de-vin, et autres menus frais, auxquels, soit dit
en passant, les mots *vel alio nomine* employés par la loi
6 se rapportent bien mieux qu'à une portion du prix
lui-même. En fait, le contrat n'en a pas moins été conclu, quoiqu'en droit, par sa faute, l'acheteur lui ait
enlevé tous ses effets.

Les à-compte au contraire sont payés en exécution
du contrat ; c'est seulement en vertu des obligations
du contrat qu'ils sont acquis au vendeur. Comment
voudrait-il les retenir quand ces obligations sont ré-
putées n'avoir jamais existé, et si, à défaut de la vente
primitive, dont tous les effets sont révoqués, il ne
trouve pas dans une convention spéciale un titre qui
l'y autorise? La perte des arrhes est au surplus une

_____

(1) Tel paraît être aussi le système de Pothier, Pandectes, tit. *De
leg. com.*, § 3.

peine, une dérogation au droit commun des conditions résolutoires, qui doivent remettre l'une comme l'autre des parties dans le même état qu'avant le contrat. A ce titre, il n'est pas possible de l'étendre par analogie : cette analogie fût-elle réelle, des textes aussi peu précis que ceux qu'on invoque ne peuvent suffire.

On objecte la loi 4, § 1 : mais dit-elle bien tout ce qu'on lui fait dire ? Neratius donne les fruits à l'acheteur quand il perd le prix qu'il a payé. Ulpien ajoute que cette doctrine équitable aura son application quand l'acheteur aura payé une partie du prix. Cela prouve-t-il qu'il la perde de plein droit, et que, dans l'opinion de Neratius, les fruits sont retenus par l'acheteur *toutes les fois* qu'il a payé quelque chose, *parce que* ce qu'il a payé est perdu ? Ulpien nous paraît laisser dans le doute où Neratius l'avait laissée lui-même la question de savoir à quelles conditions le prix est perdu pour l'acheteur. Il se borne à dire avec lui que lorsque ce résultat se produira, il aura une compensation dans l'acquisition des fruits, et qu'ainsi cette acquisition suppose le versement d'une partie quelconque du prix.

Et à quelles conséquences n'arriverait-on pas avec la doctrine de Favre ? L'acheteur serait d'autant plus puni qu'il s'est montré moins négligent ! S'il a fait tous ses efforts pour payer, s'il est en retard seulement de quelque fraction insignifiante de la somme, le jour de l'échéance, le vendeur aura l'objet et presque tout le prix à la fois ! Si l'acheteur ne s'est en aucune façon mis en peine de satisfaire à ses engagements il courra seulement la chance de se voir poursuivre, soit en ré-

solution, soit en paiement du prix. Une pareille ano-
malie est-elle admissible? Ainsi, à notre sens, les à-
compte devront être rendus à l'acheteur, en l'absence
d'une convention spéciale qui les lui fasse perdre. S'il
ne les a pas obtenus par voie d'exception, il devra
même avoir pour les recouvrer une *condictio sine causa*.
Loi 1, *De condict. sine causa*.

Quand cette convention aura eu lieu, et que la perte
d'une partie du prix aura été effectivement encourue,
nous avons vu que, *humanitatis causa*, par une décision d'équité, Neratius et Ulpien lui laissaient les fruits
en compensation. Selon Cujas (*ad tit. De pact. int.
empt.* C.) et Strykius, cette compensation sera propor-
tionnelle et il gardera seulement une portion des fruits
au prorata de ce qu'il a payé sur le prix total : comme
la réalisation de la *lex commissoria* suppose nécessairement que le prix n'a pas été entièrement payé, dans
leur système, le vendeur reprendra toujours une portion des fruits.

Nous ne croyons pas que cette opinion soit fondée.
Le texte d'Ulpien ne distingue pas : et comment établir une proportion entre les fruits perçus dans l'intervalle, et les fractions payées du capital du prix? Dans
l'impossibilité d'établir cette proportion entre deux
valeurs si différentes nous pensons que Ulpien et Neratius dispensaient, d'une manière générale, l'acheteur
de rendre les fruits qu'il avait perçus ; l'idée d'un
compte à établir semble leur avoir été étrangère ; il ne
s'agit pas ici d'une véritable compensation, mais d'un
simple tempérament d'équité, d'un simple adoucisse-
ment de la peine encourue. (Favre *ad leg.* 4, § 1 et 6.)

Et encore souvent sera-t-il bien insuffisant ; car si l'a-
cheteur a payé déjà un à-compte considérable, une
jouissance peut-être courte, portant sur un objet peut-
être peu productif, ne sera qu'une bien faible atténua-
tion des effets rigoureux attachés par cette convention
spéciale à la condition résolutoire.

Aussi, quand elle est ainsi conçue, présente-t-elle un
caractère usuraire qui effrayait Brunemann. Néanmoins
il en reconnaissait la validité, non sans faire toutes
réserves pour le for intérieur (1). Ces scrupules n'é-
taient pas du reste étrangers aux Romains ; car Papinien, comme Ulpien le rapporte dans la loi 13, § 20,
De act. empt. avait déjà été appelé à déclarer que la
lex commissoria n'avait rien à démêler avec les lois
sur le taux de l'intérêt.

Une fois la chose rendue *cum sua causa*, avec les
fruits et les accessoires, l'acheteur pouvait encore
n'être pas déchargé de toute responsabilité envers le
vendeur. Une clause était fréquemment insérée dans
la *lex commissoria*, par laquelle on prévoyait le cas où,
la résolution étant encourue, le vendeur serait forcé
de revendre à plus bas prix. L'acheteur s'obligeait à
payer la différence entre la somme promise par le nouvel acquéreur et celle qu'il avait promise lui-même.
« In commissoria etiam hoc solet convenire ut si ven-
» ditor eumdem fundum venderet, quanto minoris
» vendiderit, id a priore emptore exigat. » (Ulp. loi 4,
§ 3 *De leg. com.*) L'action *venditi* sera donnée au ven-

---

(1) *Ad leg.* 6 *De leg. com.* Strykius partage le scrupule de Brunemann. *Ad h. tit.*

deur à raison de ce pacte comme à raison de toutes
les conventions ajoutées à la vente. « C'est, dit A. Favre,
ce que nous appelons en français la *folle enchère*. Rien
de plus juste que cette peine infligée à l'acheteur. Il
n'y a pas d'autres moyens de rendre indemne le vendeur
pressé de se défaire de sa chose *propter angustiam rei
familiaris*, et obligé, par la faute du premier acquéreur, de la revendre immédiatement, peut-être bien
au-dessous de sa valeur. » Ces considérations lui paraissent si puissantes, qu'il se demande si cette clause
n'est pas de la nature du pacte commissoire ; si, quand
elle n'est pas insérée, elle ne devra pas être sous-entendue. Elle était usuelle, au témoignage d'Ulpien, et
d'après le même jurisconsulte : *Quæ moris et consue-
tudinis sunt in judiciis bonæ fidei venire solent.* (Loi 31
§ 20, *De ædil. edict.* XXI, 1.)—Ce serait donner à la
loi d'Ulpien une portée que ses termes n'autorisent
guère. Elle indique seulement un usage, une habitude
de la pratique, non une obligation née du pacte commissoire. Que l'on dût suppléer la *stipulatio duplæ*
quand elle n'avait pas eu lieu, soit : elle rentrait dans
les obligations du vendeur ; elle était non-seulement
fréquente .(*solita*), mais encore habituelle, de style en
quelque sorte (*assidua*). Et le terme *solet* appliqué par
une loi à une convention, ne suffit pas pour lui donner
ce dernier caractère : « autrement il faudrait dire
que l'hypothèque est de la nature de tous les contrats
de bonne foi, parce que Gaius, dans la loi 18, § 1, *De
pignoribus* (XX, 1) se sert de ce mot relativement à
elle. » (Favre, *ration. ad leg.* 4, § 3, *De leg. com.*) Nous
acceptons la conclusion à laquelle ces derniers motifs

conduisent le président Favre, malgré ses sympathies pour la doctrine opposée : « Je crains qu'il ne soit plus sûr de dire, avec Accurse, qu'à défaut de convention, l'acheteur ne sera pas tenu de payer la différence. »

Telle était la nature, tels étaient les effets de la clause commissoire dans la législation et la jurisprudence romaines ; et si, au terme de ce travail, jetant un coup d'œil en arrière, nous nous demandons quelles étaient, en définitive, à Rome, les garanties données au vendeur contre l'inexécution des engagements de l'acheteur, voici l'idée générale qui ressort pour nous de cette étude :

Le vendeur n'a point de privilége pour son action personnelle, point d'hypothèque tacite sur la chose vendue. Le droit romain ne reconnaît point de résolution légale du contrat faute par l'une des parties de satisfaire à ses engagements.

Le vendeur a dans le droit commun une puissante garantie : c'est que le paiement seul du prix le dépouillera de sa propriété, et que la tradition jusque-là n'en investira pas l'acheteur. Il est donc assuré de ne perdre sa chose qu'en en recevant l'équivalent. Car, resté propriétaire, la revendication lui en procurera la reprise effective entre les mains de tout détenteur. Mais aucun retard de l'acheteur ne le dégagera des liens du contrat. A toute époque celui-ci peut le

8

mettre en demeure de lui faire une nouvelle tradition.

S'il a commis l'imprudence d'accorder un terme à l'acheteur, et qu'il se soit ainsi privé des avantages du droit commun en transférant la propriété de la chose avant d'avoir reçu le prix, il court risque de perdre l'un et l'autre. Ce transfert est définitif et le contrat est indissoluble; simple créancier, il a seulement une action personnelle pour se faire payer.

Un moyen lui était pourtant accordé de se réserver la résolution du contrat inexécuté par l'acheteur. C'était le pacte commissoire. Comme toute condition résolutoire, il laissait à la vente dans l'intervalle tous ses effets ordinaires. Il n'empêchait donc pas l'acheteur de devenir propriétaire en vertu de la tradition, si le vendeur avait suivi sa foi. La résolution s'accomplissant, et le contrat étant tenu *pro infecto*, la tradition qui l'avait rendu propriétaire semblait n'avoir plus de cause. Cependant la revendication n'était pas rendue au vendeur; car on n'admettait pas que la propriété eût pu être temporairement transférée par lui à l'acheteur, et pût lui revenir sans nouvelle tradition. Nanti d'une simple action personnelle, tant pour demander le paiement du prix que pour invoquer la résolution (partis entre lesquels le choix lui était laissé), le vendeur devait respecter les droits transmis à des tiers, et subissait les chances de l'insolvabilité de l'acheteur. Paralysée par cette doctrine de l'impossibilité de transférer la propriété à titre provisoire, la *lex commissoria* ne fournissait donc au vendeur qu'une garantie précaire et ne devait pas être un grand élément de crédit.

Peu à peu, cependant, se forme une nouvelle école qui se hasarde à contester le principe de l'ancien droit; elle affirme, timidement d'abord, que la propriété, susceptible de terme *ex quo*, ou de condition suspensive doit l'être, comme la vente elle-même, de condition résolutoire, ou de terme *ad quem*. De là elle tire les conséquences suivantes :

La propriété, transférée en vertu de la vente sous pacte commissoire, est résolue avec le contrat même ; elle est censée n'avoir jamais cessé d'appartenir au vendeur ; propriétaire, celui-ci peut revendiquer, reprendre le bien où il le trouve, et sans subir le concours d'aucun créancier ; opposer à ceux qui prétendraient tenir de l'acquéreur un droit sur la chose, la maxime : *Resoluto jure dantis, resolvitur jus accipientis.*

Cette doctrine finit par s'accréditer, et sous Justinien, elle est en pleine vigueur. Elle permet donc au vendeur de faire crédit à l'acheteur, de suivre sa foi, sans craindre de compromettre ses intérêts, à la condition seulement d'avoir fait insérer la *lex commissoria.* A ce point de vue, elle est un progrès réel ; elle favorise le développement du commerce et la circulation des biens. Mais, sous un autre aspect, elle est éminemment dangereuse, et ce sera pour les tiers qui auront traité avec l'acheteur la source d'inévitables surprises.

Quoique ayant en elle-même une incontestable valeur, l'innovation d'Ulpien avait le grave tort de n'être pas en harmonie avec le reste de la législation dans laquelle elle prenait place, et de n'augmenter la sécurité du vendeur qu'aux dépens de celle des tiers.

Un système large de publicité pouvait seul recueillir les avantages de ces principes, sans en subir les inconvénients.

Comment le système des garanties du vendeur, légué par le droit du Bas-Empire à notre ancienne législation, se développa-t-il en la traversant? Quelles vicissitudes a-t-il subies pour arriver au système qui nous régit aujourd'hui? Comment a-t-on concilié les droits du vendeur avec l'intérêt des tiers, et quelle part a-t-on faite à chacun de ces deux éléments du crédit? C'est ce que nous allons essayer d'esquisser dans la seconde partie de cette thèse, négligeant certains détails, où le cadre que nous nous traçons ne nous permet pas de descendre, pour suivre dans ses différentes phases le développement de notre législation sur ce point.

DEUXIÈME PARTIE

CHAPITRE Iᵉʳ.

Du droit de résolution et du privilége dans l'ancien droit français.

En passant du droit romain dans notre ancienne législation, les effets du contrat de vente relativement au transfert de la propriété ne subirent aucune transformation. Comme dans le droit romain, le simple accord des volontés ne produisait qu'une obligation, et la livraison intervenue en exécution de cette obligation n'était pas elle-même suffisante pour dépouiller le vendeur de la propriété. « L'effet de la *tradition*, nous dit Pothier (Vente, n° 318), est de faire passer à l'acheteur la propriété de la chose vendue, *pourvu que* « *l'acheteur ait payé le prix ou que le vendeur ait suivi* » *sa foi.* » Si donc le prix n'est pas payé, si l'acheteur ne peut pas prouver que le vendeur a entendu se confier à lui et a consenti à recevoir une simple créance en échange de son droit de propriété, ce droit continue à résider en la personne du vendeur. Il pourra, par conséquent, reprendre la chose entre les mains de

tout détenteur et méconnaître toutes les aliénations
consenties par l'acheteur. « Qui vend chose mobiliaire
» sans jour et terme, espérant estre payé prompte-
» ment, il peut poursuivre sa chose en quelque lieu
» qu'elle soit transportée, pour estre payé du prix
» qu'il l'a vendue. » (Art. 176 cout. de Paris. — 458,
1er alin. cout. d'Orléans.) C'est une véritable revendication, et, en l'exerçant, ce n'est pas comme créancier du prix, « mais comme maître » qu'il agit. (Domat, loi civ., liv. 3, titre 1, sect. 5, § 4, note.) Le contrat n'est du reste pas dissous : il demeure entier et
obligatoire aussi bien pour le vendeur que pour l'a-
cheteur, et le premier devra obéir à la sommation de
livrer de nouveau que lui adresserait le second en
l'accompagnant de l'offre du prix. (M. Valette. *Privil.*
n° 88.) S'il veut obtenir la dissolution de la vente à
défaut de paiement dans un certain délai; s'il veut,
dans le cas où il a transféré la propriété à l'acheteur
se réserver un moyen de la recouvrer (1), sa ressource, comme dans le droit romain, est le pacte commissoire.

Mais de bonne heure celui-ci reçut une double modification, par un double progrès de la jurisprudence
en sens inverse. D'une part, le droit coutumier enleva
au pacte commisoire ce qu'il avait de trop rigoureux,
et montra pour l'acheteur retardataire une indulgence
que le droit romain ne connaissait pas. La simple

---

(1) L'ancien droit avait conservé la doctrine que le dernier état du
droit romain avait consacrée, sur le retour *ipso jure* de la propriété
par l'effet de la résolution de la vente.

échéance du terme n'entraîna plus de plein droit la
résolution ; non-seulement, après le terme, le vendeur
pouvait encore opter pour le maintien du contrat, mais
l'acheteur n'était pas immédiatement frappé d'une déchéance que son adversaire pût rendre irrévocable.
La réalisation du pacte commissoire donnait seulement
ouverture à une action par laquelle le vendeur pouvait poursuivre la résolution ; mais elle n'était définitivement encourue que par le jugement rendu sur
cette poursuite. La sentence ne se borne plus à constater une résolution déjà existante en droit, c'est elle
qui la prononce. L'acheteur peut donc, jusqu'au jugement, faire l'offre de payer, et éviter ainsi la résolution. Il peut même, après le jugement de première
instance qui la prononce, y échapper en appelant, et
en offrant, sur l'appel, le prix, les intérêts et les dépens. (Pothier, n° 459 — 475.) C'est en ce sens que
Ferrières, dans son Dictionnaire de pratique, dit que
« les clauses résolutoires ne passent que pour peines
» comminatoires. » C'est aussi le même principe
qu'exprime de Mornac, en disant : « Perpetua apud
» nostros judices regula legem commissoriam non ob-
» tinere in Gallia, nisi post acceptum judicium. »
(Ad. leg. 2, Code De jure emphy.)

Si, en ce sens, notre ancienne législation avait fa-
vorisé l'acheteur et limité les effets du pacte commissoire, d'autre part, et par une seconde innovation,
plus considérable encore que la précédente, elle en
avait singulièrement étendu l'application, au grand
avantage du vendeur. On en était venu à considérer
cette clause comme sous-entendue quand elle ne serait

pas formellement exprimée. «Comme le plus souvent, dit Pothier (n° 475), on ne peut sans grands frais se faire payer de ses débiteurs, on a été obligé de se dé-porter dans les tribunaux, do la rigueur des princi-pes, et l'on admet un vendeur à demander la résolu-tion du contrat de vente pour cause de défaut de paiement du prix, quoiqu'il n'y ait pas de pacte com-missoire. » Cette jurisprudence avait déjà été exposée par Domat (Lois civ., liv. 1, tit. 2, sect. 12, art. 12, et 13) en ces termes remarquables : « Quoiqu'il n'y ait pas de clause résolutoire faute de payer au terme ou d'exécuter certaines conventions, la vente ne lais-sera pas d'être résolue si le défaut de paiement du prix ou l'inexécution y donne lieu après les délais, selon les circonstances : car les contractants *ne veulent que le contrat subsiste qu'en cas que chacun exécute son enga-gement.* » Cette clause résolutoire tacite n'était donc pas spéciale à la vente : c'était une application du prin-cipe général qui, étranger au droit romain, avait prévalu dans notre ancien droit français, à savoir que dans tout contrat synallagmatique, l'obligation de l'une des parties est réputée contractée sous la condi-tion résolutoire que l'autre partie satisfera à ses en-gagements.

En prenant place dans la législation, la condition résolutoire tacite fit-elle tomber en désuétude la clause expresse qu'elle suppléait, ou du moins, si l'on con-tinua à l'écrire, n'était-ce plus qu'une convention inutile, faite pour empêcher toute espèce de doute, mais n'ajoutant rien aux effets du contrat? C'est là un point sur lequel nos anciens auteurs nous fournissent des solutions divergentes. A en croire Pothier, il y aurait entre les deux cas une différence. Si la clause est expresse, « le juge, sur la demande formée après l'expiration du temps porté par le pacte, doit prononcer *d'abord* la résolution du contrat, » c'est-à-dire qu'il ne peut pas accorder de délai. — Si le vendeur ne peut, au contraire, invoquer que la clause tacite, le juge, par une première sentence, fixera à l'acheteur un délai pour se libérer, et, ce délai expiré, faute par lui d'avoir obéi, déclarera la vente résolue par un second jugement. (Pothier, n° 475.)

S'il est vrai, comme le dit Pothier, que cette différence soit la seule, il faut bien reconnaître que, dans l'opinion de Domat, les deux cas sont identiques de tout point, puisqu'il donne à l'acheteur un délai dans l'un et dans l'autre. « Les clauses résolutoires, à défaut de payer au terme ou d'exécuter quelqu'autre convention, n'ont pas pour effet de résoudre *d'abord* la vente par le défaut d'y satisfaire ; mais on accorde un délai pour exécuter ce qui a été promis, si ce n'est que la chose ne peut pas souffrir de retardement... » (Loi civ., l. I, tit. 2, sect. 12, art. 12.) Et Bourjon (liv. I, tit. 4, ch. 9, n° 2) nous apprend dans son *Commentaire* sur la coutume de Paris, « qu'il l'a toujours vu pratiquer ainsi au Châtelet : usage équitable et préférable à la rigueur du droit romain qui était peu politique. »

On avait du reste poussé si loin le principe que le défaut de paiement du prix devait entraîner la dissolution du contrat, qu'on l'appliquait, au témoignage de ce dernier auteur (ch. cit., n° 1), même dans le cas où ce prix consisteroit en une rente viagère : telle était la jurisprudence du Châtelet et du parlement de Paris. Et non-seulement on prononçait la résolution, mais encore on ne tenait aucun compte de l'excédant des arrérages déjà payés sur les intérêts légaux du capital qui eût représenté la valeur réelle de l'immeuble.

Le Code Napoléon n'a pas, sur ce point, suivi les errements de l'ancienne jurisprudence, et a repoussé dans l'art. 1978 cette extension excessive qu'elle avait donnée à la résolution pour défaut de payement du prix. Le vendeur à rente viagère ne pourrait plus aujourd'hui rentrer dans le fonds par lui aliéné; il n'a que le droit de saisir et faire vendre les biens de son débiteur, et de faire ordonner ou consentir, sur le produit de la vente, l'emploi d'une somme suffisante pour le service des arrérages.

Comme la clause commissoire expresse, la clause tacite entraînait le retour de la propriété de l'objet, et pouvait être intentée contre les tiers détenteurs : comme elle, elle n'était encourue que si le vendeur le voulait et seulement à partir du jugement qui la prononçait. Du reste, une fois encourue, sauf quelques modifications de détail, les effets de la résolution étaient ceux que le droit romain, dans son dernier état, avait attachés à la *lex commissoria*.

Les pays de droit écrit restèrent plus fidèles que les pays de coutumes aux principes rigoureux du droit romain, et n'admirent ni l'une ni l'autre des deux modifications que nous venons de mentionner. Le pacte commissoire n'était pas sous-entendu, et le vendeur qui ne l'avait pas fait insérer au contrat n'avait aucun moyen d'en obtenir la résolution (1). *Vice versa*, quand il avait été inséré, il était encouru par la seule échéance du terme, et le jugement n'intervenait que pour constater la résolution. C'est ce que Despeisses (l. s. 6, n° 3, § 7) nous présente comme le droit commun des pays de droit écrit : « Le pacte de la loi commissoire a lieu, et la vente se résout, bien qu'après le temps porté dans le pacte, l'acheteur offre le prix convenu. »

Ils n'échappèrent cependant pas complétement à l'influence du droit coutumier, et c'est à elle que nous devons rapporter un usage qui s'était généralement impatronisé dans leurs parlements; ils obligeaient le vendeur à déclarer dans un prompt délai s'il voulait ou non demander la résolution. S'il tardait, usant largement de leur pouvoir de décider en fait et d'après les circonstances de la cause, que le vendeur avait renoncé à la résolution et manifesté l'intention de s'en tenir au contrat, ils déclaraient que ce retard à se prévaloir de son droit en faisait présumer l'abandon. Ce n'était pas, à proprement parler, une dérogation au droit romain, quoique nous ayons pensé sur la loi 4, § 2, *De lege com.*, que le vendeur n'était pas obligé de se décider immédiatement; car le juge y avait aussi une certaine liberté d'appréciation relativement aux faits qui pouvaient faire présumer, de la part du

_____

(1) « Pareillement le vendeur, par défaut de paiement, ne peut pas retirer la chose vendue des mains de l'acheteur, comme il a été jugé au parlement de Bordeaux, le 6 juillet 1589, et au parlement de Toulouse le 20 juillet de la même année. » Despeisses, tit. 1, sect. 6, n° 19.

vendeur, l'intention de maintenir la vente, et nous avons admis que l'acheteur pouvait hâter par une sommation l'option du vendeur. Néanmoins, l'habitude constante de faire d'une déchéance la conséquence d'un simple retard, était visiblement empreinte de cette indulgence pour l'acheteur qui avait fait ajourner, dans les coutumes, la résolution jusqu'à la sentence du juge, et introduit l'usage de lui accorder un terme de grâce.

Le parlement de Toulouse avait été plus loin, et, dérogeant au droit commun des autres parlements de droit écrit, il avait admis l'acheteur à purger sa demeure *celeri præstatione*, dans le délai même laissé au vendeur pour exercer son option. C'est ce que Despeisses constate, sur le témoignage de Catelan (liv. 5, ch. 20), aussitôt après avoir indiqué la règle inverse comme l'expression de la jurisprudence générale. (V. *supra* page 123.) Le même auteur fait foi que, sauf ces exceptions, toutes les règles du droit romain sur la nature et les effets du pacte commissoire étaient d'ailleurs encore observées.

———————

Pendant que le droit de résolution se développait peu à peu et que, par les innovations des coutumes, suivies timidement et de loin par la jurisprudence du droit écrit, se formait le système que le Code devait sanctionner, — une autre institution naissait aussi d'une déviation des anciens principes et s'en dégageait

progressivement : nous voulons parler du privilége du
vendeur.

Nous avons dit quels motifs nous faisaient croire
qu'il était étranger au droit romain, nous rangeant
du reste, en ce point, à l'opinion de la presque unanimité des auteurs. Cette garantie est exclusivement de
droit français : mais, par une particularité singulière,
il faut lui attribuer une origine différente suivant
qu'elle est réclamée par un vendeur d'objets mobiliers
ou par un vendeur d'immeubles. Dans le premier cas,
c'est au droit coutumier qu'il faut la faire remonter;
dans le second, c'est dans le droit écrit qu'il faut chercher ses premières traces.

§ 1. — *Privilége du vendeur de meubles.* — Le Grand
Coutumier suivait encore la doctrine romaine et n'ac-
cordait aucun droit sur la chose au vendeur non payé
qui avait suivi la foi de l'acheteur. « Dette pour marchandise vendue sans jour et terme est privilégiée;
mais si le vendeur en prend obligation et donne terme,
dès lors il se départ du privilége, en telle sorte qu'elle
ne serait point payée avant autre dette. » (Liv. II, ch.
17, art. 9.)

La coutume de Paris se montra plus favorable au
vendeur, et, dans son art. 177, lui reconnut un droit
de préférence sur les autres créanciers de l'acheteur,
même en l'absence de toute stipulation, et quoiqu'il
eût donné un terme à l'acheteur. L'art. 458 de la coutume d'Orléans, dans son 2ᵉ alinéa, consacre le même
principe : « Et néanmoins, encores qu'il eust donné
terme, si la chose mobiliaire se trouve saisie sur le
débiteur par autre créancier, il peut empescher la vente

et estre préféré sur ladite chose mobiliaire aux autres créanciers. » — « C'est-à-dire, ajoute Pothier, dans sa note 3 sur cet article, former opposition à la saisie et à la vente, non pour revendiquer la chose dont il a cessé d'être propriétaire, mais pour être payé sur le prix par privilége. » Cette innovation du droit coutumier était certainement dictée par l'équité; rien de plus juste en effet que de donner à celui qui a mis un bien dans le patrimoine du débiteur un droit de préférence sur cet objet, et les autres créanciers ne peuvent se plaindre de ne pas s'enrichir aux dépens du vendeur non payé. Mais d'où vient que ce privilége était restreint par les coutumes au vendeur d'effets mobiliers? Les mêmes raisons ne militaient-elles pas en faveur du vendeur d'immeubles?

Peut-être le motif de cette distinction est-il celui-ci : En droit romain meubles et immeubles étaient susceptibles d'hypothèque : le vendeur n'avait donc qu'à en stipuler une sur le meuble vendu : s'il ne l'avait pas fait, c'était sans doute qu'il avait entendu se confier pleinement à l'acheteur. Il ne devait donc pas être secouru. Le droit coutumier admit au contraire, comme maxime générale, la règle: *meubles n'ont pas de suite par hypothèque;* règle qui excluait aussi bien, dans la plupart des coutumes, le droit de préférence que le droit de suite. (Article de M. Valette, Revue française et étrangère, II page 365.) Quelle garantie donner au vendeur à la place de celle que les principes nouveaux l'ont empêché de se réserver? Ne pouvait-on pas lui assurer un droit de préférence, retenu en quelque sorte lors de la translation de la propriété, et qui, distinct de l'hypothèque, échapperait à la règle ci-dessus énoncée ? De là l'art. 177, copié par beaucoup d'autres coutumes, et qui fut trouvé si équitable que la jurisprudence l'étendit aux coutumes muettes. (Montfort, arrêt du 12 avril 1588. — Louët P., n° 19. — Ponthieu, Châlons, etc.)

Il reste toujours, même après l'admission de ce privilége, une grande différence entre la vente à terme et la vente sans terme. Propriétaire, le vendeur dans le premier cas, peut reprendre la chose, et la reprendre entre les mains de tout détenteur. Dans le second, simple créancier, quoique privilégié, il ne peut que se faire payer sur le prix, et son privilége ne peut s'exercer que si la chose est encore entre les mains de l'acheteur. (Ferrières, cout. de Paris, II, page 1337, arrêt de Paris, 10 mars 1587.)

Quant au vendeur d'immeubles, le motif que nous venons d'indiquer lui était inapplicable. D'ailleurs, en pratique, les immeubles se vendaient par actes authentiques, et l'hypothèque qui en résultait paraissait une suffisante garantie. Aussi voyons-nous une certaine résistance dans les pays coutumiers à lui conférer une hypothèque tacite et privilégiée sur l'immeuble vendu. Brodeau (sur Louët H., n° 21) rapporte un arrêt du parlement de Paris de 1593, qui le lui refuse ; arrêt qu'il déclare lui-même « contraire à l'équité naturelle, et à toutes les règles de droit qui ne veulent pas que la propriété de la chose passe à l'acquéreur avant qu'il ait payé son prix. » L'influence des pays de droit écrit, et l'identité des situations du vendeur de meubles et du vendeur d'immeubles, ne tardèrent pas à faire prévaloir une assimilation si naturelle (Basnage, *Hypoth.* p. 67) « sur la subtilité du droit. »

En 1599, par arrêt du 28 mai, le parlement de Paris reconnut le privilége du vendeur d'immeubles (Ferrières, *loc. cit.*) sur les deniers provenant du fonds vendu. Néanmoins la question n'était pas définitivement tranchée. Car on trouve encore en 1608 et 1621 des arrêts contraires à celui de 1599, et Basnage (*loc. cit.*) nous rapporte qu'elle fut proposée comme douteuse aux mercuriales du parlement de Paris, en 1660. Mais un arrêt du 1ᵉʳ juillet de cette année la résolut dans le même sens que l'arrêt de 1599. — Le parlement de Bourgogne, à en croire Bouvot (cité par Ferrières, *loc. cit.*) continuait néanmoins à appliquer à la rigueur la doctrine romaine au vendeur qui avait suivi la foi de l'acheteur, et lui refusait le privilége.

§2. — *Privilége du vendeur d'immeubles.* — Le privilége du vendeur d'immeubles que les pays de coutumes avaient d'abord hésité à admettre, précéda, au con... aire, dans les pays de droit écrit, l'admission du même privilége sur les meubles. Comme dans les pays coutumiers, la propriété était transférée par la tradition si le vendeur avait suivi la foi de l'acheteur; à moins que le pacte commissoire ne fût inséré, cette aliénation était incommutable. — Le droit écrit avait cependant trouvé dans la pratique romaine une clause qui, attachée à la tradition, empêchait l'aliénation de s'ensuivre : la clause de *précaire*. Cette convention devint fort usuelle, mais elle se transforma peu à peu et perdit son caractère et ses effets primitifs. « Elle n'est pas en usage dans le commerce pour empêcher l'effet de la vente en la tradition de la chose vendue, mais pour en faciliter l'exécution par la sûreté du paiement du prix convenu. Elle ne va pas à détruire la nature du contrat auquel on l'attache, mais à conserver les intérêts du vendeur qui se dépouille de son bien sans prendre de l'argent. Ainsi faut-il avouer que son effet n'est pas d'empêcher la translation de la propriété et de la possession civile et de les tenir en surséance jusqu'à l'entière satisfaction du prix, mais bien d'acquérir au vendeur pour sa sûreté une hypothèque spéciale et privilégiée qui lui donne le droit de saisir et mettre en criée la chose vendue séparément des autres biens de son débiteur, pour des deniers qui proviendront de cette vente judiciaire, être payé préférablement à tous autres créanciers de son débiteur... Si nous donnions autre usage à cette clause, nous donnerions aux vendeurs l'autorité de revendiquer leurs biens, sans qu'ils fussent obligés de se pourvoir par saisie pour le paiement de leur dû, et toutefois c'est à quoi la jurisprudence ne les admet pas, ne les considérant que comme créanciers privilégiés, non comme propriétaires. » (Simon d'Olive, *Questions notables*, II, ch. 17. — Despeisses, tit. 1, sect. 17, n° 19.)

Ainsi transformée, cette clause était devenue de style. Le parlement de Toulouse finit par la sous-entendre quand elle n'avait pas été insérée (arrêt de juin 1577; — arrêt en robes rouges de 1608; — confor., arrêt de Montpellier, 15 déc. 1584), et, malgré quelques dissidences bientôt disparues (1), le

---

(1) Le parlement de Grenoble déboute le vendeur de ses préten-

9

privilége ainsi constitué finit par prendre place dans
la jurisprudence générale des parlements de droit
écrit.

Mais, de même que les parlements coutumiers
avaient hésité à étendre aux immeubles leur privilége
mobilier, de même ce ne fut pas sans difficulté que le
parlement de Toulouse et ses imitateurs reconnurent
le privilége du vendeur de meubles. Car « la possession de ceux-ci est vile et passagère, » dit Simon d'O-
live, « et cette clause (de précaire) troublerait gran-
dement le commerce. » Ajoutons que, dans la pratique de ces parlements, le vendeur avait pu stipuler
une hypothèque sur les meubles vendus; car la
maxime : *meubles n'ont de suite par hypothèque*, y
était entendue autrement que dans les pays de coutumes. Elle signifiait seulement que le droit de suite
n'existait pas; mais de l'hypothèque mobilière des
Romains, on avait conservé le droit de préférence.
(M. Valette, article cité.) Mais s'il ne l'avait pas stipulée, on ne la sous-entendait pas, — non plus qu'on ne
sous-entendait la clause de précaire. Néanmoins, sous
l'influence des pays de droit coutumier, le 12 sep-
tembre 1628, après partage, le parlement de Toulouse
» pourvut à l'indemnité du vendeur, » en lui accordant
» préférence sur les deniers provenant de la vente des
choses mobilières qu'il a vendues à crédit, se conten-
tant de la foi de l'acheteur. Cela est contraire au droit :

---

tions au privilége par deux arrêts (14 juin 1614 ; 12 juillet 1652). En
1655 (7 août), il le lui reconnaît. Même hésitation au parlement de
Provence, résolue de même. Brodeau, II, p. 352.

mais la même équité, qui a porté le parlement à se-
courir les vendeurs en vente de choses immobilières par
stipulation tacite de précaire, semble désirer quelque
chose en faveur du vendeur de choses mobilières, qui
ne peut être que le droit de préférence. Le premier
établissement est contraire à la rigueur du droit et
arrêts du parlement de Paris. — Le second n'est pas
selon le droit; mais il est selon la coutume de Paris. »
(Simon d'Olive, IV, ch. 10.) — Cette jurisprudence s'é-
tablit à peu près universellement, et du Rousseau de
Lacombe constate que le privilége du vendeur de
meubles est reçu dans tous les parlements du royaume.
(Note sur Despeisses, part. 1, tit. 1, sect. 4, § 2.) Il
est bien entendu, au reste, que le privilége, comme
dans l'art. 177 de la coutume de Paris, n'est pas opposable à des tiers détenteurs, et ne s'exerce que si la
chose est encore aux mains du débiteur. (Despeisses,
loc. cit.; — Domat, III, tit. 1, sect. 5, § 4.)

En résumé, le privilége immobilier naît de la clause
de précaire dans les pays de droit écrit. Le privilége
mobilier est établi par l'art. 177 de la coutume de
Paris et reçu d'abord seulement dans les pays de coutumes. Peu à peu, le premier passa dans les parlements coutumiers, le deuxième, dans les parlements
de droit écrit, et en définitive, dans le dernier état de
notre ancienne législation, le vendeur non payé avait
partout un privilége, — droit à la fois de suite et de
préférence s'il portait sur des immeubles, simple droit
de préférence s'il portait sur des meubles. — S'il
n'avait pas suivi la foi de l'acheteur, rappelons encore
qu'il avait un droit de revendication, opposable à tout

détenteur, soit qu'il s'agit d'un immeuble, soit qu'il s'agit d'un meuble (1).

Le droit du vendeur était donc énergiquement protégé ; mais nous ne voyons pas encore que le législateur garantisse l'intérêt des tiers qui traiteront avec l'acheteur. Le privilége sur les immeubles, quoiqu'il leur fût opposable, était occulte, comme l'étaient alors toutes les charges de la propriété. Si le tiers, acheteur de meubles, était protégé par la maxime : *meubles n'ont pas de suite par hypothèque*, il avait, aussi bien qu'un acquéreur d'immeubles, à redouter de la part d'un précédent vendeur non payé une action *personnelle réelle* en résolution, dont rien ne lui révélait l'existence. Enfin restait à redouter une revendication, possible même à l'encontre d'un tiers de bonne foi, de la part d'un vendeur qui aurait fait tradition, sans entendre faire crédit à l'acheteur ; et comment savoir si le possesseur actuel n'était pas détenteur précaire ? Que de précautions il était nécessaire de prendre pour s'assurer que celui avec qui l'on traitait pouvait transférer des droits incommutables! Que d'entraves à la circulation des biens! Que d'occasions de surprise et quelles graves atteintes au crédit ! Le législateur moderne trouvait à peu près organisé le système des garanties dues au vendeur. Mais il lui restait beaucoup à faire pour empêcher cette légitime protection d'être un danger pour les tiers, et de jeter, par là, plus de méfiance dans les transactions commerciales que le

---

(1) Domat, *loc. cit.* — Pothier fait une exception seulement en faveur de ceux qui ont acquis la chose de l'acheteur en marché public.

respect des droits des anciens propriétaires n'y apportait de sécurité. Pour rechercher comment il a pourvu à ces besoins, nous devons nous attacher à une distinction que le droit romain ne faisait pas en cette matière, et que nous avons vu prendre de l'importance dans notre ancienne législation, entre le vendeur d'objets mobiliers et le vendeur d'immeubles.

Avant néanmoins d'entrer dans l'étude spéciale de chacune des branches de cette division, nous devons, par une observation qui leur est commune, signaler une première et essentielle modification apportée par le Code Napoléon aux principes anciens. Le transport de la propriété en vertu de l'article 1138 ne dépend plus de la tradition; la simple convention l'opère. Peu importe donc désormais que l'acheteur ait ou non reçu un terme pour payer; peu importe que le prix ait été compté ou qu'il ne l'ait pas été. La vente, si le vendeur était propriétaire, a transféré la propriété *hic et nunc* à l'acheteur. (Art. 1583.) Il ne peut donc plus être question de cette revendication donnée au vendeur demeuré propriétaire malgré la vente, et s'exerçant à l'encontre des tiers, que nous avons trouvée dans l'art. 458 de la cout. d'Orléans. L'acheteur, en prouvant sa qualité, fournit en même temps à ceux avec qui il traite la preuve de son droit de propriété. Reste seulement pour eux à savoir si cette propriété est incommutable, et si elle n'est pas grevée d'un privilége.

CHAPITRE II.

Des droits du vendeur d'objets mobiliers.

Un grand principe de droit nouveau est venu, en matière de vente de meubles, limiter pour la sécurité des tiers, les droits que le vendeur non payé conserve sur la chose aliénée. L'art. 2279 domine tout le système moderne, et occupe désormais dans toutes les questions une trop grande place pour que nous ne devions pas le mentionner dès le début.

En fait de meubles possession vaut titre. Celui qui, de bonne foi reçoit un meuble, même *a non domino*, non-seulement est présumé propriétaire, non-seulement est *in causa usucapiendi*, mais usucape réellement, acquiert effectivement et incommutablement l'objet par une prescription instantanée. Aucune action réelle ne saurait l'atteindre. L'action en résolution du vendeur non payé doit donc échouer contre la possession qu'un tiers de bonne foi tiendrait de son acheteur, de même que l'action en revendication du propriétaire aurait échoué contre la possession reçue d'un dépositaire infidèle. L'absence de tout droit chez celui dont il tient l'objet n'eût pas empêché le nouvel acquéreur de devenir propriétaire; la résolution des droits que son vendeur tenait d'un précédent propriétaire non payé ne peut pas non plus lui être opposée. La promptitude qu'exigent les relations commerciales, l'extrême difficulté de suivre les objets mobiliers dans les différentes transmissions dont ils ont été l'objet, ne permettaient pas de laisser les droits des tiers possesseurs dans l'incertitude, et c'est ce que le législateur a compris. L'ancien droit l'avait déjà mis à l'abri du privilége; le Code l'a préservé même du droit de résolution, en écrivant l'art. 2279.

Ceci posé, et sauf à revenir plus tard sur les applications de ce principe, et la portée qu'il faut lui assigner dans notre matière, voyons ce que sont devenues, sous le régime du Code, les deux anciennes garanties du vendeur de meubles, le privilége et le droit de résolution.

§.1. *Privilége.* — En ce qui concerne le privilége, le Code a accepté les principes qui avaient fini par prévaloir dans notre ancienne jurisprudence; l'art. 2102, dans son énumération des créances privilégiées, mentionne « le prix d'effets mobiliers non payés, s'ils sont encore en la possession du débiteur, soit que la vente soit faite avec terme ou sans terme. » C'est, on le voit, la reproduction exacte de l'art. 177 de la coutume de Paris, et de la seconde partie de l'art. 458 de celle d'Orléans, et, si les termes sont un peu modifiés, la décision n'en est pas moins identique. Dans l'un, comme dans les autres, le privilége existe indépendamment de la question de savoir si la vente contient un terme ou n'en contient pas; le droit du créancier est un droit de préférence qui ne s'exerce que si la chose est encore entre les mains du débiteur. Cette dernière idée a donné lieu à quelques difficultés, et exige quelques développements.

1° Si l'acheteur a revendu la chose et l'a livrée à un

tiers de bonne foi, qui le croit pleinement propriétaire
et ne connaît pas le privilége retenu par le vendeur,
aucun doute n'est possible : à quel cas s'appliquerait
notre article s'il ne s'appliquait pas à celui-ci, et d'ailleurs le tiers acquéreur de bonne foi n'est-il pas protégé envers quiconque prétend des droits sur la chose
par l'art. 2279? Mais que décider si le nouvel acquéreur savait très bien, quand il a reçu la chose, quelle
était la situation et quels étaient les droits du vendeur?
N'a-t-il pas entendu, s'il les connaissait, en accepter
toutes les conséquences? Ou si, les connaissant, il
espérait s'y soustraire, n'était-ce pas là une intention
frauduleuse, un dol que le législateur n'a pu vouloir
encourager? Faudra-t-il, dans une espèce semblable,
appliquer à la rigueur l'art. 2102, et déclarer impossible l'exercice du privilége du vendeur, parce que
l'objet n'est plus entre les mains de son débiteur? Au
premier abord, et à ne consulter que les termes de
l'art. 2102, il paraît difficile de le lui accorder; car ils
sont aussi formels que possible. La condition essentielle pour l'existence du privilége, c'est la présence de
l'objet dans les mains du débiteur. Rien dans l'article
ne nous autorise à croire qu'il ait pris en considération la bonne ou la mauvaise foi du second acquéreur.
La seule circonstance à laquelle il semble s'attacher,
c'est le dessaisissement du premier acheteur. Et en
effet, quelle est, en général, la nature d'un privilége
sur des meubles, et spécialement du privilége du vendeur? N'est-ce pas un simple droit de préférence à l'é-
gard des autres créanciers de l'acheteur? L'art. 177 de
la coutume de Paris, modèle du 4° de l'art. 2102, ne

disait-il pas simplement : « Il peut empêcher la vente
et est préféré sur la chose *aux autres créanciers.* » Il n'a
donc pas de droit de suite; il est simple créancier, et
son privilége consiste uniquement à passer, sur la chose
vendue, le premier entre les créanciers de l'acheteur.
Or ne serait-ce pas lui donner un droit de suite que
de lui permettre de saisir et faire vendre l'objet sur un
tiers détenteur, même de mauvaise foi ? On objecte que
l'art. 2270 ne donne le droit de se prévaloir de la
maxime : *En fait de meubles possession vaut titre*, qu'à
un détenteur de bonne foi. Mais ce n'est pas cet article
que le sous-acquéreur invoque : il ne se prétend pas
couvert par une prescription instantanée opérée en sa
faveur en vertu de cet article, et qui aurait anéanti le
droit du premier vendeur. Il prétend que jamais le vendeur n'a eu d'autre droit qu'un droit de préférence, et
que, de sa nature, un tel droit est seulement opposable
à des créanciers, non à l'acquéreur de la propriété de
l'objet. C'est pour cela, et non parce que *en fait de
meubles possession vaut titre*, que l'art. 2102 a exigé,
comme condition du privilége, la présence de la chose
dans les biens de l'acheteur. Cela est si vrai que la
règle de l'art. 2102 existait avant que celle de l'art. 2270
eût été formulée; l'art. 177 de la coutume de Paris
qui la contient est contemporain de l'art. 170, qui est
précisément la négation de la prescription instantanée
des meubles. Si donc la nécessité que la saisie soit
opérée entre les mains du débiteur n'est pas forcément
dépendante de l'acquisition immédiate et absolue de la
propriété des meubles par la possession, pourquoi éten-

drions-nous à cette exigence du législateur les exceptions que souffre ce dernier principe?

Nous pensons néanmoins que le vendeur ne sera pas
privé de son privilége, et que cette collusion frauduleuse ne peut lui préjudicier. Le vendeur est créancier,
et, comme tel, il est fondé à demander la nullité des
actes faits en fraude de ses droits. L'art. 1167 le protége. L'acheteur, en revendant un objet qu'il n'a pas
payé sait bien que son aliénation cause à son vendeur
un préjudice, en le privant d'une garantie qui lui appartient. Le tiers étant lui-même de mauvaise foi, est passible de l'action paulienne. Le vendeur pourra donc
demander la nullité de la seconde aliénation, et l'objet
étant, relativement à lui, rentré dans les mains de son
débiteur, il exercera son privilége.

2° L'acheteur a revendu la chose, mais ne l'a pas
encore livrée. Dans l'ancien droit aucun doute n'eût
été possible. Jusqu'à la tradition le nouvel acquéreur
n'avait qu'une créance; le privilége lui était donc opposable comme à tout autre créancier. Mais, aujourd'hui, il est par le fait même de la vente, et sans attendre la tradition, devenu propriétaire. Pourra-t-il
méconnaître le privilége? Dans l'ancien droit, la tradition faite en vertu de la vente l'en eût dépouillé.
La tradition immédiate et fictive de l'art. 1138 produira-t-elle le même effet? Nous ne le pensons pas :
tant que l'objet est entre les mains du débiteur, le
privilége existe; l'art. 2102 est formel pour l'établir.
A l'égard de ceux qui ont des droits antérieurement
acquis sur la chose, la tradition fictive ne saurait avoir

les effets de la tradition réelle. Le nouvel acquéreur
ne peut opposer au vendeur originaire, ni l'art. 2279,
car il n'a pas reçu la possession, ni l'art. 2102, car
l'acheteur primitif est resté possesseur, et le vendeur
trouvant encore l'objet entre ses mains, est fondé à
exercer son privilége, dont seule la translation effective de la possession eût pu le priver.

3° L'acheteur a revendu et livré l'objet, mais le prix
n'est pas encore payé. Le privilége ne peut plus être
exercé sur la chose qui n'est plus en la possession du
débiteur. Pourra-t-il être reporté sur la créance qui la
représente ?

La négative a pour elle de graves autorités, et de sérieuses raisons doivent militer en sa faveur pour lui
avoir gagné de tels partisans. M. Persil (*Régime hyp.*,
I, p. 140) et notre savant maître M. Valette (*Privil.*,
n° 86) soutiennent cette opinion, et appliquent à la
rigueur l'art. 2102. D'une part, aux termes de cet
article, quand la chose n'est plus en la possession du
débiteur, le privilége s'éteint. D'autre part, c'est sur la
chose seulement que ce même article accorde un privilége, non sur « les créances qui peuvent être acquises à l'occasion de ce meuble; » donc dans notre
espèce, le vendeur ne peut, à aucun titre, prétendre à
être colloqué par préférence.

On ne saurait contester cependant que le privilége
du vendeur de meubles, n'est en définitive qu'un droit
de préférence sur le prix que produira une revente.
Par la force même des choses, il faut bien que le prix
de l'objet puisse être subrogé à l'objet lui-même ; et
si c'est l'objet qui sert d'assiette au privilége, il n'en

est pas moins vrai qu'il ne peut s'exercer que sur le prix. (M. Pont, 1, page 111; — M. Mourlon, *Exam. crit. du com.* de M. Troplong, I, p. 119.) Si le raisonnement de MM. Persil et Valette était exact, ne s'appliquerait-il pas aussi bien au prix obtenu par une revente forcée qu'à celui d'une revente amiable? Dans l'un et l'autre cas, il y a dessaisissement du débiteur, et par conséquent extinction du privilége; dans l'un et dans l'autre, on peut dire que l'art. 2102 n'accorde ce droit au vendeur que sur la chose même et non sur la créance qui la représente : et l'on arrive ainsi à l'annihiler complétement et à le rendre tout à fait illusoire. — Aussi M. Valette s'empresse-t-il d'établir entre ces deux cas une distinction ; il reconnaît que la créance du prix est subrogée à l'objet dans le cas de revente forcée : mais c'est qu'alors le prix, fixé par les enchères publiques, en est réellement la représentation légale. La vente amiable, au contraire, contient une fixation arbitraire. Rien ne garantit aux autres créanciers que ce prix soit l'équivalent de l'objet. Il a peut-être été vendu fort au-dessous de sa valeur; peut-être, au lieu de cette somme qui va être absorbée par le vendeur si nous le colloquons par préférence, la chaleur des enchères aurait donné un chiffre qui eût permis aux autres créanciers d'être encore payés après que le privilégié eût été désintéressé. Si donc il veut exercer le droit que lui donne l'art. 2102, qu'il saisisse et fasse vendre la chose tandis qu'il le peut encore, tandis qu'il la trouve aux mains du débiteur. Alors la revente ne saurait lui nuire, puisqu'elle n'est que l'exercice même de son privilége. Mais s'il néglige d'user de cette voie en temps utile, il ne peut plus revenir : il n'est plus dans les termes de l'art. 2102, et la saisie-arrêt qu'il ferait de la somme due par le nouvel acquéreur « n'aurait d'autre effet que de rendre nécessaire une contribution entre tous les créanciers de son acheteur. » Car la saisie-arrêt ne donne aucun droit de préférence à celui qui l'exerce.

Malgré ces arguments, et quelque défiance que nous ayons éprouvée d'abord pour une opinion repoussée par M. Valette, la doctrine de MM. Paul Pont, Dalloz et Mourlon nous paraît devoir être admise. La loi nous dit bien que le privilége cessera d'exister quand la chose ne sera plus entre les mains du débiteur : mais à qui appartient-il de se prévaloir de cette extinction? Au tiers acquéreur entre les mains de qui « les meubles n'ont pas de suite par hypothèque ni privilége. » Mais cette maxime n'est pas édictée pour régler les rapports des créanciers de l'acheteur entre eux. A leur égard, la créance du prix de l'objet n'est-ce pas l'objet lui-même, et le motif du privilége n'existe-t-il pas aussi bien sur elle que sur lui? Pourquoi, sur l'objet, le vendeur était-il préféré aux autres? N'était-ce pas parce qu'il l'avait mis *ex re sua* dans le patrimoine du débiteur? Eh bien! si la créance sur laquelle il réclame le même bénéfice se trouve dans ce patrimoine, n'est-ce pas encore parce qu'il l'y a mise? N'est-ce pas encore *ex re sua?* Comment les autres créanciers pourraient-ils prétendre à s'enrichir à ses dépens dans ce cas plutôt que dans l'autre?

On objecte que le prix n'est réellement la représentation de l'objet et ne prend sa place que s'il est fixé par les enchères. Cet argument nous semble aller trop loin ; car alors il faudrait dire qu'en matière immobilière, s'ils ne surenchérissent pas, les créanciers hypothécaires ou privilégiés à qui le prix d'une vente amiable est offert à fin de purge, subiront le concours des créanciers chirographaires : résultat formellement contredit par l'art. 2186. On répond que cela est une dérogation aux principes, commandée par la nécessité de donner à l'acquéreur un moyen de purger et de se soustraire au droit de suite. En forçant les créanciers à voir anéantir leur droit sur la chose, on ne pouvait pas ne pas le transporter sur le prix. D'ailleurs, ce prix n'est pas arbitrairement fixé, puisque l'on a la possibilité de surenchérir.—Cette réponse serait exacte si nous ne mettions en présence que des créanciers hypothécaires. Mais la faculté de surenchérir est-elle accordée aux créanciers chirographaires ? Peuvent-ils critiquer le prix offert aux hypothécaires et accepté par ceux-ci ? Et cependant ne seront-ils pas primés par eux ? Si, en dehors de la purge, le prix d'une revente volontaire n'est pas affecté aux hypothèques ou priviléges, c'est que ces hypothèques ou priviléges, protégés par le droit de suite, n'ont pas cessé de porter sur la chose elle-même. Mais du moment que l'aliénation volontaire aura, comme l'aliénation forcée, la puissance de les anéantir, ils seront reportés sur le prix, dont la fixation sera opposable même à ceux qui n'ont pas pu la contrôler. — La situation n'est-elle pas identique ? En matière de meubles, l'aliénation volontaire produit, dans tous les cas, la purge des priviléges ; la créance du prix est saisie-arrêtée par le créancier privilégié; pourquoi ne serait-il pas colloqué sur elle, comme il le serait sur le prix d'un immeuble purgé? Pourquoi les autres créanciers seraient-ils fondés ici à se plaindre, plus que les créanciers chirographaires ne le sont dans l'autre cas ?

Il y a certains biens qui ne sont pas de nature à être vendus aux enchères, et que cependant l'opinion commune considère comme susceptibles d'être grevés d'un privilége au profit du vendeur : nous voulons parler des offices ministériels. On sera bien obligé, dans ce cas, d'admettre le privilégié à se faire colloquer sur le prix de la revente amiable. Il est vrai que la fixation n'en est pas arbitraire, et qu'elle est soumise au contrôle du garde des sceaux. Mais comme l'a fait remarquer M. Mourlon (op. cit., I, p. 319), ce contrôle est loin d'être une garantie pour les autres créanciers, son but étant précisément d'empêcher une excessive élévation du prix. Le principe de MM. Valette et Persil ne peut donc pas s'appliquer dans tous les cas, et la Cour de Nancy a bien montré, dans un arrêt du 2 mars 1850, à quelle inconséquence il mènerait si on le poussait jusqu'au bout. Cet arrêt commence par poser en thèse que le précédent titulaire d'un office vendu a un privilége; mais il ajoute qu'il n'est pas admis à l'exercer sur le prix d'une revente amiable. La revente forcée étant impossible, nous nous demandons dans quel cas cette Cour donnera effet au droit qu'elle consacre.

Cependant cette contradiction n'est que la suite logique de la doctrine que nous combattons. Car si le prix d'une revente amiable ne représente pas l'objet, pourquoi le représenterait-il ici ? Tels sont les motifs qui nous portent à croire que le vendeur pourra exercer son privilége sur la créance, en faisant entre les mains du nouvel acquéreur une saisie-arrêt.

Des décisions de Cours d'appel ont été jusqu'à lui reconnaître ce droit, même dans le cas où le terme qu'il aurait accordé à l'acheteur pour payer ne serait pas expiré. (Paris, 1er déc. 1840; — Amiens, 27 août 1844.) Tout en reconnaissant que la question est délicate, nous croyons qu'elles ont bien jugé. M. Mourlon, qui réfute leur système en s'appuyant sur un arrêt plus récent de la Cour de Paris (26 mai 1849), dit que le vendeur, en accordant un terme, a dû savoir quelle situation il se faisait. Il s'est privé du droit d'exiger, quant à présent, son paiement; comment prétendrait-il à exercer le privilége qui le garantit? Saisir-arrêter entre les mains du sous-acquéreur des fonds dus à son débiteur, n'est-ce pas priver celui-ci du terme qu'il lui avait accordé, même s'il se bornait à en demander la consignation jusqu'à l'échéance de sa propre créance?

A ces arguments, deux réponses nous semblent possibles : le vendeur n'a-t-il pas un privilége dans tous les cas, qu'il ait vendu avec ou sans terme; que le terme accordé soit ou non expiré? Sans doute son privilége n'avance pas l'époque de l'exigibilité de sa créance; mais ne peut-il pas, comme tout créancier à terme ou conditionnel, faire *pendente die* tous les actes conservatoires de son droit? (art. 1180.) — Il a dû savoir, dit-on, ce à quoi il s'exposait en accordant un délai. Mais est-il à croire qu'en faisant cette conces-

sion, il ait entendu laisser à l'acheteur la faculté de
le dépouiller de son privilége? N'était-ce pas précisément parce qu'il comptait sur cette garantie qu'il s'est
montré moins pressant envers lui? N'est-ce pas ainsi que
le Code interprète la volonté des parties toutes les fois
qu'un contrat contient en même temps et un terme
pour le débiteur, et une garantie spéciale pour le
créancier? Celle-ci n'est-elle pas réputée par l'art.
1188, avoir été dans leur pensée la condition de l'obtention du délai, à tel point que le débiteur ne peut
porter atteinte à l'une de ces clauses sans renoncer au
bénéfice de l'autre? Comment donc est-il possible de
croire que l'intention des parties ait pu être, dans
notre espèce, de ne donner au vendeur aucun moyen
de conserver ses droits jusqu'au moment où l'exigibilité de sa créance lui permettra de les exercer?

Mais ne faut-il pas aller plus loin, et, cet art. 1188
à la main, le vendeur ne peut-il pas prétendre que le
terme ne lui est plus opposable et que la créance est
devenue immédiatement exigible? « Le débiteur ne
peut plus réclamer le bénéfice du terme..... lorsque,
par son fait, *il a diminué les sûretés qu'il avait données
par le contrat à son créancier.* » L'acheteur, en revendant, n'a-t-il pas, par son fait, diminué singulièrement les garanties que le contrat donnait au créancier,
puisque, s'il ne fait pas en temps utile son opposition,
il court risque de tomber au rang de créancier ordinaire? Ne les a-t-il pas même, dans le système que
nous combattons, entièrement anéanties, puisque désormais il dépend de lui, en recevant du sous-acquéreur son paiement, d'enlever à son vendeur tout droit

10

de préférence ? Admettre que le créancier à terme n'a pas la faculté de faire saisie-arrêt pour conserver son privilége, c'est déclarer que la revente le met à la discrétion de son débiteur. C'est donc s'enfermer dans un cercle vicieux; car une aliénation à laquelle on reconnaîtrait de tels effets, priverait l'acheteur de ce terme même dont il excipe pour les lui faire produire, et l'on n'échappe à l'art. 1180 que pour tomber sous le coup de l'art. 1188. Nous croyons donc le vendeur, à tous égards, fondé à former opposition entre les mains du nouvel acquéreur, nonobstant le terme qu'il avait accordé lui-même, et à sauvegarder ainsi le privilége que nous lui avons reconnu sur la créance du prix de revente.

Nous déciderions de même, on le comprend, au cas où, dans l'intervalle, la chose serait vendue, non plus volontairement, mais à la requête d'un autre créancier de l'acheteur. M. Mourlon admet cette solution si la saisie est la conséquence d'une déconfiture, parce qu'alors le terme est effacé et la créance exigible. Il la repousse quand la saisie est déterminée par un embarras momentané, sans que cependant l'acheteur soit encore devenu insolvable. Dans ce cas, d'après lui, le terme accordé obligerait le vendeur à demeurer le spectateur muet de l'aliénation qui va anéantir sa garantie, et le soumettre aux chances d'une insolvabilité imminente peut-être quoique non déclarée ! Singulier privilége que celui du vendeur créancier à terme ! On ne peut nier qu'il n'existe même à l'encontre des créanciers dont le terme est plus rapproché; et cependant il ne pourra les empêcher d'effacer eux-mêmes,

par leur saisie, la garantie donnée contre eux. Dans
aucune hypothèse l'application de l'art. 1180 ne nous
paraît pouvoir être mieux justifiée. N'oublions pas enfin que l'art. 2102 a son origine dans cet article de la
coutume : « Encore qu'il eûst donné terme, si la
chose se trouve saisie sur le debteur par autre créancier, il peut empescher la vente..... » C'est le premier et le plus nécessaire effet du privilége, du moment qu'il existe, et bien que le terme apposé à la
créance qu'il garantit ne soit pas encore expiré.

Mais si le vendeur a laissé l'acquéreur payer son
prix, ce prix est désormais confondu dans le patrimoine du débiteur, gage commun de tous ses créanciers et son privilége est irrévocablement perdu.

4° — L'acheteur peut s'être dessaisi de l'objet sans
l'avoir revendu : il peut l'avoir prêté, confié à un
mandataire, donné en gage. — Dans les deux premiers
de ces cas, aucune difficulté n'est possible. Il ne s'est
dessaisi que de la détention physique : quant à la possession civile, il l'a pleinement conservée; le privilége
subsiste. La troisième a donné lieu à quelques controverses : « Le gagiste, dit M. Troplong (I, n° 185),
n'est pas un procureur. Il possède pour lui-même. »
D'où il tire la conclusion que le meuble engagé a
cessé d'être en la possession du débiteur, et, par conséquent, d'être grevé du privilége.

C'est avec grande raison, à notre avis, que cette solution est presque unanimement repoussée. MM. Valette (p. 105), Pont (*Priv.*, I, n° 152), Aubry et Rau
(II, n° 261, note 22), Mourlon (*Exam. crit.*, I, page 305),
Dalloz (*Repért.*, v° *Priv.*, n° 350) ont établi péremptoi-

rement que, nonobstant la possession du gagiste, le débiteur avait encore une possession suffisante pour remplir les conditions de l'art. 2102. Le créancier gagiste possède, il est vrai, mais seulement *jure pignoris.* Sa possession, comme celle de l'usufruitier, a un double caractère. Quant au droit de gage, il a une possession civile, comme l'usufruitier quant à l'usufruit. Mais, pour tout ce qui concerne la propriété, il possède au nom du débiteur et pour son compte. C'est celui-ci qui gagne les fruits; c'est à lui que profite la possession à fin de prescrire. Il ne s'est, à proprement parler, dessaisi que de la détention matérielle pour tout ce qui excède les limites du droit de gage. C'est dans ces limites seulement que le privilége du vendeur va se trouver perdu : une fois le gagiste désintéressé, il devra pouvoir s'exercer à l'encontre de tous autres. C'était la décision de Brodeau et de Ferrières qu'invoque bien à tort M. Troplong. Voici, en effet, les termes dans lesquels ce dernier auteur pose et résout la question : *Si le vendeur à terme est préféré au créancier de l'acheteur à qui la chose a été donnée en gage?* Il répond par la négative : « Étant sortie de la possession de l'acheteur, le vendeur ne peut la revendiquer qu'en payant la somme due au créancier, pour laquelle elle lui a été donnée en gage. » (Sur l'art. 177, n° 6.) L'existence du privilége est donc reconnue et incontestée; seulement il sera primé par le gagiste à l'égard duquel le débiteur ne possède plus. Encore faut-il exiger, avec Ferrières, « que le gage ait été fait sans fraude. » S'il était de mauvaise foi, le gagiste ne pourrait même pas opposer au vendeur sa posses-

sion dans son intérêt personnel. On doit, en un mot,
appliquer au gage exprès ce que la 3ᵉ phrase du 4° de
l'art. 2102, dit du gage tacite du locateur. Les situations sont identiques, et les mêmes raisons de décider
commandent la même solution.

5o — Le principe qui subordonne l'existence du
privilége à la continuation de la possession de l'acheteur soulève une dernière difficulté. Supposons que la
chose est bien restée entre ses mains, elle n'a été ni
aliénée, ni engagée ; mais elle a subi des transformations qui en ont altéré la nature : la condition doit-elle
être réputée remplie ?

Cette transformation peut être de deux sortes ; elle
peut consister dans un changement plus ou moins
sensible de l'état matériel de l'objet vendu. — Elle
peut, au contraire, même sans modification apparente,
affecter sa nature juridique.

A. — Sur le premier point, il est impossible de
donner une solution générale, et la nécessité d'une
distinction s'impose à tous les esprits. Tant de degrés
peuvent se rencontrer depuis la plus simple amélioration ou dégradation du meuble, jusqu'à la spécification
qui en fait une chose entièrement nouvelle ! On ne saurait attacher aux unes, on le comprend, les mêmes
conséquences qu'à l'autre. Mais quelle règle suivre ?
Sur quelles bases établir cette distinction essentielle ?

De tous les systèmes proposés, celui que professent
MM. Valette (n° 85), Mourlon (Ex. crit.) et Pont (Priv.,
I, n° 155) nous paraît le seul fondé en droit comme en
raison. (Nancy, 28 déc. 1829. — Rouen, 7 août 1841.)
Le privilége du vendeur, tant que la chose vendue

n'est pas sortie des mains de l'acheteur, n'a d'autres
limites que l'impossibilité absolue de reconnaître son
identité. Donc, aussi longtemps qu'il sera possible de
la constater, aucun changement n'y portera atteinte.
La structure même de l'art. 2102 n'est-elle pas la justification formelle de cette opinion? En soumettant la
revendication à la condition que la chose soit *dans le
même état*, le législateur n'en a-t-il pas implicitement
affranchi le privilége? Et, bien loin que l'on puisse
conclure de l'une à l'autre, comme le fait M. Troplong
(Priv., I, n° 116), le rapprochement de la première et de
la seconde phrase de notre 4°, n'en forme-t-il pas une
antithèse frappante? Dans l'une, la loi subordonne le
droit du vendeur à deux conditions : 1° la continuation
de la possession de l'acheteur ; 2° la conservation de
l'état primitif de l'objet. — Dans l'autre, la première
seulement de ces conditions est écrite : pourquoi suppléer la seconde? L'assimilation que le texte exclut
n'est pas moins repoussée par la raison. Tandis que,
en étudiant les caractères de la revendication, nous
verrons que cette restriction est parfaitement naturelle,
elle ne serait justifiée par rien en matière de privilége.

Du moment que, parmi les valeurs saisies, il en est
que le vendeur a mises dans le patrimoine du débiteur,
du moment qu'il peut prouver leur identité, serait-il
juste que ces valeurs, qui n'existeraient pas sans lui,
servissent à enrichir les autres créanciers? Et pour
n'être plus dans le même état, en sont-elles moins
entrées par son fait dans les biens de l'acheteur?

Que si la chose n'est plus reconnaissable, comme il
n'y a plus certitude qu'elle soit encore dans les mains

de l'acheteur, il faudra bien décider que le privilége
est perdu.

M. Troplong, se jetant à la suite de Cujas, au milieu
des subtilités du droit romain, propose un autre
criterium. L'objet est-il transformé de manière à ne
plus pouvoir revenir à sa première forme, le privilége
est éteint. L'objet est-il susceptible de redevenir tel
qu'il était auparavant, le privilége est reporté sur la
nova species. D'où la conséquence que le vendeur de
deux blocs, l'un de marbre, l'autre de bronze, tous
deux transformés en statues par l'acheteur, conserverait sur l'un son privilége et le perdrait sur l'autre.
(M. Mourlon sur M. Troplong.) C'était peut-être là *une
profonde et lumineuse doctrine* (M. Troplong. d. n°) alors
qu'il s'agissait de concilier à l'aide des principes romains les décisions contradictoires qui se sont glissées
dans le Digeste, traces mal effacées des anciennes dissidences entre les Proculiens et les Sabiniens. Mais elle
nous semble radicalement incompatible avec l'esprit
moins abstrait, plus pratique, de notre législation.
Sans suivre M. Mourlon dans l'énumération des divergences et des contradictions où l'insuffisance de ce
criterium jette les auteurs qui l'acceptent, l'exemple
que nous en avons cité suffit à montrer la bizarrerie
des résultats où il conduit ; ce système ne trouve d'ailleurs dans nos lois aucune base, si ce n'est dans cette
prétendue analogie entre le privilége et la revendication spéciale de l'art. 2102, 4°—que nous avons mon-
trée être démentie par la loi.

Qu'on nous permette cependant une dernière observation. On comprend que Cujas ait adopté cette

distinction : aux termes du § 25 *De rer. divis.*, Inst.,
la spécification prive le propriétaire de l'action en revendication. Il était naturel d'en conclure qu'elle devait de même priver le créancier hypothécaire de
l'action *quasi-servienne*. — Comment le même raisonnement serait-il légitime dans notre droit, lequel
repousse formellement la théorie qui en est le point
de départ ? Aujourd'hui, pour savoir si le droit de
propriété est éteint par spécification, on ne s'attache
plus à la distinction romaine. L'art. 570 déclare que
le droit du propriétaire de la première *espèce* est trans-
porté sur la seconde, que la matière « soit ou non
susceptible de reprendre sa première forme. » A supposer qu'il faille chercher en dehors de l'art. 2102
la solution de la difficulté qui nous occupe, et en
appliquant à notre droit le raisonnement de Cujas, —
nous devrions arriver, non pas à la distinction romaine
mais à quelque chose d'analogue, à la distinction suivant laquelle les art. 570, 571 et suiv. donnent à la
spécification la puissance d'anéantir le droit de propriété. Il faudrait alors s'attacher à la question de
savoir, non si la chose peut revenir à son premier état,
mais si le travail est plus considérable que la matière,
ou la matière que le travail. Ce dernier cas serait le
seul où le privilége subsisterait.

En adoptant cette dernière règle, M. Duranton
(XIX, n° 124) nous paraît être plus logique que
M. Troplong : nous croyons pourtant que son opinion
doit être repoussée et qu'il faut, comme nous l'avons
dit, s'en tenir aux termes de l'art. 2102, 4° (1re phrase).
En effet, les deux espèces n'ont qu'un rapport appa-

rent, et l'on ne saurait conclure de l'une à l'autre. La spécification peut, dans certains cas, anéantir le droit de propriété : mais le maître dépouillé recevra de l'ouvrier le prix de la matière; c'est une expropriation moyennant indemnité. Il n'y a rien là que de très-équitable. Comment en tirer la conséquence qu'elle peut anéantir le privilége ? Ce serait, en effet, une injuste déchéance qui ne serait compensée par aucun équivalent accordé au vendeur dépouillé, et que rien ne justifierait.

B. — La chose peut, même sans avoir subi d'altération matérielle, avoir changé de nature, en ce que, de meuble, elle serait devenue immeuble par destination. (524.) Cette hypothèse, elle aussi, a été l'objet de systèmes divers, et la jurisprudence nous présente des décisions à l'appui de chacun d'eux.

La doctrine qui semble prévaloir est celle que défendent MM. Valette (p. 106) et Pont (n° 154), et qui se formule ainsi :

A l'égard des créanciers chirographaires, le privilége du vendeur survit à l'immobilisation : mais il n'est pas opposable à des créanciers ayant hypothèque sur l'immeuble auquel sont attachés les meubles immobilisés. — Le vendeur doit pouvoir détacher les objets du corps de l'immeuble pour exercer sur eux son privilége. Quoique immobilisés, ils sont restés en la possession du débiteur : les conditions de l'art. 2102 sont remplies. Leur nature nouvelle empêche-t-elle que ce ne soit toujours le vendeur qui les ait mis dans les biens du débiteur ? D'ailleurs si l'art. 592 du Code de proc. déclare que les immeubles par destination ne

sont plus susceptibles d'une saisie-exécution, l'article
suivant énumère aussitôt quelques personnes qui con-
servent le droit de la pratiquer nonobstant l'immobilisation, et le vendeur des objets figure parmi elles. Il
est donc incontestable qu'à son égard, ils sont demeurés
meubles ; et, les saisissant comme tels, comment
n'exercerait-il pas son privilége? Mais si l'immeuble
auquel ils sont attachés est grevé d'hypothèques, les
créanciers hypothécaires sont préférés; car l'art. 2133
leur affecte tous les accessoires du fonds hypothéqué.
(M. Val.)

La première de ces deux propositions nous paraît
inattaquable; il n'en est pas de même de la seconde.
Si le privilége subsiste, d'où vient cette exception en
faveur des créanciers hypothécaires? L'art. 2133 fait
porter l'hypothèque sur les accessoires des immeubles
qui en sont grevés; soit. — Mais la question est justement de savoir si l'immobilisation a eu lieu. A-t-elle
été effectuée, le privilége est perdu *erga omnes*, car
l'objet n'existe plus dans le patrimoine avec sa nature
primitive. Et sur quoi peut exister le privilége d'un
vendeur de meuble lorsqu'il n'y a plus de meuble qui
en soit l'assiette? Ce n'est pas seulement à l'égard des
créanciers hypothécaires, mais aussi à l'égard des
créanciers chirographaires que le privilége du vendeur
est éteint. S'il n'a pas été immobilisé à l'égard du vendeur, comme les art. 592 593, C. pr. obligent à le reco-
naître, à quel titre le privilége serait-il perdu? A quel
titre, s'il est conservé, serait-il primé par des hypothèques? Comprend-on qu'une saisie mobilière opérée par
le vendeur, comme ces deux articles lui en donnent

le droit absolu, amène, à son préjudice, au profit des créanciers hypothécaires, l'ouverture d'un ordre qui suppose l'immobilisation accomplie?

Revenons à l'art. 2102. On avoue que ses conditions sont remplies à l'égard des créanciers chirographaires : le sont-elles moins à l'égard des créanciers hypothécaires? Le débiteur qui n'a pu conférer aux uns le droit de gage général de l'art. 2093 que sous la réserve des droits retenus par le vendeur, a-t-il pu davantage conférer aux autres, au mépris de ces droits, une garantie spéciale? La règle *nemo transfert quod non habet*, n'est-elle pas toujours applicable? « Non, dit M. Marcadé; ne savons-nous pas qu'un tiers peut recevoir de l'acheteur plus de droits que celui-ci n'en avait lui-même..... Vu la possession de bonne foi sur les choses mobilières, celui à qui le meuble aurait été revendu serait à l'abri de l'action en résolution (et du privilége (1), tandis que l'acheteur ne saurait s'en garantir. Le tiers peut donc avoir plus de droits que l'acheteur, et c'est tout simple, puisque c'est un effet de la bonne foi de ce tiers..... Si celui à qui le meuble est revendu est à l'abri de l'action résolutoire, s'il en est de même du créancier dont ce meuble est devenu le gage mobilier, pourquoi en serait-il autrement de celui dont il est devenu, par son immobilisation, le gage hypothécaire? » — Pourquoi? C'est que les deux premiers puisent, non dans leur bonne foi seulement,

---

(1) VI con:. de l'art. 1654. C'est à propos du droit de résolution que Marcadé se pose cette ques'ion. Mais sa solution et ses motifs au- raient évidemment été applicables aussi au privilége.

mais dans leur possession, un droit qui leur est propre. C'est que la dépossession de l'acheteur éteint, au
moins d'une manière relative, le privilége du vendeur.
Ce qui manque au créancier hypothécaire, c'est justement de pouvoir invoquer l'art. 2102 ou l'art. 2279,
car l'acheteur n'a pas abandonné à son profit la possession. Pourquoi donc le privilége cesserait-il de lui
être opposable ?

L'accession ne peut augmenter les droits des créanciers hypothécaires que sous la réserve des charges qui
grèvent l'objet adjoint : et la nature de l'objet vendu
était de ne pouvoir pas être immobilisé au préjudice
du vendeur. L'art. 2133 est donc forcément limité par
l'art. 593 C. proc. Le privilége prime donc l'hypothèque, même antérieure; car c'est un droit retenu
lors de la vente. D'ailleurs cette primauté du privilége
n'est-elle pas un principe écrit dans l'art. 2095 ? « Le
privilége est un droit que la qualité de la créance donne
à un créancier d'être préféré aux autres créanciers,
même hypothécaires. » Sans doute, en écrivant cet article, le législateur ne pensait pas à régler le concours
d'un privilége mobilier avec une hypothèque. Mais
enfin quand ce bizarre phénomène juridique se rencontrera, d'un objet grevé d'un privilége mobilier et
devenu cependant le gage de créanciers hypothécaires, la décision et les motifs de l'art. 2095 nous semblent commander la prépondérance du privilége.

MM. Aubry et Rau (II, p. 113, note 23) reconnaissent l'exactitude de cette solution. Mais ils font une
exception en faveur des créanciers dont l'hypothèque
est postérieure à l'immobilisation. Ceux-là, en rece-

vant hypothèque, ont dû compter sur l'immeuble tel qu'il se présentait extérieurement; leur bonne foi doit les mettre à l'abri du privilége que rien ne leur révélait. Nous répondons d'abord, comme nous avons déjà répondu à l'argument de Marcadé, que la bonne foi ne suffit pas pour conférer des droits de préférence ou en enlever à autrui, et que cet effet ne peut être attaché qu'à la tradition. Quant à la distinction proposée suivant la date des hypothèques, nous ajoutons qu'il est difficile de comprendre que les créanciers postérieurs à l'immobilisation soient préférés au vendeur, tandis que ceux dont l'inscription remonterait à une époque antérieure seraient primés par lui. Sur les accroissements survenus au fonds, ces derniers ne sont-ils pas préférés aux autres? Comment ceux qui sont primés par ceux que prime le vendeur, peuvent-ils le primer lui-même à leur tour? *Si vinco vincentem te, a fortiori vinco te.*

La dépossession réelle du débiteur ou une altération matérielle de l'objet, telle qu'il soit impossible de reconnaître son identité, voilà donc les seules circonstances qui entraînent la déchéance du vendeur. Nous rangeons, avec l'unanimité des auteurs, au nombre des modifications ayant un pareil caractère, la transformation du meuble en immeuble par nature. Le meuble a dès lors cessé, d'une manière absolue, d'avoir une individualité juridique. Nous n'avons plus l'art. 593 C. de proc. pour lui conserver, à l'égard du vendeur, le caractère de meuble. Il n'est plus susceptible de saisie-exécution: il est entré dans l'immeuble, s'est incorporé à lui, confondu avec lui : le vendeur ne

trouve réellement plus le meuble vendu dans la possession du débiteur. Il est évident pour nous que ce
cas doit recevoir une solution différente de celle que
nous avons donnée pour l'immobilisation par destination. En fait, il sera quelquefois difficile de reconnaître
si le meuble est devenu immeuble par nature ou par
destination. Mais cette difficulté n'est pas spéciale à
notre matière, et ce n'est pas ici le lieu de passer en
revue les diverses hypothèses que la pratique peut
présenter.

En étudiant les conditions auxquelles est soumise
l'existence du privilége, nous avons indiqué par là
même les principales causes de son extinction. Il serait superflu et peut-être puéril d'ajouter que le privilége s'éteint par le paiement du prix, si ce mode d'extinction, le plus naturel de tous, n'avait donné lieu
à une question très-discutée sur laquelle nous devons
prendre parti. L'acceptation par le vendeur de billets
souscrits à son ordre par l'acheteur, et en échange
desquels il lui a consenti quittance, constituera-t-elle
un véritable paiement ou une véritable novation, et à
l'un de ces titres anéantira-t-elle, avec la créance du
prix, le droit de préférence qui y était attaché? Sans
entrer dans l'examen détaillé de cette question, qui
appartient à la matière des obligations et qui n'a avec
la nôtre qu'un rapport indirect, nous nous rangeons à
l'opinion professée par Marcadé : la novation ne se
présume pas. (Art. 1273.) Si donc les parties n'ont pas
formellement exprimé la volonté de l'opérer en sous-
crivant et acceptant les billets, on ne doit pas supposer

qu'elles ont voulu éteindre la créance privilégiée du
vendeur. Et non-seulement en vertu de l'art. 1273,
mais aussi, en fait, n'est-il pas probable qu'il n'y a eu
dans leur pensée qu'une simple réglementation du
mode de paiement, et que le vendeur a entendu conserver tous ses droits jusqu'à l'acquittement des
billets. Les tribunaux pourront, au reste, toujours reconnaître, d'après les circonstances de la cause, que
les parties ont entendu faire novation.

Après avoir vu quelles étaient la nature et les conditions d'existence de ce privilége, reste à nous demander quels sont les vendeurs qui peuvent s'en prévaloir, et quel rang il occupe parmi les priviléges
mobiliers.

A. — Sur le premier point, quelques difficultés se
sont élevées, et il est encore l'objet de vives controverses.

. Le vendeur non payé de meubles incorporels, celui
qui cède une créance, reçoivent-ils de l'art. 2102 un
droit de préférence sur ces meubles ou cette créance?
Il est difficile, à la seule lecture des articles du Code,
de comprendre que des doutes aient pu naître. Le prix
des effets mobiliers non payés est privilégié (2102).
L'expression, *effets mobiliers*, comprend généralement
tout ce qui est censé *meuble* (535); enfin les créances,
rentes, les intérêts et actions industriels sont déclarés
meubles par l'art. 529. Pourquoi dès lors les exclure
de l'art. 2102?

Mais si la lettre de la loi les renferme inévitable-
ment, cette extension répugne-t-elle à son esprit?
Non, évidemment; car il nous semble impossible de

comprendre pourquoi les autres créanciers de l'acheteur devraient s'enrichir aux dépens du vendeur, parce que la valeur mise dans le patrimoine du débiteur commun est une créance, une rente, une action dans une compagnie de canaux ou de chemin de fer, au lieu d'être un bijou, un tableau ou un cheval. Autant est juste la préférence accordée au vendeur de meubles d'une manière générale, autant serait injuste et bizarre une distinction qui en restreindrait le bénéfice à la transmission d'objets corporels.

C'est ce que reconnaît M. Mourlon, et néanmoins, reprenant une doctrine de M. Persil (*Régime hyp.*, I, p. 142), qui paraissait abandonnée, il s'efforce de démontrer que le Code a consacré ce système regrettable, et, par une erreur législative inexcusable, mis en oubli les droits du vendeur de meubles incorporels.

Quand les termes de la loi pris à la lettre contredisent une règle de justice ou de raison, il est naturel que les interprètes s'ingénient à leur trouver une autre explication ; que, en en forçant un peu le sens, ils s'efforcent de les concilier avec ces principes généraux dont il n'est pas présumable que le législateur ait voulu s'écarter. Mais quand l'interprétation la plus stricte et la plus littérale se trouve conforme à l'équité, conforme aux autres dispositions de la loi, nous comprenons difficilement que l'on s'efforce de lui en substituer une autre, pour le plaisir de trouver le législateur inconséquent et oublieux.

Je sais bien que les rédacteurs du Code, après avoir déterminé dans l'art. 535 le sens des mots *effets mobiliers*, les ont fréquemment employés dans leur acception vulgaire. Mais de ces inadvertances répétées, peut-on conclure qu'ils se trompent nécessairement toutes les fois qu'ils les emploient, et qu'ils les prennent toujours dans le sens opposé à celui qu'ils leur ont eux-mêmes attribué? — De ce que le bénéfice accordé au vendeur dans la seconde phrase du 4° de l'art. 2102, est de sa nature inapplicable aux valeurs incorporelles, peut-on tirer la conséquence qu'elles ne sont pas comprises dans la première phrase dont la disposition leur est parfaitement applicable?

Nous persistons donc à prendre l'art. 2102 dans le sens le plus naturel et le plus général et à l'étendre aux meubles incorporels.

Une question plus délicate est celle de savoir si l'ancien titulaire d'un office ministériel non payé est recevable à invoquer l'art. 2102. Ici encore M. Mourlon est en contradiction avec la presqu'unanimité de la doctrine et avec la jurisprudence constante de la Cour de cassation et des cours impériales. L'office, dit M. Mourlon, n'est pas un meuble; d'autre part ce n'est pas un immeuble : et comme tous les biens sont meubles ou immeubles, l'office qui n'est ni l'un ni l'autre n'est pas un bien. La loi du 28 avril 1816, en admettant le titulaire à présenter son successeur, n'a pas entendu revenir à la vénalité des offices; ce n'est pas une véritable vente : c'est un traité *sui generis*, qui ne peut, par conséquent, produire de privilége. — L'office, d'après lui, ne serait qu'une délégation d'une portion de la puissance publique faite par le souverain au nouveau titulaire. Or la puissance publique n'est pas un bien; elle n'est pas *in patrimonio*.

11

Nous ne contesterons pas que l'officier ne tienne du souverain son mandat et ses fonctions. Mais déjà dans notre ancienne monarchie n'en était-il pas ainsi? N'était-il pas de principe que le titre était à la collation du roi, et essentiellement viager? Ce qui n'empêchait pas la charge d'être vénale, et les coutumes et les ordonnances de réglementer cette sorte de *bien*. Aujourd'hui, comme autrefois, il faut distinguer deux choses dans l'office : l'une, la *fonction*, que le souverain seul confère; l'autre, que l'on appellera à son gré *finance* (de son ancien nom), *clientèle*, *droit de présentation*, qui est transférée par le précédent titulaire au titulaire nouveau. — Sans l'acquisition de cette dernière, la nomination au titre est impossible, aussi bien qu'elle est inutile elle-même, si l'investiture du titre ne l'accompagne. M. Mourlon tire grand avantage de ce que l'office ne peut être loué, prêté, etc.; c'est que le titre ne peut pas l'être, et que, par la nature des choses, la portion vénale de l'office doit toujours reposer sur la même tête que le titre. Mais cette modification qu'elle souffre de sa connexité avec la fonction, l'empêche-t-elle d'être un *bien*? De ce que certains actes sont impossibles sur une chose, va-t-elle passer de l'état de *bien* à celui de je ne sais quelle abstraction mal définie? C'est un droit que j'ai reçu en échange d'une somme d'argent; que je transmets à mes héritiers, si je meurs; que je puis donner à un tiers ou que je puis lui céder moyennant une somme, — et ce n'est pas un bien? Qu'est-ce donc?

Quelque chose comme la puissance paternelle, répond M. Mourlon. L'assimilation n'est pas heureuse;

car la puissance paternelle, que je sache, n'est pas
cessible, pas plus que les autres « aptitudes composant
la personnalité de l'homme, » au nombre desquelles
cet auteur veut placer le droit de présentation. Au
contraire, ne range-t-on pas parmi les biens, tous les
droits qui représentent un capital, et en fournissent le
revenu en attendant sa réalisation ? (Loi 40, *De verb.*
signif. D.) — Mais, dit-il, le Code ne les range ni dans
les meubles, ni dans les immeubles; donc ce n'est pas
un bien. — Le motif en est bien simple : c'est que le
Code ne pouvait pas parler d'un bien que les lois de
1780, 1790, 1791 avaient aboli et que devait rétablir
seulement la loi de finances de 1816. Mais puisque
cette dernière loi est revenue aux errements de notre
ancienne fiscalité, puisque la vénalité des offices a,
sous un autre nom, reparu dans notre législation ;
puisque, d'autre part, c'est un droit pécuniaire de la
nature de ceux qui composent le patrimoine, n'est-il
pas évident que c'est un bien meuble ? L'art. 839 ne
déclare-t-il pas meubles tous les droits tendant à obtenir une somme d'argent, et, pour avoir été créé postérieurement, le droit dont nous parlons en offre-t-il
moins les mêmes caractères ?

Et maintenant la transmission à titre onéreux d'un
office n'est-elle pas une vente ? Non, dit M. Mourlon,
car une vente investit, et ici c'est la *nomination* seule
qui produit cet effet. Le titulaire se démet, et démission et transmission sont deux termes contradictoires.
— Il se démet du titre qui fait retour au chef de l'État ;
mais il investit l'acheteur du droit qu'il lui vend, c'est-
à-dire : du droit de pouvoir être nommé et de présen-

ter plus tard, à son tour, un successeur. Comment peut-on nier que ce ne soit là une véritable transmission, puisque plusieurs textes de lois lui donnent formellement ce nom? (Art. 6, 7, 8 de la loi de finances du 25 juin 1841.)

Si donc l'opération revient à être réellement une vente de biens meubles; si, d'autre part, il n'y a pas lieu de distinguer entre les ventes de biens corporels, et les ventes de biens incorporels, comment échapperait-on à l'art. 2102, et refuserait-on le privilége au créancier du prix?

Si, sur la question que nous venons d'étudier, la jurisprudence est à peu près unanime, il y a au contraire entre la Cour de cassation et la plupart des cours impériales une scission radicale sur une autre question qui se rattache à la précédente. — Quand le titulaire d'un office encourt la destitution, la loi de 1816 elle-même le prive du droit de présentation. L'office fait pleinement retour à l'Etat qui le confère seul à un nouveau titulaire. Celui-ci ne l'achète de personne. Cependant, en pratique, le gouvernement impose à celui qu'il nomme à la place d'un fonctionnaire destitué, l'obligation de payer une somme aux créanciers de ce dernier. Cette somme sera-t-elle répartie par contribution, ou bien le précédent titulaire non payé aura-t-il sur elle un privilége? Non, répond la Cour de cassation, depuis la fameuse affaire Lehon (1847) qui a fixé sa jurisprudence; l'objet grevé du privilége a péri : le privilége ne peut lui survivre. La somme payée n'est pas le prix d'un droit de présentation qui n'existe plus; c'est une indemnité donnée aux créanciers qu'il ne serait pas juste de punir de la faute de leur débiteur. — Observons d'abord la bizarrerie de cette doctrine qui fait bénéficier les créanciers chirographaires de la destitution de leur débiteur, aux dépens d'un tiers parfaitement innocent. Notons aussi que la Cour de cassation se départ de ces principes rigoureux et conserve le privilége quand il y a eu non pas destitution, mais démission forcée : de sorte qu'il dépendra des bureaux ministériels de favoriser ou de dépouiller le créancier privilégié en procédant contre le titulaire indigne par l'une ou l'autre de ces voies, par la destitution officielle ou la destitution officieuse !

Mais examinons maintenant en elles-mêmes les raisons qui ont déterminé la Cour. — En cas de destitution, sans contredit, l'espèce de propriété du titulaire sur l'office est anéantie. Nous comprendrions très-bien que le gouvernement n'imposât au successeur aucune espèce de sacrifice pécuniaire. Alors le privilégié, pas plus que les autres créanciers, ne pourrait se plaindre. Son gage a péri : le vendeur d'un cheval ne pourrait réclamer son droit de préférence si le cheval venait à périr, même par la faute de l'acheteur. Mais du moment que le nouveau titulaire est contraint à verser une somme entre les mains de l'ancien, c'est donc qu'il reçoit quelque chose de lui. Il y a plutôt une transmission forcée, imposée par le gouvernement qu'une suppression pure et simple du droit de présentation. La somme payée doit donc aller à celui à qui était affecté l'objet qu'elle représente.

La Cour refuse de voir, dans cette somme, la repré-

sentation de l'office : elle ne veut y voir qu'une indemnité; soit. A qui doit être donnée une indemnité, sinon
à ceux qui souffrent du dommage? Or, celui qui
souffre, est-ce le créancier chirographaire, qui, si l'objet existait, serait primé par le privilégié? N'est-ce
pas plutôt le privilégié dont le droit de préférence se
trouve, en quelque sorte, confisqué? Que ce soit le
prix de l'objet, plutôt exproprié qu'anéanti, que ce soit
une indemnité accordée pour un dommage éprouvé,
le privilégié doit passer le premier; car l'indemnité
doit être proportionnée au préjudice, et le privilégié
a d'autant plus souffert que ses droits étaient plus considérables. Quand un immeuble est exproprié pour
cause d'utilité publique, est-ce qu'un ordre ne s'ouvre
pas sur l'indemnité allouée par le jury, comme sur un
véritable prix de vente? Et le créancier qui aurait un
privilége sur un cheval tué par un tiers, ne serait-il
pas fondé à se faire colloquer, par préférence, sur les
dommages-intérêts auxquels il serait condamné? (En
ce sens : M. Valette, à son cours; — M. Mourlon (sur
Troplong), page 374. — Paris, 9 janvier 1851. —
Rennes, 28 juillet 1851, etc. — En sens inverse :
MM. Pont, Troplong. — Besançon, 4 janvier 1852, et
plusieurs arrêts de la Cour de cassation.)

B. — *Rang du privilége.* — L'article 2102 nous indique la solution de quelques-unes des hypothèses
qui peuvent se présenter :

1° — En concours avec le locateur de la maison où
les meubles sont apportés, le vendeur sera primé, en
vertu de la règle : *En fait de meubles possession vaut*

titre, parce que le locateur est censé en avoir reçu la possession à titre de gage. (Loi 4, **D.** *in quibus causis pignus...*)

2° — Le vendeur primera cependant le locateur qui savait que les immeubles n'avaient pas été payés, car celui-ci ne peut passer avant lui que grâce à l'article 2270. Il faut donc qu'il remplisse les conditions requises par cet article, c'est-à-dire qu'il soit de bonne foi. Comme il lui serait difficile de prouver la mauvaise foi du locateur, le vendeur, s'il est prudent, devra, avant de délivrer les objets vendus, le prévenir par une notification que le prix n'est pas payé.

3° — Le vendeur primera encore le locateur si l'objet vendu fait partie des ustensiles destinés à mettre le fonds en exploitation. — Ajoutons que, si les autres meubles du locataire suffisent pour garantir la créance des loyers, le locateur ne doit pouvoir, dans aucun cas, s'opposer à l'exercice du privilége du vendeur ; pas plus qu'il ne pourrait empêcher le locataire lui-même de faire sortir le meuble des lieux loués, ces lieux demeurant, d'ailleurs, convenablement garnis. (M. Valette, page 151.)

4° — Nous avons dit que le gagiste serait préféré au vendeur, et nous en avons indiqué plus haut les raisons.

5° — Celui qui aurait fait des dépenses pour la conservation de l'objet primerait le vendeur, car il a conservé le gage commun.

6° — Le conflit s'engage entre deux vendeurs successifs ; nous avons admis plus haut que le privilége du vendeur n'était pas perdu par la livraison de la

chose tant que le prix ne s'était pas confondu dans le
patrimoine du débiteur. Le premier a donc conservé
son privilége sur la créance du prix dû par le second
acheteur au premier acheteur, devenu vendeur à son
tour. Comment ce dernier peut-il avoir acquis un privilége primant celui qui grève sa propre créance?
L'article 2103, quoiqu'écrit pour les ventes d'immeubles, nous paraît pleinement applicable ici par identité de motifs ;

7° — Reste à savoir si le privilége du vendeur de
meubles primera les priviléges généraux de l'article
2101 ou sera primé par eux. Dans un premier système, on dit que les priviléges généraux sont évidemment, aux yeux de la loi, plus favorables que les spéciaux, puisqu'elle les établit sur l'ensemble du
patrimoine ; que, d'ailleurs, ils sont fondés, pour la
plupart, sur des considérations d'humanité ; enfin,
que, dans l'article 2105, le concours entre les priviléges généraux et les priviléges spéciaux est prévu et
réglé au profit des premiers. Il est vrai que cet article
est relatif aux immeubles ; mais l'analogie n'ordonne-
t-elle pas de l'étendre aux meubles ? — On répond
(et avec grande raison, nous paraît-il) que la spécia-
lité du privilége ne prouve pas son infériorité. S'il est
spécial, c'est que, né à l'occasion d'une valeur mise
dans le patrimoine du débiteur, il est naturel que ce
soit cette valeur qui lui soit spécialement affectée. —
Si les priviléges généraux sont fondés sur l'humanité,
le privilége du vendeur est commandé par la justice.
Quant à l'article 2105, essentiellement critiquable déjà
en matière d'immeubles, il ne doit pas être étendu au-

delà du cas qu'il prévoit. Le législateur a cru pouvoir l'admettre sans inconvénient, parce que les immeubles ont, en général, assez de valeur pour que ces créances peu considérables de l'article 2101, le plus souvent déjà payées en grande partie sur les meubles, lèsent faiblement les intérêts du privilégié. Colloquées les premières sur le meuble, objet du privilége, elles auraient, au contraire, presque toujours pour résultat d'en absorber toute la valeur. L'article 2105 doit donc être restreint aux immeubles, car c'est une dérogation au principe de bon sens et d'équité, qu'un créancier, si favorable qu'il soit, ne doit pas s'enrichir au détriment d'un tiers : dérogation qui, atténuée dans ses résultats en matière d'immeubles, apparaîtrait pleinement inique dans notre espèce.

Nous devons faire, cependant, une exception à la règle que nous venons d'admettre. Le vendeur sera primé par les frais de justice, ceux au moins dont il a profité.

§ 2. — *Du droit de résolution.*

Notre législation coutumière, avons-nous dit dans la première partie de notre chapitre Ier, admettait le vendeur à demander la résolution de la vente à défaut de paiement du prix, de plein droit, en dehors d'une convention expresse, et sans qu'il y eût à distinguer entre les ventes d'immeubles et les ventes d'objets mobiliers.

Qu'est devenue, en matière mobilière, cette garantie du vendeur, sous l'empire du Code Napoléon ?

Une fausse interprétation de la seconde phrase de

l'art. 2102, 4° a donné lieu sur ce point à deux systèmes bien différents dans leurs déductions et dans leurs
conséquences, et que nous croyons, l'un et l'autre,
erronés et dangereux, Voici la disposition de cet article : « Si la vente a été faite sans terme, le vendeur
peut même revendiquer ces effets tant qu'ils sont en
la possession de l'acheteur, et en empêcher la revente,
pourvu que la revendication soit faite dans la huitaine
de la livraison, et que les effets se trouvent dans le
même état dans lequel cette livraison a été faite. »

On sait que dans l'ancien droit la vente ne transfé-
rait pas la propriété, et que, le vendeur n'ayant pas
suivi la foi de l'acheteur, la tradition même ne l'en
dépouillait pas. La revendication était donc toujours
possible contre l'acheteur, tant que le prix n'était pas
payé ou que le retard apporté par le vendeur à l'exercice de son action ne s'était pas assez prolongé pour
impliquer concession tacite d'un terme. (Pothier,
note 1, sur l'art. 458 cout. d'Orléans). — Mais dans
notre droit, la propriété a été transférée par le seul
accord des volontés. Le vendeur ne peut être admis à
exercer l'action en revendication si la propriété n'est
revenue sur sa tête par l'effet de la résolution du contrat qui la lui avait enlevée ? L'art. 2102 suppose donc
la résolution accomplie et c'est l'exercice même de ce
droit de résolution qu'il réglemente ; en fixant les conditions de la revendication. — Tel est le principe commun qui forme le point de départ des deux systèmes
inverses de MM. Duranton et Troplong.

Le premier estime que ce droit de résolution, fondé
sur l'art. 2102, est le seul dont puisse se prévaloir

le vendeur de meubles : que dès-lors, il ne devra être
écouté qu'à la condition de satisfaire aux exigences de
cet article. Son droit de résolution sera donc perdu
toutes les fois que la chose ne sera plus en la possession du débiteur, qu'il aura laissé passer huit jours sans
la demander; que l'état de la chose aura été modifié.
Enfin ce droit serait absolument refusé au vendeur qui
aurait accordé un terme. Voilà les conséquences qu'il
tire de cette idée que l'art. 2102 règle un cas de résolution. Cet article contiendrait, au préjudice du vendeur de meubles, une restriction notable de l'art. 1184
et de l'art. 1654. Néanmoins, ces articles étant aussi
généraux que possible, il était difficile de les rejeter
entièrement, et de les déclarer radicalement inapplicables à la vente des meubles. M. Duranton s'est
efforcé de les concilier avec l'art. 2102, tel qu'il l'entend, en limitant la sphère d'application de chacun.
La question de résolution s'agite-t-elle entre le vendeur et l'acheteur, c'est aux articles généraux qu'appartient la préférence ; car l'art. 2102, placé dans la
matière des priviléges, régit exclusivement les rapports des créanciers de l'acheteur entre eux, et doit
s'effacer quand ils ne sont point en cause. Quand, au
contraire, c'est entre eux et le vendeur que s'agitera
le débat, leur droit de gage universel sur le patrimoine
du débiteur ne cédera que devant le privilége, ou la
revendication exercée dans les limites de l'art. 2102.
Hors de là, le vendeur est traité, d'une manière absolue, comme tout autre créancier chirographaire.
(M. Duranton, XVI. — Conf. n° 204 et 380.)

Ce système est, avec juste raison, repoussé par la

jurisprudence (1), et par MM. Valette, Pont, et Mourlon. Un premier vice de ce système, que M. Duranton est
lui-même obligé de reconnaître (XIX p. 102), c'est
que rien ne justifie la différence ainsi établie entre la
vente à terme et la vente sans terme au point de vue
de l'action résolutoire. Dans les deux cas, notre droit
moderne n'a-t-il pas déclaré la propriété transférée par
le seul accord des volontés? La condition résolutoire
n'est-elle pas sous-entendue dans les contrats synallagmatiques aussi bien à terme que sans terme? Cette
restriction de l'art. 2102, ne serait donc qu'une rémi-
niscence malheureuse de la théorie de l'ancien droit
sur le transfert de la propriété. Et pourquoi ce délai
si bref de huitaine? Pourquoi obliger le créancier à se
montrer si pressant envers l'acheteur, ou punir la
confiance, qu'il lui aurait témoignée, d'une aussi
grave déchéance? Pourquoi exiger que les objets soient
dans le même état? Le maintien ou l'anéantissement
définitif de la vente dépendra donc d'une altération
quelconque, si insignifiante qu'elle soit? — Ces conditions sont écrites dans l'intérêt des créanciers, dit

(1) Arrêts de la Cour de Paris : 18 août 1829. — 20 juillet 1831.
— 11 nov. 1837. — Cassat. rej. 9 déc. 1838. — Les décisions de
ces arrêts ne nous paraissent pas toutes fondées en droit, à cause des
solutions qu'ils donnent aux autres questions que soulevaient les espèces proposées. Mais ils s'accordent à reconnaître que « l'art. 1654
ne fait aucune distinction entre la vente des biens meubles et celles
des immeubles au point de vue de l'action résolutoire. » Le dernier
surtout s'est expliqué sur cette question avec d'autant plus d'autorité,
que le système de M. Duranton avait été développé à l'audience avec
force par M. l'avocat général Laplagne-Barris. (M. Val, Privil.,
p. 116-118, notes. — Sirey, 36-1-181.)

M. Duranton. — En quoi en bénéficieront-ils puisque le privilége subsiste et que le prix produit par la revente ira nécessairement au vendeur? M. Valette a même ingénieusement remarqué que l'intérêt des créanciers du vendeur exigeait au contraire souvent que la résolution eût lieu. Les ventes sur saisie ne sont pas toujours, on le sait, les plus productives: le prix de revente pourra bien être insuffisant pour satisfaire le vendeur. Il devra alors, pour le surplus, être admis à concourir comme simple chirographaire sur les autres biens du débiteur et enlèvera un dividende à la masse, au partage de laquelle, en cas de résolution, il fût demeuré entièrement étranger.

Le système de M. Troplong, au contraire, considère l'art. 2102 comme une extension du principe des art. 1184 et 1654. Comme les deux autres, l'art. 2102 prévoit un cas de résolution : seulement quand le vendeur se trouvera dans les conditions spéciales qu'il indique, il sera affranchi des règles ordinaires de l'action résolutoire. La résolution aura lieu de plein droit, au lieu d'avoir besoin d'être prononcée par le juge. Une saisie-revendication, autorisée par le président du tribunal, sera substituée à l'assignation en justice. (Art. 826 et suiv., C. proc.) Le vendeur n'aura ni sommation préalable à faire, ni délais de grâce à redouter. Que si la huitaine est expirée, si la vente est faite avec terme, si la chose a été modifiée, l'aliénation ne sera pas anéantie *ipso jure*, et le vendeur, moins favorable, devra suivre les formes ordinaires de l'action résolutoire.

Si le système de M. Duranton était bien rigoureux

pour le vendeur, combien celui de M. Troplong est dur
pour l'acheteur. Ainsi dans toute vente de meubles au
comptant, si l'acheteur tardait le moins du monde à
payer, la vente serait tenue *pro infecta*, la propriété
n'aurait pas été transférée! L'art. 1184 *in fine* souffrirait donc une exception qui comprendrait autant de cas
au moins que la règle elle-même! Un retard, si léger
qu'il fût, d'un seul jour peut-être, mettrait le contrat
à la discrétion du vendeur! n'est-ce pas contraire à tous
les principes de notre droit? Si la livraison n'avait pas
été faite, si le vendeur avait usé de son droit de rétention, il ne pourrait obtenir la résolution que par voie
d'action; la livraison qu'il a faite, la confiance qu'il a
témoignée à l'acheteur aurait donc pour résultat de
priver celui-ci des formes protectrices de l'art. 1184?
L'acheteur devra donc, pour les conserver, refuser la
tradition qui lui est offerte?

Aussi le système de M. Troplong nous paraît-il devoir être écarté comme celui de M. Duranton: et si,
en sens divers, ils nous semblent l'un et l'autre aboutir
à des conséquences inadmissibles, c'est que leur principal vice est dans leur point de départ commun. Ils
supposent tous deux que le droit attribué au vendeur
dans l'art. 2102 4°, est un droit de résolution. Là nous
paraît être l'erreur. *A priori*, comme l'a fait très-juste-
ment observer M. Pont, n'est-il pas difficile de croire
que ce soit dans un article de la matière des priviléges
que se rencontre une pareille disposition? Le privilége
ne suppose-t-il pas le maintien du contrat, n'a-t-il pas
pour but d'en assurer l'exécution? Et ce serait dans le
même article que le législateur formulerait une autre

garantie contraire et consistant à anéantir la vente? Et
comme transition entre ces deux droits diamétralement
opposés, le législateur se servirait précisément des
termes qui marquent une assimilation ou, au moins,
une analogie : *Le vendeur peut même*..... etc.

M. Vuatrin a, le premier, donné le véritable sens
de cette revendication, et M. Valette (*Priv.*, p. 120) a
fourni à cette interprétation l'appui d'une démonstra-
tion irréfutable. Le droit de revendication n'a rien de
commun avec le droit de résolution : ils ne se complè-
tent ni ne se limitent l'un l'autre. Les espèces auxquelles
ils se rapportent et les effets qui leur sont attachés, sont
entièrement différents.

La vente a transféré la propriété, dès que l'accord des
volontés a eu lieu. Le vendeur pouvait retenir la chose
par devers lui, tant qu'il ne serait pas payé; l'art. 1612
ne fait, en consacrant ce droit, que formuler un ancien
principe. Si, témoignant à l'acheteur une confiance
que l'événement ne justifie pas, il a négligé de l'exercer
et a fait livraison, il pourra se faire remettre en possession provisoire *jure pignoris*, revendiquer son droit
de rétention, sauf à se dessaisir de nouveau quand le
prix lui sera offert. Car la vente subsiste et l'acheteur
est même resté propriétaire. — Tel est le sens de
l'art. 2102, 4°.

Il est impossible de ne pas être frappé au premier
abord de l'extrême simplicité de ce système, et de ne
pas reconnaître combien facilement il donne la clef de
tous les problèmes que les deux premiers faisaient
naître. Pourquoi ce bénéfice est-il limité à la vente faite
sans terme? Parce que le vendeur qui a accordé du

temps à l'acheteur sans en réclamer pour lui-même s'est privé du droit de rétention. (Art. 1612.) Il ne peut donc pas revendiquer, après la tradition, un droit qu'il n'avait déjà plus avant. — Pourquoi le délai de huitaine? Parce qu'un trop long retard implique la concession d'un terme tacite à l'acheteur, et par conséquent l'abdication du droit de rétention. — Pourquoi les modifications que la chose a subies anéantissent-elles ce droit? Parce que le moindre changement peut donner lieu, sinon à des doutes sur l'identité, du moins à des comptes, que l'on ne saurait débattre à propos d'une simple mesure provisoire. — Pourquoi le juge ne peut-il pas accorder de délai? Parce que, le contrat demeurant intact, si l'acheteur veut et peut payer, il pourra toujours en exiger l'exécution. Comment obtiendrait-il du juge un délai pour accorder au vendeur une légitime garantie?

Mais ce système, avec lequel toutes les dispositions de la loi concordent si bien, serait-il seulement une explication ingénieuse, inspirée par la combinaison des articles du Code, et, quoique vraisemblable un peu divinatoire? Il suffit de se reporter aux anciens principes pour voir que lui seul est conforme aux traditions les mieux établies. Nous l'avons déjà dit plus haut, le droit Romain et l'ancien droit Français, n'admettaient le transfert de la propriété (quand le vendeur n'avait pas suivi la foi de l'acheteur), que si le prix avait été payé; la revendication appartenait donc au vendeur resté propriétaire malgré la tradition opérée. Nous avons montré par les termes de l'art. 176 de la coutume de Paris, que cette revendication n'était qu'un moyen d'assurer le paiement, et laissait le contrat pleinement obligatoire. Dumoulins, sur cet article, écrivait : « Il la recouvre et en demeure saisi *jusqu'à ce qu'il soit payé.* » Que si l'on compare l'article du Code civil à celui de la coutume, on sera frappé de la ressemblance des deux rédactions. L'obligation de l'intenter dans la huitaine, et la nécessité que l'état de la chose n'ait pas changé, ont été ajoutées à la rédaction ancienne ; mais nos vieux auteurs les en avaient déjà fait sortir. (Pothier sur l'art. 458 cout. d'Orléans ; — Ferrières, sur l'art. 170 cout. de Paris.) La seule différence, c'est la condition que l'acheteur soit encore en possession ; elle tient à l'innovation faite par le Code dans l'art. 2279. — N'est-il pas évident que le système du Code est celui de la coutume ? Sans doute la demande en restitution, dans l'ancien droit, se fondait sur un droit de propriété laissé au vendeur, et, au contraire, aujourd'hui c'est l'acheteur qui est propriétaire. Le droit de rétention n'en existe pas moins : ne peut-on pas aussi bien réclamer un gage dont on s'est dépouillé sans juste cause que revendiquer l'objet dont on est resté propriétaire ? — Mais alors, dit-on, le mot *revendication* est inexact ; car il suppose la propriété. — La réponse est dans l'art. 2102 lui-même, à la fin du premier alinéa. Le locateur *revendiquant* les meubles que le locataire soustrait n'agit évidemment pas comme propriétaire. (M. Valette page 123.) (1).

---

(1) M. l'avocat général Laplagne-Barris, dans les conclusions que nous avons citées plus haut (page 172, à la note), s'appuyait, pour soutenir le système de M. Duranton, sur les art. 576 et suiv. du Code

De tout cela nous devons conclure que le droit donné
au vendeur de meubles par l'art. 2102 4°, est un droit
tout spécial et que rien par conséquent n'autorise à le

---

de commerce : ces articles n'accordent au vendeur de marchandises,
non payé, un droit de revendication que dans des limites extrêmement
restreintes. Dira-t-on que le droit de résolution subsiste? La négative
est évidente. (Pardessus, IV, page 410, édit. 1831.) Pourquoi traiter la revendication de l'art. 2102 C. civ. autrement que celle de
l'art. 576 C. com. ? — Nous répondons qu'il nous paraît plus naturel
d'expliquer le mot *revendication* dans l'art. 2102, 4° par les antécé-
dents de cet article, ou par ses autres dispositions, que d'en chercher
le sens dans la loi commerciale : or c'est évidemment au droit de rétention qu'il s'applique dans le 4° de l'article 2101, comme dans
l'art. 176 de la cout. — La revendication commerciale est fondée au
contraire sur la résolution de la vente quand elle ne l'est pas sur le
droit de propriété; elle est soumise à des conditions différentes de
celles de l'art. 2102; elle n'est pas limitée à un délai de huitaine;
elle cesse quand l'objet est entré dans les magasins du failli. Des conditions rigoureuses sont imposées pour empêcher une collusion entre
le débiteur et l'un de ses créanciers au préjudice de la masse. En dehors des cas où elle était possible, le vendeur devait donc être traité
comme simple créancier chirographaire; il n'était pas seulement privé
du droit de résolution, mais aussi du privilège (Pardessus, *loc. cit.*),
car la même collusion eût été à redouter, et la précaution prise par la
loi dans l'art. 576 et suiv. eût été illusoire. La faillite enlève au
vendeur des marchandises tous les bénéfices du droit commun, et ne
lui laisse que les droits que la loi commerciale lui accorde formellement. — Tout autres sont les motifs qui ont dicté l'art. 2102 4°, et
ce n'est pas le danger d'une fraude qu'a redouté le législateur ; car
alors il faudrait dire, comme on le disait sur l'art. 576 C. comm., que
la perte de la revendication entraînait la perte du privilège. M. Laplagne-Barris serait-il allé jusque-là? Non, car l'art. 2102 résisterait
à une pareille interprétation. L'assimilation qu'il cherche entre ces
deux actions en revendication n'est donc pas exacte, et les arguments
qu'il tire de l'art. 576 ne sauraient changer notre opinion. Dans notre
système, l'art. 2102 est conforme à l'ancien droit et à la volonté probable des parties. Aucune fraude n'est possible, car si les créanciers
croient avoir intérêt au maintien du contrat, la revendication ne les
empêchera pas, en payant, de réclamer, au nom du débiteur, une tradition nouvelle.

priver du bénéfice de droit commun de l'art. 1184,
pas plus qu'à l'affranchir des règles auxquelles ce bénéfice est soumis. Ce sont ces règles que nous devons
maintenant étudier. Nous indiquerons dans, une première division, celles qui lui sont communes avec le
vendeur d'immeubles, afin de n'être point obligé d'y
revenir dans le chapitre suivant; et nous examinerons
ensuite à part celles qui sont spéciales à la vente de
meubles.

A. — *Règles communes à toute résolution pour défaut
de paiement du prix.* — Un premier principe emprunté au droit coutumier et dérogatoire au droit romain, c'est que la résolution ne s'opère pas de plein
droit. Elle n'a lieu que quand elle a été prononcée par
le juge. L'art. 1184 ne laisse place à aucun doute
sur ce point.

Une autre idée également fondamentale, que les
Romains avaient déjà énergiquement formulée, c'est
que la résolution ne peut jamais être invoquée par l'a-
cheteur : elle a été écrite ou sous-entendue contre lui;
elle ne peut constituer un droit en sa faveur contre le
vendeur non payé.

« La partie envers laquelle l'engagement n'a point
été exécuté a le choix ou de forcer l'autre à l'exécution
de la convention, lorsqu'elle est possible, ou d'en demander la résolution. »(Art. 1184.)

Comme pour le privilége, quelques difficultés se sont
élevées sur le point de savoir quand on peut dire qu'il
y a défaut de paiement du prix. Nous nous bornons à
renvoyer à ce que nous avons dit à cet égard relativement au privilége. Au surplus, quand il restera une

portion du prix en souffrance, si minime qu'elle soit, ce retard donnera lieu à l'action en résolution; et cette action sera intentée, non pas seulement pour une portion de la chose correspondante à la portion du prix non payée, mais bien pour le tout.

Nous avons dit que la condition résolutoire tacite était inapplicable à la vente dont le prix consistait en une constitution de rente viagère. Il est évident que l'art. 1978, en cela, apporte une exception à l'art. 1654. La règle de cet article n'est pas cependant un de ces principes auxquels on ne puisse déroger, et nous croyons que les parties pourraient réserver au vendeur, par une convention expresse, le droit de faire résoudre la vente à défaut de paiement des arrérages.

Aucune exception analogue n'est faite pour les ventes dont le prix consiste en une rente perpétuelle, et il n'existe aucun motif pour affranchir, dans cette hypothèse, l'acheteur de la règle ordinaire des contrats synallagmatiques. La rente perpétuelle n'a rien d'aléatoire, et représente un prix qui, pour n'être pas exigible en capital, n'en est pas moins parfaitement déterminé. Si, pendant deux années, le débiteur d'une rente constituée à prix d'argent ne soldait pas les arrérages, le créancier pourrait, armé de l'art. 1912, exiger le rachat de la rente et le paiement du capital. Le vendeur n'aurait pas même à attendre l'expiration de ce délai pour demander la résolution : car, si l'art. 1912 s'oppose à ce qu'on transforme trop facilement le contrat de constitution de rente en simple prêt de capital, il ne porte en rien atteinte au droit de reprendre la chose qu'on ne lui a pas payée. Comme c'est la rente qui est le prix, le défaut de paiement des arrérages entraîne bien véritablement la réalisation de la condition résolutoire de l'art. 1654. Il ne s'agit pas ici de transformer l'obligation née du contrat ; il s'agit d'anéantir le contrat même et toutes les obligations qui en sont nées. (M. Duranton n° 371, t. XVI ; — M. Duvergier, n° 451 ; — M. Troplong, n° 640.)

La circonstance que le contrat de vente commencerait par indiquer le prix en capital et le convertirait ensuite en rente perpétuelle, ne modifierait en rien notre solution. Car, dans ce cas, il est évident que l'établissement de la rente n'est, dans la pensée des parties, qu'un mode d'acquittement du prix, et non une véritable novation. Mais, avec la plupart des auteurs, nous pensons qu'il en serait autrement si la constitution de rente avait eu lieu par un acte postérieur. Il y aurait alors en effet une véritable novation, une créance nouvelle acquise en échange de l'ancienne ; celle-ci, par conséquent, doit être éteinte ; et, avec elle, l'action résolutoire qui la garantissait, à moins qu'on ne l'ait formellement réservée. (MM. Aubry et Rau, sur Zachariæ, III, p. 283.)

Le droit de demander la résolution n'est pas attaché à la personne du vendeur. Il peut le céder à un tiers, et il a même été fréquemment jugé que, simple accessoire de la créance du prix, il passait, sans stipulation spéciale, au cessionnaire de cette créance, en vertu de l'art. 1692. — Une autre conséquence de la même idée, c'est que le tiers qui a désintéressé le vendeur et obtenu de lui la subrogation à ses *droits, actions, pri-*

viléges et hypothèques (art. 1250), succède aussi bien à l'action résolutoire qu'aux autres garanties du créancier subrogeant. Enfin, comme toutes les actions qui ne sont pas exclusivement attachées à la personne, elle peut être exercée par les créanciers du vendeur, du chef de leur débiteur, en vertu de l'art. 1166.

Lorsque le vendeur est représenté par plusieurs héritiers ou ayants cause, chacun d'eux peut demander la résolution : mais seulement pour sa part et portion. Car si l'objet vendu est divisible, il n'y a aucune raison pour que l'action résolutoire ne le soit pas également. Un arrêt de la Cour de cassation de 1820 (6 mai), approuvé par M. Troplong (no 639), et à la doctrine duquel MM. Aubry et Rau (III, p. 383) ont donné leur adhésion, a décidé que l'acheteur, contre lequel était ainsi poursuivie une résolution partielle pouvait exiger que tous les autres représentants du vendeur fussent mis en cause « pour se concilier sur la reprise de l'héritage entier. » Cette application de la disposition des art. 1670 et 1685 à la résolution pour défaut de paiement du prix me paraît aussi hasardée qu'elle semble plausible à M. Troplong, et c'est avec raison, à mon avis, que la Cour de Paris (arrêt du 12 fév. 1844 — Sirey, 1844, 2,115) et M. Duvergier (I, n° 464) l'ont repoussée. Quelle analogie peut-on établir entre les matières que ces articles concernent et la résolution pour cause de non-paiement du prix ? Tandis que, dans les premières, l'acheteur n'a rien fait pour mériter la dure situation que lui créerait un retrait partiel. — Dans notre espèce, s'il éprouve un dommage, il ne peut l'imputer qu'à lui-même. Les art. 1670 et 1685

contiennent une disposition tout exceptionnelle en
faveur de l'acheteur, contre lequel le vendeur exerce
des actions exorbitantes du droit commun des conventions ; on ne peut l'étendre à l'action de l'art. 1184,
qu'il est impossible de leur assimiler. S'il veut échapper à une résolution fâcheuse, l'acheteur n'a qu'à remplir ses engagements.

Divisible *ex parte creditoris*, l'action résolutoire ne
l'est pas moins *ex parte rei*. Si l'acheteur a laissé plusieurs héritiers, le vendeur peut demander la résolution à l'égard de chacun d'eux, mais pour sa part seulement.

La résolution peut quelquefois, nous verrons plus
tard suivant quelles distinctions, avoir pour conséquence de permettre au vendeur de reprendre l'objet
entre les mains d'un tiers acquéreur. Dans ce cas,
contre qui l'action devra-t-elle être intentée ? Il est évident que la marche la plus régulière et la plus sûre est
de l'intenter contre l'acquéreur primitif, en mettant
en cause le sous-acquéreur. Si l'on ne s'adressait qu'au
premier, la demande serait certainement valable, mais
elle ne serait pas pleinement efficace, car le jugement
obtenu ne serait pas opposable à ceux qui n'y auraient
pas été parties. Le vendeur pourrait-il, au contraire,
s'adresser directement au sous-acquéreur sans mettre
le premier acheteur en cause ? L'affirmative a été ju-
gée par la Cour de Paris, dans l'arrêt du 12 février
1844 que nous avons mentionné ci-dessus. Cet arrêt a
été justement critiqué, sur ce chef, par M. Deville-
neuve. Ce n'est pas, en effet, à proprement parler, l'action en résolution qui peut être intentée contre le tiers

acquéreur : l'exécution ou l'inexécution de la première
vente, l'accomplissement ou l'inaccomplissement des
obligations personnelles contractées par son vendeur,
sont des points qui lui sont étrangers et qu'il faut faire
juger contre l'acquéreur primitif lui-même. La revendication ne sera donnée contre le tiers acquéreur que
comme conséquence de la résolution prononcée. —
« Tant que la cause du droit du tiers détenteur n'a pas
été frappée de destruction, dit très-bien M. Troplong
(n° 634), c'est en vain que le vendeur originaire cherche à l'inquiéter. Son action réelle manque de base ;
car, pour qu'elle se soutienne, il faut qu'il se présente
comme propriétaire, et il est certain qu'il ne l'est pas
tant qu'il reste sous le coup du contrat de vente par
lequel il s'est dessaisi. » Cette doctrine, la seule exacte
à nos yeux, a été adoptée par les annotateurs de Zachariæ et par M. Duvergier. Elle n'est pas dénuée
non plus de précédents judiciaires.

Après avoir vu quels sont les caractères de l'action
en résolution, par qui et contre qui elle peut être intentée, nous devons étudier les règles suivant lesquelles
elle s'exerce et les pouvoirs donnés au juge qui en est
saisi.

Nous avons dit que la condition résolutoire n'opérait pas de plein droit : cela est aussi vrai de la clause
expresse que de la clause tacite. Et non-seulement elle
n'est encourue que quand le juge l'a prononcée, mais
encore il peut ne pas la prononcer sur-le-champ. L'article 1184 l'investit formellement du pouvoir d'accorder au débiteur un délai suivant les circonstances. Il
est vrai que, faisant spécialement à la vente l'applica-

tion de ce principe, l'article 1655 semble le limiter à
la vente des immeubles, et il y apporte une restriction
nécessaire : c'est que le juge doit prononcer la résolution immédiatement quand le vendeur est en danger
de perdre la chose et le prix. Ne peut-on pas soutenir
que cet article exclut la possibilité d'une concession de
délai dans les ventes mobilières ? Et l'argument *a contrario* qu'on voudrait en tirer ne trouverait-il pas sa
justification dans cette dernière disposition ? Dans les
ventes de meubles, en effet, le danger qui met obstacle à cette concession n'existe-t-il pas toujours ?
D'ailleurs le prix des meubles est variable : imposer au
vendeur un délai, c'est peut-être l'empêcher de profiter d'une bonne occasion de revendre l'objet.

Si plausibles que soient ces raisons, nous ne croyons
pas qu'elles puissent prévaloir contre la généralité des
termes de l'article 1184 auquel aucune disposition
n'a dérogé en notre matière. Le législateur, dans l'article 1655, n'a parlé que des immeubles : mais est-il
sûr qu'il ait entendu exclure les meubles ? N'est-il pas
probable qu'il a parlé *de eo quod plerumque fit*, et qu'il
les a omis, parce qu'en effet, en pratique, le plus souvent le danger de perdre la chose et le prix sera à redouter pour le vendeur, — sans qu'il ait entendu pour
cela priver le juge de la faculté d'accorder un délai à
l'acheteur, quand, exceptionnellement, ce danger
n'existera pas ? (Marcadé VI, p. 289.) Il est peut-être
téméraire d'affirmer *a priori* qu'il se rencontrera toujours ; et cela me paraît être un point de fait que les
cours d'appel apprécieront souverainement.

Si, après l'obtention d'un premier délai, l'acheteur

avait encore négligé de payer son prix et en sollicitait
un nouveau, le juge ne pourrait plus, en le lui accordant, ajourner encore la résolution. (Art. 1655.)

L'intervention du juge pour l'accomplissement du
pacte commissoire est de la nature de cette clause ;
elle n'est pas de son essence. Les parties ont pu, par
conséquent, convenir valablement que la résolution
aurait lieu de plein droit, à défaut de paiement du
prix au terme convenu. (Art. 1656.) Le juge se borne
donc ici, comme le juge romain, à constater la résolution déjà opérée : l'article que nous venons de citer
lui enlève formellement le pouvoir d'accorder un sursis à l'acheteur. La vente est mise à néant, au gré du
vendeur, aussitôt que l'acheteur est en demeure. Seulement, tandis qu'en droit romain la mise en demeure
avait lieu elle-même de plein droit et que l'on appliquait à la rigueur la règle *dies interpellat pro homine*,
notre Code, plus indulgent, excuse l'oubli du terme
de la part du débiteur, et subordonne la mise en demeure à la sommation qui lui est faite par le créancier ; ajoutons : à l'expiration du temps moral nécessaire pour qu'il puisse répondre à cette sommation.
Les principes généraux de la mise en demeure sont
pleinement applicables au pacte commissoire : mais
une fois l'acheteur constitué en demeure, la résolution
est définitivement encourue. Non-seulement le juge ne
peut se dispenser de la prononcer dès qu'il en sera requis, mais encore l'offre que ferait l'acheteur après la
sommation ne le relèverait pas de cette déchéance,
quoique le jugement ne fût pas rendu. Quelques
doutes qui aient pu s'élever sur ce point, cette doctrine

nous paraît résulter invinciblement de l'article 1656 : « L'acquéreur peut, néanmoins, payer même après l'expiration du délai, *tant qu'il n'a pas été mis en demeure par une sommation*. » La mise en demeure est donc l'extrême limite de la faculté laissée à l'acheteur d'échapper, en payant, au pacte commissoire exprès ou tacite (1).

La sommation est en général nécessaire pour produire la demeure ; cependant le débiteur peut, par le contrat, se placer volontairement sous l'empire de la maxime romaine : *Dies interpellat pro homine*. C'est ce que décide en termes précis l'art. 1130. Aucun texte ne place le pacte commissoire, à cet égard, en dehors du droit commun, et quoique l'art. 1656 se borne à rappeler les principes les plus ordinaires de la mise en demeure, il n'y a pas de raison pour lui de déclarer inapplicables les autres dispositions de l'art. 1139. —

Nous croyons donc que les parties pourraient convenir que la vente sera résolue de plein droit et *sans sommation* à défaut de paiement à l'échéance. On a dit

---

(1) Quelques auteurs, entre autres MM. Duvergier et Troplong, ont soutenu que, dans les ventes des meubles, le pacte commissoire stipulé comme devant opérer de plein droit, était accompli sans sommation, puisque l'art. 1656 ne parlait que des immeubles. — Si le pacte commissoire, même devant agir de plein droit, est subordonné à la nécessité d'une sommation, c'est qu'il ne peut opérer qu'après la mise en demeure du débiteur. Si le droit romain prononçait de plein droit la résolution, c'est parce qu'il admettait que la seule échéance mettait en demeure. Or la mise en demeure par le seul fait, de l'expiration du terme, la règle *dies interpellat pro homine*, n'a pas plus été maintenue dans notre droit pour les meubles que pour les immeubles. L'art. 1139 est général. L'art. 1656 n'a donc fait qu'appliquer aux immeubles un principe de droit commun, et l'on ne saurait, par conséquent, en tirer un argument *a contrario*.

que cette clause ne devait pas être permise parce qu'elle deviendrait de style. Ce peut être là une critique de la loi; ce pourrait être une justification du système adverse que l'on aurait commencé par établir sur une base plus solide; ce ne peut être un argument suffisant pour faire admettre une dérogation au droit commun, et une restriction à la liberté des conventions. La possibilité, qu'elle devienne de style, n'est pas une raison pour prohiber une clause qui n'a d'ailleurs rien de contraire à la loi ni à l'ordre public; et l'art. 1139 prouve manifestement que le législateur ne l'a pas considérée comme telle, et ne s'est pas préoccupé des dangers que son usage habituel pouvait présenter.

En résumé, la résolution est encourue quand le juge l'a prononcée; si les parties ont voulu qu'elle fût encourue *ipso jure*, elle l'est quand le débiteur a été mis en demeure. Cette mise en demeure a lieu par une sommation, ou par la seule échéance du terme, si telle a été la volonté des parties.

Dans tous les cas, bien entendu, la clause résolutoire n'opère qu'autant que le vendeur veut s'en prévaloir. Comme en droit romain, nous l'avons dit, l'option lui est laissée, et il peut renoncer à ce droit ouvert en sa faveur pour s'en tenir à l'exécution du contrat. Cette renonciation peut aussi bien être tacite qu'expresse. Nous ne pouvons suivre les commentateurs dans l'examen des différentes circonstances d'où elle pourra s'induire : nous nous bornerons à remarquer que l'on ne pourrait plus, dans notre droit, faire résulter cette renonciation de simples poursuites dirigées par le vendeur contre l'acheteur à fin de paiement du prix.

On comprend qu'il en fût ainsi en droit romain : le pacte commisoire ayant été accompli par la seule échéance du terme, la vente se trouvait exister ou n'exister pas, au gré du vendeur : s'il avait implicite-ment déclaré qu'il la regardait comme existante, en en demandant l'exécution, il avait nécessairement par là même renoncé à se prévaloir de sa résolution dans le passé, et dans l'avenir, le pacte commissoire étant épuisé, la vente ne pouvait être résolue pour défaut de paiement du prix, pas plus que si jamais elle n'avait contenu de clause commissoire. N'est-il pas évident qu'il ne saurait en être de même aujourd'hui ? La résolu-tion n'est encourue que si le tribunal l'a prononcée : donc on ne peut dire que la poursuite du paiement rende à la vente une existence qu'elle n'a jamais perdue. (Merlin, *Questions*, v° *Option*, § 2, n° 10.) Si elle doit être encourue de plein droit, le vendeur ne peut même la demander qu'après avoir fait une sommation. N'est-il pas évident que, d'après le vœu même de la loi, le vendeur ne doit obtenir la résolution qu'après avoir fait dûment constater qu'il lui était impossible d'obtenir son paiement ?

Si donc sa demande en paiement est restée infruc-tueuse, le vendeur doit pouvoir encore recourir à l'action résolutoire. A l'inverse, quand le vendeur a intenté d'abord l'action en résolution, peut-il l'aban-donner pour revenir à une demande en paiement du prix. Ici nous répondrons par la négative. En demandant l'exécution du contrat, il ne devait pas être facilement réputé avoir voulu se priver de l'extrême ressource qui lui était accordée pour le cas où il ne l'obtiendrait pas. En annonçant l'intention de se départir du contrat, il doit au contraire être réputé avoir renoncé à en réclamer l'exécution. (Duvergier I, n° 446.) — Massé et Vergé, sur Zachariæ, IV, p. 310, note 18; Dalloz, *Vente*, n° 1327. — Pothier, *Vente*, n° 461.)

Le droit d'invoquer le pacte commissoire exprès ou tacite est soumis dans les rapports de l'acheteur avec le vendeur à la prescription de 30 ans, comme toute action, tant personnelle que réelle, pour laquelle un délai plus court n'a pas été écrit, et comme y est elle-même soumise la créance à laquelle il est attaché.

Les effets de la résolution encourue sont absolument les mêmes, qu'elle ait lieu en vertu de l'art. 1184 ou en vertu d'une clause expresse. Comme dans le dernier état du droit romain et dans notre ancienne jurisprudence, elle met la vente à néant *ab initio;* l'acheteur se trouve n'avoir jamais été propriétaire de l'objet vendu, et le vendeur est réputé ne s'être jamais dessaisi de la propriété. Les choses doivent être remises dans le même état que si le contrat n'avait jamais existé. (Art. 1183.) L'acheteur sera donc obligé de restituer la chose vendue, avec ses accessoires et ses produits. Les fruits qu'il a perçus dans l'intervalle doivent aussi faire retour au vendeur. A quel titre l'acquéreur les garderait-il ? La perception qu'il en a faite se trouve n'avoir pas eu de juste cause, puisque la vente est réputée n'avoir jamais existé. D'autre part, il ne peut exciper de sa bonne foi, puisque c'est sa négligence à remplir ses engagements qui a détruit son titre d'acqui-sition. C'est du reste le droit commun des conditions résolutoires d'obliger celui qui rend la chose à restituer en même temps les fruits que cette chose a produits, et c'est la seule manière de satisfaire aux exigences de l'art. 1183. S'il est fait parfois dans le Code exception à ce principe, il n'y a évidemment pas de raison de s'en départir dans notre espèce. Spécialement, en matière de vente, nous trouvons deux cas où l'acheteur dont le droit est résolu garde les fruits. Le premier, formellement écrit dans la loi, c'est celui de rescision pour cause de lésion (art. 1682); le second, que la doctrine reconnaît universellement, sans que l'on s'accorde néanmoins sur les motifs qui le font admettre, c'est le cas de réméré. Mais, comme nous avons déjà eu l'occasion de le dire, aucune analogie n'existe entre ces espèces et la nôtre, et l'on ne saurait en tirer argument pour la solution des questions qui la concernent. La faute de l'acheteur a amené la résolution de la vente. Rien ne saurait le soustraire aux conséquences de cette résolution. (Pothier, *Vente*, n° 357. — Larombière, II, p. 260, 281. — Tropl., II, n° 652. — Marcadé, VI, p. 292.)

L'acheteur est en outre tenu d'indemniser le vendeur des dégradations qui proviennent de son fait ou de sa faute. Il peut même être tenu à de plus amples dommages-intérêts pour le tort que cause au vendeur la résolution du contrat (Art. 1184.).

De son côté, le vendeur doit restituer les à-compte qui lui ont été payés sur le prix. Il ne peut avoir la prétention de les retenir en même temps qu'il reprend la chose ; et l'art. 1183 ne serait pas observé si le contrat résolu conservait ses effets à l'égard de l'acheteur. Les à-compte se trouvent avoir été payés sans cause, et doivent être remboursés. Il faut même aller plus loin, et dire qu'il devra payer les intérêts de ces à-compte du jour où ils ont été versés entre ses mains. Il ne serait pas juste qu'il cumulât la jouissance d'une portion du prix avec celle de l'objet vendu, et la restitution des fruits, qui lui est faite, le soumet, à son tour, par une juste réciprocité, à la restitution des intérêts. Il ne serait même pas admis à les garder, en renonçant à réclamer les fruits perçus par l'acheteur : car il est rare que ces fruits et ces intérêts représentent une valeur identique, et les deux parties doivent être placées dans le même état que si la vente n'avait jamais existé. Le vendeur doit donc être traité comme s'il avait toujours eu la chose entre les mains; l'acheteur, comme s'il n'avait jamais dû le prix ni payé d'à compte. Bien entendu, si la restitution des fruits consiste en une restitution de somme d'argent, soit parce que la chose produisait des fruits civils, soit parce que l'acheteur avait aliéné les fruits naturels qu'il avait perçus, le vendeur pourra compenser cette somme avec celle qu'il est lui-même obligé de rendre, ou, pour mieux dire, ces deux dettes se compenseront de plein droit, aussitôt qu'elles seront devenues liquides. (Art. 1290.)

Si l'acheteur a fait des dépenses nécessaires ou utiles, le vendeur doit les lui rembourser; les premières pour la totalité, les autres jusqu'à concurrence de la plus-value, à moins que, par extraordinaire, la plus-value ne soit plus considérable que la dépense faite pour la créer. Quant aux dépenses voluptuaires, on ne peut les imposer au vendeur ; l'acheteur sera seulement autorisé à remettre les choses, s'il se peut, dans leur premier état. La même solution devrait être donnée pour les dépenses utiles qui auraient atteint un chiffre excessif, au point que le vendeur serait dans l'impossibilité de les payer : l'acheteur ne peut le priver, en lui imposant des charges exagérées, du droit de résolution que lui donne le législateur.

Une autre conséquence de l'article 1183, c'est que les servitudes qui grevaient la chose vendue et auxquelles la confusion, un instant opérée entre les mains de l'acheteur, avait mis fin, renaissent par la résolution ; il en serait de même de celles qui grevaient un fonds de l'acheteur au profit du fonds vendu, et que la règle *nemini res sua servit* aurait pareillement éteintes.

La résolution ne peut cependant pas faire recouvrer à l'acheteur ce qu'il a payé sans que le vendeur en ait profité, comme les frais du contrat, droits de mutation, etc.; et nous devons même ajouter, avec Pothier, que s'ils n'avaient pas été payés, et que le vendeur rentré en possession fût inquiété à raison de ces droits, ce serait à l'acheteur à l'en indemniser. (Vente n° 470.) L'article 1673 décide, au contraire, en matière de réméré, que les frais et loyaux coûts du contrat doivent être remboursés par le vendeur à l'acheteur. C'était aussi la règle de l'ancien droit, et cependant cela n'empêchait pas Pothier de donner la décision que nous venons de rapporter. Cela tient encore à cette différence, que nous avons plusieurs fois constatée, entre les caractères de cette clause qui, donnant au vendeur des avantages exorbitants du droit commun, ne doit pas infliger à l'acheteur une perte inévitable et imméritée, et ceux du pacte commissoire que l'acheteur encourt par sa faute et dont il doit seul souffrir.

13

En principe général, la résolution, comme en droit romain et dans notre ancien droit, est opposable aux tiers et donne au vendeur le droit de revendiquer l'objet entre les mains de tout détenteur. *Resoluto jure dantis, resolvitur jus accipientis;* les droits réels constitués sur la chose et les aliénations consenties par l'acquéreur s'évanouissent en même temps que la vente primitive. Néanmoins, les règles que nous avons exposées relativement aux effets de l'action entre le vendeur et l'acheteur reçoivent, à l'égard des tiers, des modifications importantes, soit par suite de l'application des principes de la possession de bonne foi et de ceux de la prescription, soit à cause de dispositions qui ont pris place dans notre législation postérieurement au Code civil. Comme ces divers points constituent les principales différences entre la résolution des ventes de meubles et celles des ventes d'immeubles, nous les traiterons en nous occupant des règles spéciales à chacun de ces cas.

B. — Quand il s'agit de vente d'effets mobiliers, l'exercice de l'action résolutoire, outre les questions que nous venons d'étudier, soulève quelques difficultés spéciales. Nous avons déjà eu l'occasion d'examiner la plupart d'entre elles en traitant du privilége. Rappelons sommairement les principales :

L'action en résolution a-t-elle lieu relativement aux ventes de meubles incorporels? Pourquoi non? L'article 1184 n'est-il pas général? La nature des choses nous oblige seulement à faire une exception que nous avons cru devoir écarter relativement au privilége : le vendeur d'un office, avons-nous dit, doit, comme tout autre vendeur non payé, avoir un droit de préférence sur le prix de revente. Il n'y a pas de raison pour l'en priver : il est impossible, au contraire, de concevoir que le cessionnaire soit dépouillé par une action résolutoire du titre dont il a été investi par la nomination du souverain. Et comme la charge vendue est inséparable de la fonction, elle est, malgré le défaut de paiement du prix, incommutablement fixée avec celle-ci sur la tête du titulaire. Si nous supposons cependant que la résolution du traité passé entre le cédant et le cessionnaire est demandée par le premier avant que la nomination ait eu lieu, — en d'autres termes, si nous supposons que la résolution du transfert de la charge puisse s'opérer sans porter atteinte au droit de nomination du gouvernement, le vendeur non payé doit être écouté dans sa demande en résiliation. (M. Larombière, art. 1184, n° 26.)

Si l'objet a été altéré, modifié, transformé d'une manière quelconque, l'action en résolution sera-t-elle perdue ? Comme nous l'avons dit en combattant l'opinion de M. Duranton sur l'article 2102, il ne nous paraît pas possible d'admettre que la résolution soit soumise à cette condition rigoureuse que la chose se trouve dans le même état. Nous dirons donc de ce droit ce que nous avons dit du privilége : il doit subsister tant que la chose est reconnaissable, entre les mains du débiteur. S'il y a un règlement de compte à faire entre eux à raison des améliorations faites par l'acheteur, on le liquidera. On comprend que le législateur ait reculé devant les difficultés qui pourraient en naître, alors qu'il s'agissait, pour le vendeur de reconquérir un simple droit de rétention, provisoire de sa nature ; on ne le comprendrait pas alors qu'il s'agit pour lui d'exercer l'action en résolution, par laquelle tous les intérêts seront définitivement fixés. — Quant à la question de savoir quels changements seront assez graves pour faire méconnaître l'identité, on comprend que c'est une pure question de fait.

Si la transformation consiste dans l'immobilisation du meuble vendu, les mêmes motifs nous paraissent commander, en matière de résolution, la même décision, à laquelle ils nous ont déjà conduit en matière de privilége. Perdu, s'il s'agit de l'immobilisation par nature, ce droit subsiste, s'il s'agit de l'immobilisation par destination : et il subsiste *erga omnes*, aussi bien créanciers hypothécaires que chirographaires, antérieurs ou postérieurs à l'immobilisation. Car, vis-à-vis du vendeur, les objets ont conservé leur caractère mobilier. (593, C. proc.) Comment croire que le Code ait voulu mieux traiter les créanciers hypothécaires, parce que leur débiteur a acheté des meubles qu'il a immobilisés, que s'il avait acheté un immeuble ? Dans le second cas, le vendeur aurait contre eux l'action résolutoire, et il ne l'aurait pas dans le premier ! Cette différence ne pourrait se justifier. — L'acheteur n'avait qu'un droit résoluble : il n'a pu conférer qu'un droit résoluble à ses créanciers : et, de leur chef, les créanciers hypothécaires n'ont pas acquis de droits nouveaux, fussent-ils de bonne foi ; la bonne foi ne suffit pas pour anéantir les droits d'un tiers, à moins que la possession ne s'y joigne : or, le créancier hypothécaire ne possède pas.

Il en serait autrement du créancier gagiste ou du

locateur : le droit de résolution ne leur serait pas opposable et ne pourrait s'exercer que sous la réserve
de leurs droits, sauf le cas où il serait démontré qu'ils
connaissaient l'existence de la condition résolutoire.

En effet, l'action en résolution intentée contre les
tiers doit échouer contre les droits que la possession
leur aurait fait acquérir. Toutes les fois qu'il s'agit de
meubles, quel que soit le droit invoqué contre eux,
propriété, privilége, action résolutoire, l'article 2279
les protége. Et ce que nous disons du gagiste et du locateur, nous l'avons dit, dès le début de ce chapitre,
au sujet du tiers acquereur. La vente n'a pu lui conférer que les droits du premier acheteur, c'est-à-dire des
droits résolubles. Mais cette propriété incomplète, la
prescription l'a complétée, et la prescription, en fait de
meubles, s'accomplit instantanément. Toutefois, si un
obstacle quelconque a rendu cette prescription impossible, soit que le tiers détenteur ne fût pas de bonne
foi, soit que la chose fût de telle nature que l'article
2279 ne lui fût pas applicable (meubles incorporels,
masse de meubles), la maxime *resoluto jure dantis,
resolvitur jus accipientis* reprendra tout son empire,
et seule la prescription de trente ans le mettrait définitivement à l'abri. (Grenoble, 15 avril 1845 ; Sirey
46, 2, 557.) C'est en ce sens que nous avons dit plus
haut que la résolution par elle-même réfléchissait
contre les tiers, même dans les ventes de meubles ; et,
qu'à cet égard, notre Code avait maintenu la règle de
l'ancien droit. L'article 2279 en a, toutefois, singulièrement limité la portée, et, par une restriction, rigoureuse sans doute, des droits du vendeur non payé, elle

a donné au commerce des meubles la sécurité que notre ancien droit n'avait pas assez garantie. Si favorable que fût l'ancien propriétaire, son intérêt devait s'effacer devant cet intérêt général, et le législateur a fait assez en lui assurant son droit de résolution, dans tous les cas où il pouvait se concilier avec les nécessités du crédit public.

Telles sont, dans le Code Napoléon, les prérogatives et les garanties accordées au vendeur de meubles : il est armé d'un droit de rétention, d'un droit de revendication qui complète et sauvegarde le premier ; — d'un privilége pour se faire payer sur le prix de revente ; — d'un droit de résolution. Telle est la manière dont le législateur de 1804 a empêché ces différents droits de devenir pour les tiers un inévitable danger, et pour les transactions une perpétuelle entrave. Telle est encore aujourd'hui leur organisation : le système du Code nous est parvenu intact, et nous n'avons à noter qu'une seule disposition d'une loi postérieure : nous voulons parler de l'art. 550 du Code de commerce, réformé par la loi de 1838. On a pensé que le crédit commercial exigeait un sacrifice de plus. Le degré de confiance qu'on accorde à un négociant se mesure à la quantité de marchandises dont on voit ses magasins remplis. Il est impossible à celui qui contracte avec lui, de vérifier si chacune de ces marchandises a été payée. Quand le vendeur n'exige pas son paiement immédiat, en comptant sur son privilége, il favorise la fraude du débiteur : il l'aide à conserver un crédit illusoire, à entretenir les dehors d'une prospérité factice qui engagera les tiers à contracter avec

lui; puis le jour où l'insolvabilité serait notoire, où la
faillite serait déclarée, il se présenterait pour être
payé par préférence, et absorberait le gage sur lequel
avaient compté ceux qu'il a involontairement, peut-
être, aidés à duper, tels étaient les abus et les dangers
que la loi de 1838 a voulu réprimer et prévenir, et,
comme le disait M. Troplong en réclamant la réforme:
« la cause du vendeur est effacée ici par celle du public. »
Le nouvel art. 550 est ainsi conçu: « Le privilége et le
droit de revendication établis par le n° 4 de l'art. 2102 C.
civ., au profit du vendeur d'effets mobiliers, ne seront
point admis en cas de faillite. » M. Renouard, qui avait
pris part à la discussion de la loi, a ajouté que l'intention
du législateur était en même temps de supprimer,
dans les mêmes circonstances, l'action en résolution.
Cette conséquence de l'art. 550 est trop naturelle
pour qu'il soit possible de la rejeter. Comment en effet
comprendrait-on que le vendeur pût reprendre la
chose sur laquelle la loi lui enlève le droit d'être payé
de préférence, et que signifierait la suppression du privilége, si la résolution restait permise au vendeur?
La faillite met donc le vendeur d'effets mobiliers, qui
s'est dessaisi, dans la situation d'un simple créancier
chirographaire. Il n'a que le droit de venir au partage
de la masse en cette qualité, à moins qu'il ne se trouve
encore dans les conditions du chap. X, et ne puisse
exercer la revendication spéciale organisée dans les
art. 575 et suiv.

On a proposé de limiter aux ventes commerciales la
portée de l'art. 550, et l'on a dit que le vendeur d'objets
ne rentrant pas dans le commerce du failli, ne devait

pas être privé du bénéfice du droit commun. Telle est
la doctrine deMM. Mourlon (*Ex. crit.*, p. 436) et Pont,
(p. 127.) Nous ne la croyons pas fondée. Elle pouvait
être soutenue avant que l'art. 550 eût été écrit, et alors
que les seuls textes relatifs à la matière étaient les art.
576et suiv., qui, ne parlant que de marchandises, sem-
blaient laisser tous les autres meubles sous l'empire
du droit commun. (Arrêt du 11 nov. 1837, Paris;
Sirey 1838, 2, 98.) Mais aujourd'hui la controverse
n'est-elle pas tranchée par l'art. 550 conçu dans les
termes les plus généraux; les créanciers du failli,
civils ou commerciaux, ne viennent-ils pas tous au
même titre, et la faillite ne les rend-elle pas tous
égaux? Les biens du failli forment-ils deux masses?
Ceux qui traitaient avec lui ne devaient-ils pas compter
aussi bien sur les meubles étrangers à son commerce,
qu'ils voyaient entre ses mains, que sur les objets
même de ce négoce?

Est-ce qu'un riche mobilier garnissant ses salons
n'était pas un élément de crédit, comme les marchandises remplissant ses magasins? Enfin lors de la
discussion de la loi, on proposa de conserver le privilége au vendeur d'effets incorporels, au vendeur
d'office, si le failli était un officier ministériel. Evidem-
ment l'achat de l'office n'avait pas été de sa part un
acte commercial: l'office n'était pas entré dans ses
biens à l'occasion de son commerce. Cet amendement
était donc la consécration de la doctrine que nous
combattons, et cet amendement fut repoussé. Le privilége du vendeur d'office lui est, du reste, au cas de
faillite, refusé par la cour de Paris, (16 janvier 1842)

et M. Dalloz, l'un de nos adversaires, accepte sa doctrine, se donnant à lui-même le plus formel démenti. (Comp. Dalloz *Priv.* n° 342 et n° 385.)

Concluons que la faillite met complétement à néant le privilége du vendeur de meubles, et ne distinguons pas là où la loi ne distingue pas elle-même.

CHAPITRE III.

Des droits du vendeur d'immeubles.

Le vendeur d'immeubles a, comme dans notre ancienne législation, une triple garantie : 1° droit de rétention quand il n'a pas fait terme à l'acheteur ; —
2° privilége ; — 3° droit de résolution.

Du premier nous n'avons rien à dire ; il n'est que
l'application du principe de droit commun contenu
dans l'art. 1612. Le privilége et le droit de résolution
feront chacun l'objet d'une section différente.

SECTION I. — PRIVILÉGE.

§ 1. — *De sa nature, de son étendue et de son assiette.*

1° *Nature du privilége.* —Le premier des priviléges
spéciaux sur les immeubles, énumérés par l'art. 2103,
est le privilége du vendeur : « Les créanciers privilégiés
sur les immeubles sont : le vendeur sur l'immeuble
vendu pour le paiement du prix ; s'il y a plusieurs
ventes successives dont le prix soit dû en tout ou en
partie, le premier vendeur est préféré au second, le
second au troisième, et ainsi de suite. » Comme l'hypothèque, le privilége est un véritable droit réel sur
l'immeuble grevé. Seulement tandis que l'hypothèque
est conférée, le privilége est retenu, déduit, lors de
l'aliénation. D'où la conséquence, écrite dans l'art.

2095 que le privilégié primera tous les autres créanciers, même hypothécaires, leur hypothèque fût-elle
inscrite non-seulement avant l'inscription du privilége,
mais encore avant sa naissance. On a souvent dit que
le caractère du privilége sur les immeubles était de
produire effet antérieurement à son inscription à la date
de la créance à laquelle il était attaché. (Art. 2106-
2108.) Nous reviendrons sur ces articles en étudiant,
dans notre § 2, les effets du privilége à l'égard des
tiers et les conditions de publicité auxquelles il est
soumis. Bornons-nous à dire pour l'instant que si l'on
ne trouvait pas au privilége d'autre caractère distinctif,
les hypothèques légales de la femme et du mineur seraient de véritables priviléges : car elles prennent rang
non point à la date de leur inscription, mais à la date
de l'acte auquel elles sont attachées. Ce qui constitue la véritable différence entre l'hypothèque et le privilége, c'est que la première ne primera que les droits
acquis sur l'immeuble postérieurement soit à son inscription, soit à sa naissance, tandis que le second sera,
d'une manière absolue, affranchi de la règle *prior
tempore potior jure.* Si nous supposons, en effet, que les
biens de l'acheteur sont grevés d'hypothèques géné-
rales, inscrites, ou dispensées d'inscription, elles
frappent tous les biens qui entrent dans le patrimoine
du débiteur au moment même où ils y entrent. Aucune
hypothèque conférée par l'acheteur ne peut leur être
préférée. Au contraire le privilége étant comme une
portion de son droit de propriété gardée par le vendeur,
(*dominium reservatum,* comme disaient nos anciens auteurs de droit écrit), il a été constitué avant le mo-

ment où l'hypothèque préexistante a pu frapper l'immeuble, avant le moment où celui-ci est tombé dans le patrimoine de l'acheteur. La propriété reçue par lui et qui va être grevée de l'hypothèque est une propriété incomplète. On en a soustrait une portion, qui, n'ayant pas été transmise à l'acheteur, n'est pas affectée aux charges qui pèsent sur le reste. Si en vendant un fonds, je me réserve l'usufruit, il est bien évident qu'aucun droit réel, du chef de l'acheteur, ne peut y porter atteinte. Il en est de même du privilége.

Cela posé, et la nature du privilége étant telle que nous venons de le dire, il est bien difficile de comprendre comment les rédacteurs du Code ont pu écrire l'art. 2105, et faire passer les créanciers privilégiés de l'art. 2101 avant le vendeur non payé. Si favorables que soient des créanciers, n'est-il pas bizarre et injuste de faire porter leur gage sur des biens qui n'appartiennent pas à leur débiteur, et leur droit, si étendu qu'on le fasse, ne doit-il pas nécessairement se renfermer dans les limites de sa fortune ? Or cet immeuble n'est pas en entier la propriété de l'acheteur ; il ne l'a jamais été que sous la réserve d'un droit réel conservé par le vendeur. Nous avons dit néanmoins plus haut quelles considérations nous paraissent avoir fait illusion au législateur sur l'injustice de la disposition que lui dictait un sentiment d'humanité mal entendue. Vivement attaquée en 1844 et 1850, elle s'impose encore à nous, puisqu'elle est écrite dans nos lois ; mais nous croyons que le respect des principes devrait commander la réforme que la Belgique a admise dans

sa loi du 16 décembre 1851, en substituant à l'art.
2105 la règle suivante : « lorsque la valeur des immeubles n'a pas été absorbée par les créances privilégiées ou hypothécaires, la portion du prix qui reste
due est affectée de préférence au paiement des créances
énumérées au présent article. » (Art. 2101 *in fine*, de
la loi Belge.)

A qui appartient le privilége du vendeur? En d'autres
termes quel est celui que la loi désigne sous le nom
de *vendeur* ? Faut-il l'entendre dans le sens restreint
de l'art. 1582? Faut-il y faire rentrer, par une interprétation large, quiconque a mis un immeuble dans
le patrimoine du débiteur, à quelque titre que ce soit,
sans avoir reçu l'équivalent stipulé ? Cette question se
pose d'abord à propos de l'échange. Faut-il reconnaître
à l'une des parties, sur le fonds qu'elle a aliéné, un
privilége pour sûreté des droits qu'elle peut avoir à
exercer contre son coéchangiste, à raison de ce contrat? L'affirmative ne nous paraît pas douteuse. Elle
rencontre, au surplus, peu d'adversaires absolus;
presque tous les jurisconsultes reconnaissent que le mot
vendeur peut comprendre l'échangiste ; on a seulement
proposé des distinctions.

L'échange peut être fait but à but ou avec soulte,
et tandis que M. Pont admet le privilége dans le second de ces cas, il le repousse dans le premier (n° 187).
Un immeuble a été échangé contre un autre : un champ
contre une maison. Si tout s'est passé d'une manière
normale, si les deux échangistes étaient propriétaires,
chacun de la chose qu'il a livrée, si les deux valeurs
étaient égales et qu'aucun retour de lot ne soit dû, il

est évident qu'il ne peut être question de privilége ; car il n'y a pas de créancier. Mais supposons que l'un des échangistes soit évincé de ce qu'il a reçu, l'art. 1705 lui permet de choisir entre deux partis : ou bien reprendre la chose qu'il a livrée en vertu du principe général de l'art. 1184, ou bien réclamer la valeur de la chose dont il est évincé, à titre de dommages-intérêts. S'il choisit ce dernier parti, sa créance est-elle privilégiée ? Non, dit M. Pont, car il n'y a dans l'espèce qu'un acquéreur évincé, investi par la loi d'une simple action personnelle.

Cette distinction ne nous paraît pas fondée, et nous croyons qu'elle repose sur une confusion de mots ; sans doute l'échangiste, dont nous parlons, est un acquéreur évincé ; mais il est aussi un aliénateur non payé : car dans l'échange chacune des parties joue, de son côté, à la fois, le rôle d'acheteur et de vendeur. Or quelle est la situation créée par cette éviction, suivie d'une demande en dommages-intérêts ? L'une des parties a reçu un immeuble, en échange duquel une somme lui est due : une pareille opération n'offre-t-elle pas tous les caractères d'une vente ; et qu'est-ce qu'une vente, en définitive, sinon un échange, dont l'un des termes est une somme d'argent ? N'est-ce pas une subtilité de prétendre que c'est comme acheteur qu'il réclame et non comme vendeur, et n'est-il pas aussi bien l'un que l'autre ? L'ancien propriétaire du champ ne l'a livré qu'en vue de l'acquisition de la maison ; s'il est évincé de celle-ci, l'aliénation qu'il a faite du champ n'a plus de cause ; à quel titre donc le coé-changiste gardera-t-il le champ, si, au lieu de le lui reprendre, l'ancien propriétaire préfère lui demander de l'argent? N'est-ce pas en échange de cette indemnité même, et encore une fois, l'échange d'une chose contre une somme d'argent ne constitue-t-il pas une vente? (M. Mourlon, sur Tropl. page 470.)

Si l'échange est fait avec soulte, M. Pont admet, avec M. Troplong, qu'il rentre dans les termes de l'art. 2103. Notre droit, s'attache plutôt à la réalité des choses qu'à la qualification donnée par les parties à leur contrat. Or qu'est-ce en réalité qu'un échange avec soulte, sinon une opération double; échange jusqu'à concurrence de la moins considérable des deux choses, vente pour le surplus? Et si c'est une vente, l'article permet-il de contester au créancier de la soulte le privilége du vendeur? Cette solution nous paraît parfaitement fondée, en droit comme en raison.

M. Mourlon (*Ex. crit.*, page 473) a cru cependant devoir la contester; et (lui qui admet le privilége dans l'échange but à but) n'accorder ce bénéfice que sous certaines distinctions au coéchangiste avec soulte. D'après lui, trois cas seraient à considérer: ou bien la soulte forme plus de la moitié de l'équivalent fourni en retour de l'immeuble acquis; dans ce cas, la qualification donnée par les parties à leur contrat n'est pas exacte. *Major pars ad se trahit minorem.* Il y a, en réalité, une vente, dont une portion du prix est acquittée par voie de dation en paiement. Le vendeur aura privilége.

Ou bien la soulte et l'immeuble donné sont à peu près de même valeur; comme il n'y a pas de raison

pour considérer l'opération plutôt comme un échange
que comme une vente, là encore le privilège existera.

Mais si le privilège est réclamé par le créancier
d'une soulte inférieure à ce qu'il a reçu en nature, il
faudrait, d'après M. Mourlon, le lui refuser. Le caractère dominant de l'opération, c'est celui d'échange :
la circonstance que l'équivalent en immeubles est
complété par une soulte, ne peut modifier la nature du
contrat. A l'appui de cette distinction, M. Mourlon
invoque l'opinion communément admise sur le sort
de l'immeuble acquis par voie d'échange avec soulte
contre un immeuble propre d'un époux marié en communauté. (Art. 1407). La soulte, quand elle n'est pas
assez importante pour dénaturer le contrat, n'empêche pas l'immeuble d'être réputé pour le tout, acquis par voie d'échange, puisqu'il prend la place de
l'immeuble contre lequel il a été échangé. — Mais
qu'a de commun cet article avec notre matière actuelle ? Dans celle à laquelle il appartient, il s'agit de
conserver au patrimoine propre des époux sa consis-
tance ; il s'agit de déterminer quels seront, sur les
biens acquis, les pouvoirs du mari : c'est ce que fait
l'art. 1407 ; sans que, du reste, cette détermination
ait pour effet de faire bénéficier l'époux de la différence. Il devra rembourser à la communauté la soulte
qu'elle a payée. Dans notre espèce, il s'agit de savoir
si la valeur qu'une personne a mise dans le patrimoine
d'une autre sans qu'elle ait reçu l'équivalent convenu,
sera affectée à son paiement de préférence à toute autre,
ou si on enrichira de ses dépouilles les autres créan-

ciers du débiteur : et nous distinguerions suivant qu'il a reçu en nature un équivalent plus ou moins considérable que ce qui lui reste dû, ou lui a jamais été dû en argent ? Que le législateur fasse prédominer le caractère d'échange dans une opération qui présente cependant, à certains égards, le caractère de vente, pour éviter de constituer une propriété indivise, et alors surtout qu'aucun droit n'est lésé par l'attribution ainsi faite : à la bonne heure. Mais appliquée au privilége, cette distinction serait bien plus grave et constituerait une injustice évidente. Pourquoi emprunter à une matière sans analogie avec la nôtre une décision qui, après tout, n'est qu'une fiction légale, au lieu de nous en tenir à la réalité des choses, et de reconnaître qu'il y a, dans le contrat dont nous parlons, une vente et un échange?

Une difficulté, non moins grave, s'élève au sujet de celui qui a fait une donation en grevant le donataire de certaines charges. Jouit-il de la garantie du privilége et peut-on le considérer comme un vendeur? Cette question en suppose résolue une autre qui est elle-même l'objet de vives controverses. C'est celle de savoir si le donataire, en acceptant la donation faite avec charges, a contracté un engagement personnel, ou s'il est toujours maître, en abandonnant la donation, de s'affranchir des obligations qu'elle lui impose. Si l'on admet cette dernière opinion, il est certain que le donateur n'aura pas de privilége, puisqu'il n'a pas, à proprement parler, de créance Mais si l'on pense, (et cette opinion me paraît la mieux fondée), que la donation acceptée constitue un véritable contrat, dont aucune des deux parties ne peut désormais s'affranchir sans le consentement de l'autre, il me paraît également difficile de refuser au donateur le privilége de l'art. 2103. Si la somme que le donateur a chargé le donataire de payer en son nom et à son acquit, égale à peu près la valeur de l'immeuble, il y a plutôt là une vente avec délégation du prix qu'une donation, et notre droit s'attache bien plutôt au véritable caractère des actes qu'à la dénomination que les parties leur ont donnée. Si au contraire l'immeuble est beaucoup plus considérable que ne le sont les charges imposées au donataire, ne peut-on pas, par un procédé analogue à celui que nous appliquions tout à l'heure à l'échange, dédoubler cette opération et y voir, jusqu'à concurrence de la dette du donataire, une vente, et pour le surplus une donation? Est-ce que, ici encore, dans la réalité des faits, le donateur n'a pas mis certaines valeurs dans le patrimoine du débiteur, en échange desquelles il attendait un équivalent? Et cet équivalent ne lui ayant pas été fourni, est-il juste que les créanciers du donataire profitent de ces valeurs? n'a-t-il pas, comme un vendeur ordinaire, fait en aliénant son fonds, la réserve de ses droits, et pourquoi ne les lui reconnaîtrions-nous pas, puisque, dans la limite de la créance, il n'est donateur que de nom? M. Persil (Rég. hyp. I, p. 182) objecte que le donateur a un droit bien plus étendu que le privilége, le droit de révocation de l'art. 954. Mais en quoi cette faculté est-elle incompatible avec le privilége, tandis que le droit de résolution accordé au vendeur ne l'est pas?

On s'est enfin demandé si l'acheteur qui, en vertu

d'une clause de réméré, rend à son vendeur l'immeuble acheté, a un privilége pour la restitution de son prix. L'exercice de la faculté de rachat ne constitue-t-il pas une vente nouvelle, où les rôles sont renversés, de telle sorte que l'ancien acheteur, devenu vendeur à son tour, devrait jouir de toutes les prérogatives de sa nouvelle qualité? — Nous ne pouvons admettre cette assimilation. Le réméré n'est pas un contrat nouveau. C'est une condition résolutoire du contrat primitif: *Distractus potius quam contractus*. Les termes de l'art. 1073 résistent à toute autre interprétation. La loi permettait à l'acheteur, tant que le prix ne serait pas restitué, de considérer la condition comme non accomplie et la vente comme subsistante : s'il n'a point usé de ce droit, s'il a consenti à considérer le contrat comme résolu, la propriété est réputée n'avoir jamais cessé d'appartenir au vendeur : s'il a une action contre celui-ci pour réclamer son prix , ce n'est pas en échange de la retranslation qu'il lui aurait faite d'une chose sur laquelle il est censé n'avoir jamais eu de droit; c'est parce qu'il se trouve avoir fait un versement sans cause entre ses mains. Il est donc simple créancier chirographaire , et n'a pu retenir aucun privilége sur l'immeuble qui n'est jamais sorti du patrimoine du débiteur.

Que si les parties dans un acte postérieur à la vente, ont stipulé une clause de réméré, il est évident que, intervenant après la translation de propriété consommée par le premier accord de volontés, cette convention ne peut constituer une condition résolutoire du contrat primitif; quelle que soit la dénomination employée par les parties, ce ne peut être qu'une revente ; le privilége doit donc y être attaché.

Le privilége du vendeur peut être exercé par un tiers à qui il l'aurait cédé, ou qui se serait fait subroger à ses droits, soit par lui en le payant, soit par le débiteur en lui fournissant les deniers nécessaires pour désintéresser le vendeur. L'art. 2112 déclare que la cession de la créance du prix comprend la cession du privilége. Ce n'est qu'une application du principe écrit dans l'art. 1692. — Le cessionnaire est mis entièrement aux lieu et place du vendeur. Si toutes les formalités ont été remplies pour la conservation du privilége, il en profite ; si elles ne l'ont pas encore été, c'est à lui de se mettre en règle. Il ne peut cependant opposer le privilége aux tiers qu'après avoir signifié à l'acheteur la cession qui le lui a transféré, ou avoir reçu son acceptation par acte authentique. (Art. 1690).

Quand la cession est partielle, la transmission du privilége l'est aussi ; mais si la vente de l'immeuble ne produit pas de quoi acquitter intégralement la créance, comment se régleront les droits respectifs du vendeur et de son cessionnaire ? S'il est vrai que la cession a mis purement et simplement le cessionnaire aux lieu et place du cédant, jusqu'à concurrence de la somme cédée, ils doivent partager, au marc le franc, le prix d'adjudication. — Cette solution, qui nous semble parfaitement conforme aux principes, est énergiquement repoussée par M. Troplong (I, n° 367) : « Le vendeur » de la créance cédée, après avoir touché le prix de la » cession, ne peut, dit il, par son propre fait, empê- • cher le cessionnaire de recouvrer la somme débour-

» sée. Il doit le faire jouir de la créance dont il l'a
» investi, et, par conséquent, il est manifeste qu'il doit
» lui céder la préférence. » Ce raisonnement est exact
si l'on suppose que le cédant est garant envers le cessionnaire, ce qui arrivera toutes les fois qu'il aura
promit de *fournir et faire valoir* la créance (art. 1694) ;
en promettant au cessionnaire cette garantie, il s'est
engagé tacitement à ne pas augmenter lui-même, par
son concours, l'insolvabilité du cédé. Mais si la cession ne contient pas cette stipulation expresse, l'art.
1693 ne nous prévient-il pas que le vendeur d'un droit
incorporel garantit simplement l'existence de ce droit ?
Une fois le cessionnaire investi, il court toutes les
chances de l'insolvabilité du débiteur. Si cela est vrai
de la cession totale, pourquoi ne le serait-ce pas de la
cession partielle ? Pourquoi le cessionnaire partiel
n'aurait-il pas pris à sa charge une part de risques pro-
portionnelle à sa part dans la créance ?

L'art. 2103 dans son deuxième alinéa range lui-
même au nombre des créanciers privilégiés ceux qui
se seraient fait subroger aux droits du vendeur, en
fournissant les deniers destinés à le désintéresser. De
même que l'art. 2112 n'est qu'une application de
l'art. 1692, de même l'art. 2103, n° 2, n'est, à proprement parler qu'un renvoi à l'art. 1250, n° 2 et aux
principes ordinaires de la subrogation.

Nous n'insiterons pas ici sur les conditions de cette
subrogation, sur ses caractères et ses effets, ainsi que sur
ceux de la cession ordinaire. Nous ne pourrions le faire
sans sortir du cadre de notre sujet. Nous devons seulement noter que si le paiement avec subrogation est

partiel, le vendeur, pour la partie qui lui reste due, sera payé de préférence à celui qu'il a subrogé. Cela tient au double caractère de la subrogation. Pour le créancier, il y a paiement. Au regard du débiteur et des autres créanciers de celui-ci, il y a plutôt une sorte de cession, volontaire ou forcée; mais cette cession n'est pas opposable au subrogeant, vis-à-vis duquel il y a eu extinction de cette partie de la dette. *Nemo videtur subrogasse contra se.* (Art. 1252.) De là naît une difficulté. Si, postérieurement à la première subrogation partielle, une autre personne, faisant un nouveau paiement partiel, obtient aussi la subrogation, quelle sera la situation respective de ces deux subrogés? Le vendeur a-t-il transmis au second le droit d'être préféré au premier, que l'art. 1252 lui donnait à lui-même : de telle sorte qu'il faille dire ici, *posterior tempore potior jure?* M. Mourlon (*Ex. crit.* II, n° 330) a soutenu l'affirmative et son raisonnement se réduit à un syllogisme bien simple : Le second subrogé a été investi des droits du vendeur; or le vendeur avait le droit d'être préféré au premier subrogé ; donc....

Si rigoureux que soit ce raisonnement, nous ne pouvons l'admettre, et avec MM. Troplong, (n° 378 et suiv.) et Pont, (n° 240,) et la majorité des auteurs, nous croyons que le second subrogé ne peut que concourir au marc le franc avec le premier. Comme le premier, le second subrogé, à l'égard du vendeur a simplement opéré un paiement. Il n'a pas été, comme le serait un cessionnaire véritable, investi par celui-ci directement et absolument de ses droits. Seulement, par l'effet de la subrogation, la créance est réputée, à l'égard du

débiteur et des autres créanciers, n'être pas éteinte, de
même que, vis-à-vis des mêmes personnes, l'extinction
de la première partie de la créance n'a pas eu lieu. Par
rapport au vendeur, ni l'un ni l'autre n'est cessionnaire;
dans leurs relations entre eux, ils le sont l'un et l'autre
au même titre, et avec un droit égal. Le privilége doit
donc garantir les deux portions de la créance, éteintes
toutes deux en ce qui concerne le créancier originaire, et n'existant l'une et l'autre au profit des
subrogés qu'en vertu de la même fiction légale.
Venant réclamer le bénéfice du même privilége
comment ne concourraient-ils pas ? Ajoutons que telle
était la doctrine généralement admise dans notre ancienne jurisprudence (Renusson. — Subrogation, ch. 16
n° 15, Pothier, Introd. au tit. XX, cout. d'Orléans,
n° 87), et rien ne prouve que le Code l'ait abandonnée. (Zachariæ, Aubry et Rau III, § 322, note 68.)

Quand il s'agit de deux cessionnaires successifs, la
question ne se pose même pas. Le vendeur n'avait pas,
sur la portion conservée, plus de droits que son cessionnaire. Il n'a donc pu transmettre qu'un droit égal à
son cessionnaire postérieur. A l'inverse il se pourrait
que le premier cessionnaire fût préféré au second : ce
serait dans le cas où le vendeur cédant aurait promis
de fournir et faire valoir la première portion de la
créance, et où il se serait ainsi placé lui-même dans
l'impossibilité de concourir avec son cessionnaire. Il
Il n'a pu transmettre au second plus de droits qu'il
n'en avait lui-même.

Quand l'immeuble passe de main en main sans que
les acquéreurs successifs aient payé leur prix à leur
vendeur, chacun d'eux a sur l'immeuble son privilége.

L'immeuble étant saisi sur le dernier aquéreur et vendu
aux enchères, quel sera le rang dans lequel ils seront
respectivement colloqués ? L'art. 2103, dans la seconde
phrase de son premier aliéna, répond à cette question:
l'antériorité de la vente décidera de la priorité du privilége. Il est facile de comprendre pourquoi le législateur s'attache ici à la date des contrats, et semble revenir à la maxime *prior tempore, potior jure.* Le premier
vendeur a retenu sur l'immeuble un droit réel. Le
second n'a pu en retenir un à son tour que sur la propriété incomplète qu'il possédait lui-même; son privilége est nécessairement limité, comme son droit de
propriété, par la déduction opérée par le premier. Il
en est de même du troisième par rapport aux deux
premiers, et ainsi de suite. La nature du privilége
commandait donc ce classement, et la même idée qui
l'affranchit d'ordinaire de la règle *prior tempore....*
commandait ici de l'y soumettre. C'est comme conséquence du même principe qu'il peut arriver, en dépit
de l'art. 2095, que des hypothèques priment des priviléges. Supposons, en effet, que l'immeuble entre les
mains du vendeur fût déjà grevé d'une hypothèque, il
est évident qu'il ne peut pas, en aliénant l'immeuble,
acquérir des droits qui diminuent, qui anéantissent,
peut-être, en les primant, ceux dont il était passible
lui-même.

2° — *Etendue du privilége.* Quelles sont les créances
que le privilége garantit et pour lesquelles le vendeur
sera colloqué de préférence à tous les créanciers autres
que ceux dont nous venons de parler, et que les privilégiés de l'art. 2101 ?

L'art. 2103. 1° nous dit que c'est la créance *du prix.*

Il faut donc que le prix soit encore dû, et nous avons vu, en traitant des droits du vendeur d'effets mobiliers quelles difficultés s'élèvent sur le point de savoir quels sont les actes qui opèrent extinction ou novation de cette créance. Remarquons seulement qu'il ne suffit pas en matière de privilége sur les immeubles que le prix soit dû; nous verrons sur l'art. 2108 qu'il faut, en outre, que les tiers en soient instruits par l'acte même de vente. Il faudra donc examiner non-seulement si, dans l'intention des parties, il n'y a pas eu novation, mais encore si l'acte qu'il s'agit d'apprécier n'était pas de nature à faire croire aux tiers que là créance était éteinte. — Le même motif doit nous faire décider que le prix garanti par le privilége est le prix mentionné dans le contrat, quelques suppléments qu'aient pu stipuler les parties dans des conventions demeurées secrètes entre elles. (M. Pont I, n₀ 190.)

Tout le monde est tombé d'accord aujourd'hui que les intérêts du prix, étant la représentation des fruits de l'immeuble sont aussi compris dans l'art. 2103 n° 1. La seule question qui puisse s'élever c'est celle de savoir quelle quotité d'intérêt sera ainsi privilégiée. Sera-ce la somme totale des intérêt arriérés à quelque chiffre que leur accumulation puisse monter ; ou bien faudra-t-il, appliquant l'art. 2151, limiter ce bénéfice à deux années seulement et l'année courante? La première opinion nous semble préférable : elle est du reste professée par la majorité des auteurs, entr'autres par notre savant maître M. Valette, MM. Pont et Troplong. M. Mourlon s'est aussi rallié à ce système, et son autorité doit être d'autant plus grande en ceci qu'il ne cache point ses efforts pour se persuader à lui-même la vérité de la thèse opposée, dont il n'a pas tenu à lui de devenir le défenseur convaincu. (n° 156.) La règle de droit commun, celle que notre ancienne jurisprudence suivait invariablement, c'est que les intérêts, étant des accessoires du prix, sont de la même nature et participent aux mêmes avantages. L'art. 2151, pour empêcher les tiers d'être surpris par une énorme créance d'intérêts accumulés dont ils ne pouvaient connaître le chiffre, a limité à 3 années la somme d'intérêts que pouvait garantir l'inscription du capital. Se rattachant aux règles de la publicité, cette restriction a été écrite aussi bien dans l'intérêt des autres créanciers que des tiers acquéreurs. Seulement, comme toute dérogation au droit commun, on ne doit pas l'étendre au delà du cas qu'elle prévoit. L'art. 2151 ne parlant que de l'hypothèque, il ne nous est pas permis de l'appliquer au privilége.

Les frais du contrat de vente et de la transcription doivent être aussi garantis par le privilége du vendeur quand celui-ci en a fait l'avance. Les frais sont bien ordinairement à la charge de l'acheteur, et c'est lui qui doit définitivement les supporter. Mais le vendeur est solidairement tenu des premiers envers le notaire dont il a été le mandant aussi bien que l'acheteur (art. 2002), et quant aux seconds, il était intéressé à les faire lui-même en cas de négligence de l'acheteur, pour consolider son privilége. (Art. 2155.) Quand il recourra contre l'acheteur pour se les faire rembourser, il devra être colloqué pour cette créance, comme pour celle du prix, au rang de son privilége. Cette doctrine a été contestée par MM. Persil et Du-

ranton (XIX, n° 162) : ils ont dit que ces frais n'étaient
ni une portion ni un accessoire du prix ; que, s'ils
ont été avancés par le vendeur, c'est en vertu de la
solidarité qui l'unissait à l'acheteur ; qu'il n'a-
vait donc d'autre recours que celui d'un débiteur so-
lidaire vis-à-vis de son codébiteur. Le notaire n'avait
qu'une action personnelle contre l'un et contre l'autre.
Comment le vendeur, en faisant l'avance, va-t-il di-
minuer le gage des autres créanciers de l'acheteur,
en augmentant la valeur du privilége qui les prime? —
Malgré l'autorité de ces deux jurisconsultes, et tout
en reconnaissant ce que leurs arguments ont de spé-
cieux, il nous semble que, dans la réalité des choses,
il est inexact de dire que ces frais ne soient ni une portion ni un accessoire du prix. En fait, est-ce que les
frais ne sont pas toujours supportés par le vendeur ?
Ne sont-ils pas une portion de l'équivalent contre
lequel l'immeuble a été aliéné? Si l'acheteur doit, en
définitive, les supporter, n'est-ce pas que le prix d'a-
chat a été diminué d'autant? Si dans le contrat le
vendeur les avait pris à sa charge, le prix n'aurait-il
pas été augmenté d'une égale valeur, et n'aurait-il
pas été privilégié pour le tout? Si donc il est vrai
qu'en échange de la somme qui représente les frais,
le vendeur a mis une valeur dans le patrimoine de l'a-
cheteur, pourquoi le remboursement n'en serait-il
pas garanti par le privilége ? Cette somme n'est à proprement parler qu'une portion du prix laissée entre
les mains de l'acquéreur pour acquitter les charges ;
les autres créanciers ne peuvent se plaindre, si, cette
déduction n'ayant plus de raison d'être, le prix de-

vient exigible dans son entier. Ils ne peuvent s'enri-. chir d'une valeur entrée dans le patrimoine du débiteur commun tant que l'ancien propriétaire n'en a pas reçu l'équivalent intégral. — Les mêmes motifs nous portent à croire que les créances de dommages-intérêts nées de l'inexécution des charges du contrat, sont aussi comprises dans l'art. 2103. Ces charges font, en effet, partie de l'équivalent promis, et offrent les mêmes caractères que la créance du prix. Aussi la loi de brumaire, dans son art. 14, n° 3, disait-elle que le *précédent propriétaire* serait colloqué « pour ce qui lui restera dû du *prix ou des charges qui en tiendront lieu.* »

3° — *Assiette du privilége.* Le privilége, aux termes de l'art. 2103, porte sur l'immeuble vendu : ajoutons, et sur toutes les améliorations qui sont survenues et tous les accessoires qui se sont unis à l'immeuble. L'art. 2133 donne cette décision d'une manière formelle et, bien qu'il se trouve écrit dans une section relative exclusivement à l'hypothèque, il n'existe pas de motif de ne point l'appliquer au privilége ; n'est-il pas parfaitement naturel que les accroissements de l'immeuble servent de gage à celui auquel est affecté l'immeuble lui-même ? Et ces accroissements seraient-ils dans le patrimoine de l'acheteur, si le vendeur n'y avait mis le fonds qui les reçoit ? Le mot *amélioration* de l'art. 2133 doit être entendu dans le sens le plus large. Il résulte de la discussion au conseil d'État, qu'il faut comprendre sous cette dénomination *tout ce que les diverses dispositions du Code civil indiquent comme des accessoires de la chose principale* (Fenet XV — p. 361); et il n'y a pas à dis-

tinguer si ces améliorations sont matérielles ou juri-
diques, naturelles ou industrielles. Qu'il s'agisse d'une
augmentation de valeur provenant d'une plantation
ou d'une construction, de l'extinction d'une servitude
ou d'un usufruit qui grevaient le fonds vendu, ou de
la formation d'un alluvion, que la plus-value pro-
vienne de circonstances fortuites et extérieures, (per-
cement d'une rue, etc.) ou de travaux accomplis sur
l'immeuble lui-même, (desséchement de marais, re-
boisement, etc.) — nous n'avons à faire aucune distinction. Le vendeur sera colloqué sur cette plus-value
comme sur le fonds lui-même, et les créanciers chirographaires ne pourraient pas exiger que l'on dédui-
sît du prix total d'adjudication la portion afférente aux
accessoires, pour la distribuer entre eux, sans tenir
compte du privilége. Seuls, ceux-là pourraient demander cette distraction qui auraient eux-mêmes sur
cette plus-value un droit de préférence légal ou conventionnel opposable aux créanciers ayant privilége
ou hypothèque sur l'immeuble. Tels seraient les ouvriers créateurs de la plus-value (2103, n° 4) qui auraient satisfait à toutes les prescriptions de la loi pour
la conservation de leur privilége. Tel serait encore le
créancier qui aurait obtenu une hypothèque sur l'u-
sufruit (2118), éteint par consolidation. (Art. 617.) Il
est en effet généralement reconnu que l'acquisition de l'usufruit par le nu-propriétaire, opérée par
voie de cession, n'est qu'un mode d'extinction purement relatif et ne peut pas supprimer les droits qui
ont été acquis à des tiers. A qui fera-t-on croire que
l'usufruitier peut, en cédant son usufruit au nu-pro-

priétaire, anéantir les charges qui le grevaient entré
ses mains et qu'il·puisse ainsi conférer plus de droits
qu'il n'en avait? (Demolombe X p. 203.) L'art. 2118
ne peut évidemment attacher la perte de l'hypothèque qu'à l'extinction de l'usufruit produite par un
des modes naturels. — Il va sans dire que si le vendeur de la nu-propriété voit son gage s'augmenter par
l'extinction absolue de l'usufruit, ou par sa consolidation entre les mains du nu-propriétaire, (sauf la restriction que nous venons d'indiquer), à l'inverse le
vendeur de l'usufruit n'aurait aucun droit à prétendré,
sur la nue-propriété acquise par l'usufruitier. Son privilége continuerait à subsister sur l'usufruit que la
consolidation éteint seulement dans les rapports de
l'usufruitier avec le nu-propriétaire; mais il ne s'é-
tendrait pas sur la pleine propriété : car tandis que
le retour de l'usufruit était un complément normal et
prévu de la nue-propriété, la nue-propriété ne saurait,
au contraire, être considérée comme un accessoire ou
une amélioration de l'usufruit. (MM. Pont n° 407; —
Trop. II, n°. 51.) ·

§ 2. — *Effets du privilége du vendeur.*

Le privilége du vendeur, comme tout privilége sur
immeubles, comprend un double droit : *droit de préférence*, opposable même aux créanciers hypothécaires
de l'acheteur, même à ceux dont l'hypothèque, née
avant le jour de la vente doit frapper, au moment de
leur acquisition par le débiteur, les immeubles qui
entreront dans son patrimoine (art. 2095); *droit de*

suite, qui lui permet, à la différence du vendeur de meubles, de poursuivre son paiement sur la valeur du fonds mis par lui dans le patrimoine de l'acheteur, même quand il ne se retrouve plus dans ses biens.

Nous avons dit, à la fin de notre chapitre I, combien dangereuse était, dans l'ancien droit, cette charge imposée à un immeuble sans que rien en avertît les tiers; que de surprises et de défiances devaient naître de ces démembrements occultes d'une propriété que rien ne révélait incomplète à ceux qui traitaient avec l'acheteur. Nous avons dit comment le législateur avait remédié à ces inconvénients et pourvu à ces impérieuses nécessités du crédit en matière mobilière. Nous avons montré comment il avait concilié avec l'intérêt général les droits de privilége et de résolution qui garantissaient dans ces ventes le paiement de la créance du prix. Nous devons rechercher maintenant ce qu'a fait le législateur pour rendre le privilége du vendeur d'immeubles sans danger pour le crédit foncier; plus tard nous reviendrons aux effets de la résolution.

Le principe de la publicité des hypothèques et des priviléges, heureusement inauguré par le législateur de la république, prévalut dans la rédaction du Code civil, contre les attaques violentes dont il fut l'objet au sein du conseil d'Etat. Les partisans de la clandestinité, dont nous aurons malheureusement à constater le triomphe dans l'une des plus importantes applications que le conseil des Cinq-Cents avait faites du principe opposé, n'ont pu cependant parvenir à faire accepter le retour à l'ancienne législation en matière hypothécaire, et les art. 2106 et 2134 ont consacré sur ce point la belle innovation des lois révolutionnaires. Quelle application devons-nous faire au privilége du vendeur de cette règle que « les priviléges n'ont d'effet que par l'inscription ? » (Art. 2 de la loi du 11 brumaire an VII.)

De toutes les matières du droit civil, nous touchons ici à la plus ardue ; à celle qui est semée des difficultés les plus nombreuses et les plus graves, telles qu'elles pourraient être placées à côté de ces fameuses *cruces* de nos anciens commentateurs. L'abandon des principes de la loi de brumaire ou plutôt le silence du Code sur le transfert de la propriété à l'égard des tiers, a fait des articles relatifs à notre matière une sorte d'énigme, dont les dispositions fiscales du Code de procédure sont venues augmenter encore l'obscurité. De là autant de systèmes que de jurisconsultes, et tous entachés d'arbitraire, tous impuissants à donner une justification plausible des règles plus ou moins contradictoires qu'ils prêtent aux législateurs de 1804 et de 1808. En 1840 et 1841, la lumière sembla se faire dans ce chaos. Notre maître, M. Valette, dont l'esprit hardi et sagace ne vit dans cet inextricable sujet que la réunion de « tout ce qui peut intéresser le jurisconsulte (1), » éclaira le débat par la tradition et l'histoire, et retrouvant la filiation oubliée des art. 2106 et 2108, déduisit avec une irrésistible clarté, un système que sa simplicité et sa logique firent considérer d'abord comme le dernier mot de la question. Mais voici qu'un autre de nos maîtres, M. Duverger (*Revue pratique*, X,

---

(1) *De l'effet ordinaire des inscriptions*, préface, page 2.

p. 161), conteste son point de départ et que l'un des interprètes qui avaient adopté avec le plus d'empressement la doctrine de M. Valette, se déclare converti à l'opinion opposée. (Comp. M. Mourlon, *Ex. crit.* II, nos 234 et suiv. — Com. de la loi de 1855, I, no 623 et suiv.). La controverse qui semblait terminée est donc rouverte, plus vive et plus animée que jamais; et cependant, dans l'intervalle, un fait s'était produit qui semblait la rendre désormais impossible. Profitant des immenses travaux accumulés depuis 1843 sur le régime hypothécaire, et du projet si savamment élaboré de 1849 à 1851 par la chambre de la république, et malheureusement arrêté à la 3ᵉ lecture par les événements politiques, le Corps législatif de 1853 avait été saisi d'un projet de loi sur la *transcription en matière hypothécaire.* Après deux ans de renvois et d'amendements, la loi nouvelle avait été votée le 17 janvier et promulguée le 23 mars 1855. Ce fut une cruelle déception quand on s'aperçut que, loin d'apaiser le débat, elle ne faisait que le raviver en lui donnant un aliment de plus. 12 articles dont 3 transitoires ont inauguré un régime nouveau, et, malheureusement soulevé plus de questions qu'ils n'en ont tranché. Les discussions préparatoires, au lieu de guider le jurisconsulte, sont bien plutôt faites pour le désespérer, quand il voit les législateurs eux-mêmes y apporter tant de notions incertaines, et sur la législation qu'ils vont réformer, et sur celle qu'ils lui substituent. Pourra-t-on au moins s'éclairer à la lueur de la tradition, et trouver l'explication de la loi nouvelle dans celle de brumaire, dont elle remet les principes en honneur

Oui certes ; car le législateur avoue s'en être constamment inspiré ; mais prenons garde : M. Rouher nous le déclare, s'il l'a acceptée pour modèle, ce n'est que sous bénéfice d'inventaire. — Les commentaires se sont multipliés, les volumes se sont entassés les uns sur les autres, et la vérité devient de jour en jour plus difficile à reconnaître et à dégager de cette obscurité.

Aussi n'est-ce pas sans une certaine hésitation, sans une sorte d'effroi que nous nous engageons dans cet inextricable dédale. Nous n'entreprendrons pas d'exposer et de combattre tous les systèmes qui se sont produits. Nous essayerons seulement d'indiquer celui auquel, après bien des incertitudes, nous croyons devoir nous rallier.

A. — Système de la loi du 11 brumaire, an VII. — Art. 2.... Les privilèges sur les immeubles n'ont d'effet que par l'inscription : Tel est le principe de cette loi, et aucune exception n'y est faite pour le privilège du vendeur.

A quel moment l'inscription d'un privilège doit-elle le rendre public ? Pour que cette publicité soit sérieuse, il faut qu'elle soit concomitante à la création même de ce privilège : comment aucun délai n'était-il fixé pour l'inscription du privilège du vendeur ? Et d'où vient que l'art. 29 ne l'en déclarait pas déchu pour avoir tardé à le rendre public, et lui laissait la faculté indéfinie de remplir les formalités nécessaires à sa conservation ?

L'art. 29 relatif au privilège du vendeur se rattachait à un système complet créé par la loi de brumaire, et se trouvait parfaitement concorder avec l'économie

générale de cette loi. La translation de la propriété
n'était parfaite que par la transcription de la vente. A
ce moment-là seulement, l'aliénation était consommée
au regard des tiers; la propriété se trouvait acquise
incommutablement à l'acheteur. (Art. 26.) Or le législateur attachait à la transcription même l'effet de conserver le privilége du vendeur. (Art. 20.) Le même acte
portait à la fois à la connaissance du public et le droit
acquis par l'acheteur, et la réserve faite par le vendeur;
il était donc vrai de dire que, à l'égard des tiers, la
publicité du privilége du vendeur était concomitante à
l'acte qui lui donnait naissance. Tel est le point de départ du système de M. Valette.

On l'a vivement contesté : dès avant la loi de brumaire, a-t-on dit, le fréquent usage de la clause de *sai-
sine dessaisine* avait fait passer dans la jurisprudence
la règle consacrée par l'art. 1138. C. N. On peut se
reporter aux discours prononcés par MM. Jacqueminot
et Crassous au conseil des Cinq-Cents, et l'on y verra
que, dans la pensée des rédacteurs de la loi de brumaire, la propriété se trouvait transférée par le seul
effet de la convention, dans les rapports du vendeur
avec l'acheteur. Quant à la transcription, elle était, il
est vrai, nécessaire pour *consolider* cette translation à
l'égard *des tiers*. Mais quelles sont les personnes que
la loi range sous cette dénomination? Uniquement celles
qui ont contracté *avec le vendeur*, ne sachant pas et ne
pouvant pas savoir qu'il n'était plus propriétaire. «Jusqu'à-là, (dit l'art. 26), ils ne peuvent être opposés aux
tiers *qui auraient contracté avec le vendeur...* » — Or
ici ce sont les tiers qui ont traité avec l'acheteur à qui

le vendeur veut opposer le défaut de transcription.

D'abord, en fait, tant qu'il n'a pas transcrit l'acheteur ne trouvera personne qui veuille traiter avec lui sur cette propriété précaire entre ses mains; mais on peut aller plus loin. Je ne sais si je m'abuse, mais il me semble qu'il y a ici une confusion. Il ne s'agit pas pour le vendeur d'opposer aux tiers qui ont traité avec l'acheteur le défaut de transcription. Il s'agit de savoir si la publicité organisée par la loi de brumaire l'a été dans leur intérêt, et si le privilége, à leur égard, n'est pas, de toute manière, public du jour même où ils ont pu compter sur le bien acquis par leur débiteur.

Tant que la vente qui a investi celui-ci n'a pas été transcrite, ils n'ont pas dû compter sur ce gage, qui peut d'un jour à l'autre leur être enlevé, soit par un second acquéreur à qui le vendeur consentirait une nouvelle vente, et qui transcrirait le premier, soit même par un créancier hypothécaire qui s'inscrirait du chef de celui-ci. Ne serait-il pas bizarre que les créanciers eussent intérêt à ce que la propriété demeurât incertaine et précaire sur la tête de leur débiteur, et à ce qu'il omît de faire les actes qui peuvent seuls la consolider? La loi de brumaire ne parle que des tiers qui ont contracté avec le vendeur: c'est que, seuls, ils peuvent être trompés par le défaut de transcription; mais comment l'oubli de cette formalité procurerait-il un gain à ceux qui ont contracté avec l'acheteur, de telle sorte qu'ils se trouveraient placés entre la crainte de voir déposséder l'acheteur, faute de transcription et la crainte de faire apparaître, en l'effectuant, le privilége qui les primera?

Si la vente était clandestine à leur égard, comment

ont-ils traité avec lui sans s'informer des titres d'acquisition, en vertu desquels il prétendait être devenu propriétaire ? Comment peuvent-ils se plaindre de trouver grevé d'un privilége un bien sur lequel ils n'ont pas même pris la peine de vérifier les droits de celui avec qui ils contractaient. S'ils ont au contraire vérifié les titres de l'acheteur, s'ils se sont fait représenter l'acte de vente, ils savent que le vendeur a retenu un privilége, puisque le prix ne lui a pas été payé. Vis-à-vis d'eux, la loi de brumaire n'avait aucune précaution à prendre : car de deux choses l'une, ou ils ignoraient la vente, et alors ils n'ont pas dû croire que l'acheteur pût leur conférer des droits réels, ou ils la connaissaient, et alors ils connaissaient le privilége, s'ils voyaient dans l'acte que le prix n'a pas été payé. Ils peuvent, indépendamment de toute transcription, opposer la vente au vendeur, mais ils ne peuvent pas la scinder; ils ne peuvent la lui opposer que telle qu'elle existe, c'est-à-dire, sous la déduction du privilége. Le vendeur ne peut pas leur *opposer le défaut de transcription* pour soutenir qu'il n'a pas aliéné son bien; ils ne peuvent le lui opposer à leur tour pour prétendre qu'il n'a pas conservé son droit de préférence.

Si la vente a été transcrite, l'acheteur est devenu propriétaire incommutable *erga omnes ;* dès lors, ils ont dû compter sur ce bien que personne ne peut plus enlever à leur débiteur. Mais aussi, et par le même acte qui les rassure sur les droits de celui-ci, ils ont appris les réserves qui les limitent; de toute manière le droit du vendeur est sauvegardé parce que, de toute manière, il est public.

Et ce que nous disons des créanciers, nous le disons du sous-acquéreur. Le vendeur ne pourrait pas arguer du défaut de transcription pour revendiquer le fonds entre ses mains, mais il n'a pu recevoir de l'acquéreur que les droits qu'avait celui-ci; s'il a espéré acquérir du chef de l'acheteur, c'est donc qu'il connaît la vente d'où celui-ci tire tous ses droits, et s'il la connaît, il connaît le privilége.

Mais alors, dira-t-on, que devient le principe que les hypothèques et les priviléges n'ont d'effet que par l'inscription? La loi de brumaire ne faisait-elle donc allusion, dans son art. 2, qu'au privilége des ouvriers? Et que signifie le n° 3 de son art. 14 lorsqu'il dit de l'ancien propriétaire qu'il sera colloqué avant les créanciers hypothécaires quand ses droits, « auront été maintenus selon les formes indiquées dans la présente? » N'était-ce là qu'une formule dénuée de sens?

Non certes, et il faut bien remarquer que la transcription ne produisait cet effet qu'à la condition de faire bien nettement connaître aux tiers l'existence du privilége.

La transcription, nous dit la rubrique du titre 2 de la loi, *consolide et purge les expropriations volontaires*, c'est-à-dire qu'à partir de ce moment tous les droits qui ne seront pas révélés seront perdus; si donc la transcription ne révèle pas le privilége, si elle fait connaître aux tiers l'entrée du fonds dans le patrimoine du débiteur sans leur apprendre en même temps que le vendeur n'est pas payé, le droit de préférence est perdu aussi bien que le droit de suite. Le privilége du vendeur doit être inscrit au moment où le bien entre aux yeux de tous dans le patrimoine du débiteur. Quel est le moment où il y entre? Celui de la transcription, (art. 26); c'est donc à ce moment-là que l'inscription est nécessaire. Mais si le titre de mutation constate qu'il est dû au précédent propriétaire où à ses ayants cause, soit la totalité ou partie du prix, soit des prestations qui en tiennent lieu, la transcription suffit. Elle *conserve* à ceux-ci leur droit de préférence, (qui jusque-là par conséquent existait sans publicité,) sur les biens aliénés; telle est la disposition de l'art. 29. Et de crainte que la circonstance que le prix n'est pas payé ne frappât point assez celui qui consulterait le registre des transcriptions, le conservateur devait inscrire la créance privilégiée sur le registre des inscriptions. Il ne faut pas que l'on puisse s'assurer que la propriété réside bien sur la tête de l'acquéreur sans que l'on soit en même temps averti de l'existence des droits qui en ont été démembrés. Si une inadvertance excusable a empêché les tiers de dégager cette clause d'un acte long et diffus, il faut qu'une autre mention non équivoque frappe leurs regards. Aussi la structure de l'art. 29 a-t-elle fait considérer cette inscription d'office comme nécessaire à la conservation même du privilège. Mais comme elle est imposée au conservateur, le vendeur aura recours contre lui si elle n'a point été faite.

Nous avons dit qu'à partir du moment où était transcrit l'acte d'aliénation, tous les droits qui n'étaient pas révélés par l'inscription étaient éteints. Nous ne pensons pas que cette règle dût s'appliquer au privilège qu'un précédent vendeur non payé aurait retenu sur l'immeuble : en un mot, nous ne croyons pas, contrairemént à plusieurs arrêts de la Cour de cassation, que la transcription de la vente consentie par l'acheteur primitif au sous-acquéreur pût enlever au premier vendeur le droit de suite et de préférence qu'il avait gardé. En effet cette transcription ne l'empêche pas de demeurer propriétaire à l'égard des tiers, et, tant que sa propre vente n'est pas transcrite, la propriété de son acquéreur est incertaine. La transcription du sous-acquéreur ne saurait lui conférer plus de droits que son vendeur n'en avait lui-même. La première vente non transcrite est pleinement valable dans ses rapports avec le vendeur primitif, mais il doit l'accepter telle qu'elle est et il ne peut pas l'invoquer en tant qu'investissant l'acheteur, et la repousser en tant que réservant au vendeur un privilége. Il était pour lui de la plus vulgaire prudence d'examiner les titres de propriété de celui avec qui il traitait. Il est, malgré la transcription de son propre titre, intéressé à transcrire celui du précédent acheteur pour assurer sa propriété. Dans ces conditions, s'il se hâte de transcrire la seconde vente, sans faire faire la transcription de la première, espérant ainsi éteindre le privilége qu'il connaît, n'est-ce pas une intention frauduleuse que le législateur ne ne pouvait favoriser ? D'ailleurs, nonobstant l'omission de la transcription de la première vente, le vendeur non payé pouvait reprendre son immeuble entre les mains de tout tiers détenteur, (que celui-ci eût ou non transcrit) par une action résolutoire.

Dans la loi de brumaire an vii, le système quoiqu'on en ait dit, était donc parfaitement homogène : publicité du transfert de la propriété, publicité de la retenue du privilége, toutes deux produites par un seul et même acte. Tant que le transfert n'est pas publié, il est purement relatif; mais ceux qui le connaissent et s'en prévalent, connaissent aussi nécessairement le privilége et doivent le respecter. Il suffisait donc parfaitement que la publicité absolue du privilége fût contemporaine de la consolidation absolue de la propriété entre les mains de l'acquéreur : et elle résultait de l'acte même qui opérait cette consolidation quand cet acte portait que le prix était dû. Et c'est pour cela que le législateur n'indiquait pas la transcription comme une condition de la conservation du privilége : il indiquait cette conservation comme un effet produit simultanément avec l'acquisition de la propriété *erga omnes* par la transcription de la vente, quand l'existence du privilége en ressortait clairement pour les tiers.

B. Code Napoléon.

Le Code Napoléon a-t-il rompu avec ce passé, et, en écrivant ses art. 2106 et 2108, a-t-il inauguré un droit nouveau? Pour quiconque les envisage en eux-mêmes et sans le secours de la tradition, ce sont de véritables énigmes, et il est bien difficile de comprendre ce qu'a voulu le législateur. En se reportant au contraire aux travaux préparatoires on s'explique facilement et l'origine et le sens de ces articles : le système du Code était le même que celui de la loi de brumaire.

Le principe général est que la publicité du privilége doit être contemporaine de sa création, c'est-à-dire de l'entrée du fonds dans les biens du débiteur. Il ne sera conservé qu'à la condition d'être rendu public à cette date. Voilà ce que, en termes assez équivoques, il faut bien le reconnaître, exprime l'art. 2106.

En matière de privilége du vendeur la transcription vaut inscription, parce que c'est elle qui accomplit la translation de propriété à l'égard des tiers. Tel était dans la pensée de son rédacteur le sens de l'art. 2108; et de même que l'art. 29 de la loi de brumaire, dont il est la reproduction, était une conséquence de l'art. 26 de cette même loi, de même l'art. 2108 découlait tout naturellement de l'art. 91 du projet.

On sait avec combien d'hésitation les rédacteurs du Code abordèrent la question de l'abrogation ou de maintien de l'art. 26 de la loi de brumaire. Dans le titre des obligations, un article avait été inséré qui le supprimait formellement. Les partisans de la publicité obtinrent, sinon son rejet, au moins l'ajournement de la question, et on remplaça la disposition par un simple article de renvoi (1140). Parvenu au titre des hypothèques, presque au bout de son œuvre, le législateur devait enfin prendre parti sur ce point essentiel. La section de législation dans le projet, dont l'art. 2108 formait l'art. 17, avait écrit, sous le n° 91, la disposition suivante : « Les actes translatifs qui n'ont pas été transcrits ne peuvent être opposés aux tiers qui auraient contracté avec le vendeur et qui se seraient conformés aux dispositions de la présente. » C'était la reproduction littérale de l'art. 26 de la loi de l'an vii, et, s'il est vrai que le système de celle-ci fût parfaitement rationnel, celui du projet du Code ne l'était pas moins. Une vive discussion s'engagea au sujet de cet art. 91

dans la séance du 10 ventôse de l'an XII (Fenet, XV,
p. 391), et aboutit à son adoption en principe, mais à
son renvoi à la section de législation pour en modifier
les termes. On craignait que la rédaction primitive ne
fît croire à quelques-uns que la transcription validait
une aliénation faite *a non domino*, et c'est ce danger,
qui nous semble un peu chimérique, qu'il s'agissait de
prévenir par une rédaction plus précise. Quoi qu'il en
soit, l'art. 91 disparut. Etait-ce selon la qualification généralement adoptée pour caractériser sa disparition, un escamotage législatif de la part des adversaires de la publicité? Etait-ce le résultat d'une discussion dont le procès-verbal aurait été perdu? Nul
ne peut le dire. Toujours est-il que ce ne fut point par
inadvertance qu'il fut omis : l'art. 92 du projet dont
la rédaction première n'avait rien de contraire à celle
de l'art. 28 de la loi de brumaire, reçut une modification dont le sens ne pouvait être équivoque. L'art. 28
portait : « *La transcription transmet* à l'acquéreur les
droits que le vendeur avait à la propriété de l'immeuble. » L'art. 92, devenu l'art. 2182 y substitue : « *Le
vendeur ne transmet* à l'acquéreur, etc. » Ajoutons que
le mot *consolider* disparut de la rubrique du chap. 8,
où il figurait d'abord. Aussi malgré quelques divergences, est-il généralement reconnu aujourd'hui que
le Code a supprimé la nécessité de la transcription
pour l'acquisition de la propriété à l'égard des tiers.

Le principe abandonné, que devinrent les conséquences? Que devint l'art. 2108 et les art. 2189,
2198, etc., qui avaient aussi dans ce principe leur
origine et leur raison d'être? Nul ne songea à les reli-

rer ou à les modifier, et le Corps législatif n'eut garde
de leur refuser ses suffrages.

Là commence la difficulté, et ce qui était parfaitement sage, ingénieusement combiné dans le projet,
devient incohérent et inexplicable dans la loi. A l'é-
gard de tous, la propriété est transférée du jour de la
vente. Dès ce jour-là, les tiers qui tiennent du vendeur des droits sur l'immeuble ne peuvent plus les
inscrire : ceux avec qui traite l'acheteur peuvent
compter définitivement sur son acquisition. — D'autre
part, le vendeur ne conserve son privilége que par
la publicité. Mais cette publicité au lieu d'être exigée
à la date de la transmission, peut être bien postérieure; et quand elle aura lieu, elle aura un effet rétroactif; c'est-à-dire que les mots : *à compter de la date
de leur inscription,* dans l'art. 2106, n'ont plus d'application possible au privilége du vendeur. Pourquoi
le reste de cet article ne lui est-il pas en même temps
devenu inapplicable? Et que signifie une publicité ré-
troactive?

M. Valette, vivement frappé de ces raisons, a soutenu qu'en abandonnant l'art. 91 du projet, on avait
anéanti par là même l'art. 2108. Cette publicité, opé-
rant dans le passé, n'est qu'une ridicule fiction. Mieux
vaut dire qu'en abandonnant le principe de la publicité
pour la transmission de la propriété, le législateur l'a
répudié pour les démembrements retenus par le vendeur dans cette transmission clandestine. Si le législateur estime que par elle-même la vente est suffisamment connue des tiers, il doit supposer qu'elle l'est
dans toutes ses parties, et que le public est aussi bien

informé des droits réservés au vendeur que de ceux acquis par l'acheteur. « Si la transcription est supprimée pour le premier objet, elle l'est pour le second, car elle n'est autre chose que la publication de toutes les clauses inscrites dans le contrat, soit au profit de l'acheteur, soit au profit du vendeur. » (M. Valette, *De l'effet ord. des inscrip.* p. 72.) L'art. 2108 est donc abrogé.

On a voulu lui rendre la vie en lui appliquant le délai de l'art. 2109, mais cette solution est complétement arbitraire.

On a voulu le remplacer par une autre règle, qui rendrait à l'art. 2106 son ancienne portée. Le privilége du vendeur a dit M. Ernst, professeur à Louvain, doit être inscrit lors de l'entrée du fonds dans les biens de l'acheteur : dans le projet, la transcription opérait la transmission; elle contenait en même temps l'inscription. Dans le Code, la vente a eu son effet par elle-même. Il faut donc que, lors de la vente, l'inscription soit déjà prise, afin que la publicité du privilége ne soit pas postérieure à sa naissance. — C'est l'application de l'art. 2110 au privilége du vendeur. Ce système ne nous paraît pas non plus avoir de base légale, et l'analogie sur laquelle il repose ne nous semble pas suffisante pour l'établir. Si nous pouvons mettre de côté l'art. 2108, nous préférons nous en tenir au système de M. Valette, et dire que, sous le Code Napoléon, la publicité du privilége du vendeur a été complétement abandonnée, et qu'il se conserve par lui-même au double point de vue du droit de suite et du droit de préférence. Ce système est assurénient le seul logique, mais il nous semble bien hardi.

L'art. 2108 avait dans le projet, nous l'avons reconnu avec notre maître, un sens parfaitement raisonnable; il n'est plus susceptible aujourd'hui d'une
explication sérieuse. Mais suffit-il qu'une loi soit in-
justifiable, pour qu'il soit permis au jurisconsulte de
la déclarer abrogée? L'art. 2108 n'est pas le seul ves-
tige du système que l'on abandonnait : M. Valette dé
clarera-t-il abrogés l'art. 2198, et la nécessité pour
l'acquéreur qui veut profiter de l'omission d'une hypothèque dans les certificats du conservateur, d'avoir
transcrit son titre d'acquisition ? Déclarera-t-il que
dans l'art. 2180, la transcription est devenue inutile
pour faire courir la prescription contre le privilége au
profit du tiers acquéreur? — Quand un article est
abrogé, que l'on considère comme abrogés de même
tous les articles qui s'y rattachent, soit; car on doit
croire que le législateur à voulu aller jusque-là. Mais
telle n'est pas notre espèce. L'art. 91 a été effacé d'un
projet, et l'art. 2108 a été voté postérieurement. Il est
devenu loi par lui-même, pour ainsi dire, isolé de
l'art. 91 qui n'est jamais sorti de l'enceinte du conseil d'État. Et c'est une disposition votée par le législateur que M. Valette propose de considérer comme
supprimée par suite de l'abandon antérieur d'une autre disposition par les préparateurs de la loi. M. Valette
accuse les autres systèmes de mettre sur le compte des
rédacteurs une absurdité; que notre maître nous permette de lui dire qu'il n'y a pas moins d'irrévérence
envers eux à supprimer une disposition qu'ils ont présentée, en définitive, à la sanction du Corps législatif.

— Pour nous, nous croyons que, dans sa suppression subreptice de l'art. 91, la commission ne se douta pas de la portée qu'elle allait avoir; qu'elle ne pensa plus à l'art. 17 déjà discuté; qu'elle s'inquiéta peu des conséquences que produirait son innovation. Quoi d'étonnant que du système ingénieux et complet du projet primitif, il ne reste que des dispositions incohérentes, le lien qui les réunissait ayant été rompu?

Mais quel sens aura cette transcription? Ce ne peut être une règle de publicité sérieuse puisqu'elle n'est pas contemporaine de la consommation de l'achat : et M. Valette a pleinement raison de dire que le privilége du vendeur est désormais soumis au régime de la clandestinité. Néanmoins sa conservation est subordonnée à la transcription de l'acte qui lui donne naissance : c'est une formalité vaine, sans but et sans utilité, mais enfin elle est écrite dans la loi. Le vendeur en la requérant, comme l'art. 2108 lui en donne le droit, conserve son privilége, et prime les créanciers hypothécaires de l'acheteur, antérieurs ou postérieurs à la vente, inscrits ou non inscrits. Ce système est bizarre, inconséquent : mais que faire si le Code l'est lui-même? Il ne donne pas au privilége du vendeur la publicité; mais il ne le rend pas plus clandestin que ne le fait le système de M. Valette, dont, sauf la nécessité de cette formalité, toutes les déductions nous semblent d'ailleurs inattaquables.

Mais alors cette transcription, ayant perdu son ancienne utilité, n'est plus qu'une mesure fiscale. — Pourquoi non? N'allons-nous pas voir une autre disposition purement fiscale s'imposer aux législateurs,

comme conséquence de l'abrogation de l'art. 26 de la
de loi de brumaire ? De telle sorte que les adversaires de
la publicité, qui la repoussaient précisément en haine
des mesures fiscales qui l'accompagnaient, arrivèrent
par leur innovation subreptice, à ce beau résultat de
conserver tous les inconvénients de l'ancienne législa-
lation, en se privant de ses avantages. (M. Valette *op.
cit.*) Certes nous ne demanderions pas mieux que de
« mettre de côté cette menteuse publicité du privi-
» lége qui se réduit à une forme inutile, » et de « ne
pas fausser l'institution de l'inscription hypothécaire,
imaginée pour avertir les tiers. » (M. Val. *op. cit.*
p. 81.) Mais si le rédacteur n'a pas eu cette franchise,
s'il a voulu dissimuler l'abrogation du principe en
laissant debout toutes ses conséquences désormais
vides de sens ; si le législateur a voté ces dispositions
telles qu'elles sont dans le Code, comment l'interprète
pourrait-il les déclarer inexistantes ? Nous avons le
droit d'accuser le législateur d'inconséquence, non
pour avoir écrit ces articles, mais pour les avoir laissé
subsister après l'abandon de l'art. 01. Nous n'avons pas
celui de méconnaître les dispositions qu'il a édictées.

Tout ce que nous venons de dire n'est relatif qu'au
droit de préférence. A toute époque la formalité de
la transcription pourra être remplie, et les autres
créanciers qui, s'ils connaissaient la vente, devaient
connaître aussi la dette du prix, se trouveront primés
par le vendeur.

Le droit de suite ne nous semble pas subordonné
davantage à la nécessité d'une publicité antérieure à la
revente. Qu'à la date de celle-ci, il y ait eu ou non trans-

cription, le privilége sera opposable au tiers acquéreur.
De quoi peut, en effet, se plaindre celui-ci? Comme
sous la loi de brumaire, on lui répondra : Ou vous
ignoriez la vente, et alors vous n'auriez pas dû traiter
avec l'acheteur qui ne justifiait pas de sa propriété ;
ou vous la connaissiez, et alors vous saviez que sa
propriété était incomplète, et vous n'avez pas dû
compter sur la portion que s'était réservée le précédent propriétaire. Rien, dans le Code, ne limite
le droit pour le vendeur de conserver par une transcription son privilége, pas plus à l'égard des tiers
détenteurs qu'à l'égard des créanciers hypothécaires.
Et, comme M. Valette, nous croyons mal fondée la
jurisprudence qui avait décidé que le privilége d'un
vendeur antérieur n'était opposable au sous-acquéreur
qu'à la condition d'être rendu public avant la revente
(Cass. 13 déc. 1813). Elle ne peut s'appuyer sur aucun texte.

C. — Code de procédure (art. 834).

Sous le régime que nous venons d'exposer, il restait encore quelques chances, mais bien incertaines
et bien insuffisantes, pour le privilége, d'arriver à une
publicité sérieuse, ainsi que l'aliénation elle-même :
Les art. 2181-2108 étaient encore des motifs pour
que l'acheteur fît transcrire. Le vendeur pouvait lui-
même user du droit que l'art. 2108 lui donnait. Mais
on comprend qu'avec le système du Code, tel que
l'avait laissé la disparition de l'art. 91, les parties
fissent souvent l'économie des frais de transcription,
sauf à accomplir plus tard cette formalité quand on
en aurait besoin. Voyant ses recettes considérablement

diminuées, la régie se plaignit. Le Code de procédure
était alors en discussion; les rédacteurs élaboraient
le titre de la *surenchère sur aliénation volontaire*,
lorsqu'ils reçurent l'ordre d'y insérer une disposition
de nature à satisfaire aux exigences du fisc, en rendant à la transcription une utilité quelconque. Ils
écrivirent l'art. 834.

Désormais ce n'était plus la vente qui dépouillait
les créanciers ayant hypothèque du chef du vendeur
du droit de prendre inscription sur l'immeuble; ils
avaient quinze jours, non-seulement à partir de l'a-
liénation, mais à partir du moment où le nouveau
propriétaire avait fait transcrire. Ainsi l'acquéreur eut
dès lors un grand intérêt à opérer la transcription le
plus tôt possible, pour faire apparaître les charges qui
grevaient le fonds acheté. A tous autres égards, l'a-
cheteur était *erga omnes* devenu propriétaire du jour
du contrat.

La fin de cet article est encore une énigme : « *Il*
» *en sera de même,* dit-il, *à l'égard des créanciers*
» *ayant privilége sur des immeubles,* SANS PRÉJUDICE
» DES AUTRES DROITS RÉSULTANT AU VENDEUR ET AUX
» HÉRITIERS DES ART. 2108 et 2109 C. CIV. » Quels sont
ces *autres droits?* Quelle est la réserve qui est faite
au profit du vendeur? Cela veut-il dire que le droit
de suite sera perdu et le droit de préférence conservé
sur le prix? Cela fait-il seulement allusion à la règle
que le privilége du vendeur se conserve par la *transcription* sans qu'une *inscription* soit nécessaire? La jurisprudence qui, à tort selon nous, admettait que dès
avant l'art. 834, le privilége était perdu pour le ven-

deur à défaut de transcription antérieure à la revente,
ne donnait pas d'autre sens à l'exception faite par la
fin de l'article à la règle que les priviléges et les hypothèques doivent être *inscrits* dans les 15 jours.

M. Valette pense, avec grande raison, que cette
interprétation n'est pas juste, et que le sens de cette
dérogation est beaucoup plus étendu. Les derniers
mots de l'art. 834 mettent le privilége du vendeur
complétement en dehors de la règle contenue dans
les premiers, et rappellent qu'à son égard il existe
dans l'art. 2108 un droit tout spécial. Le privilége
du vendeur étant toujours et forcément connu en
même temps que la vente même, quand la créance
du prix est mentionnée dans le contrat, que la transcription soit faite ou non dans le délai de quinzaine, le
sous-acquéreur ne pourra pas le méconnaître. De
même que, pour expliquer l'exception faite par l'article 834 en faveur des copartageants, il faut bien
admettre qu'il entend leur réserver le droit de s'inscrire même après les quinze jours de la transcription,
s'ils sont encore dans les soixante du partage, — de
même, en ce qui concerne le vendeur, il veut lui conserver le bénéfice, que lui accorde l'art. 2108, de
n'être renfermé dans aucun délai fatal pour faire l'acte
conservatoire de son privilége.

L'art. 834 assura néanmoins d'une manière efficace
la publicité des actes translatifs de propriété, et par
suite des priviléges qui en résultent. L'acheteur a intérêt à rendre publiques, non-seulement son acquisition,
mais encore toutes les ventes antérieures qui ne l'auraient pas été; car en transcrivant seulement la der-

nière, il ne mettrait pas en demeure les créanciers ayant hypothèque du chef de vendeurs antérieurs. Vis-à-vis des ayants cause de ceux-ci, il n'est investi d'une propriété absolue que comme le serait son propre auteur, c'est-à-dire en transcrivant leurs contrats. Jusque-là, comme sous la loi de brumaire, (et même quinze jours après), le propriétaire primitif l'est encore par rapport à ceux qui ont à prendre inscription de son chef, en vertu de constitutions antérieures d'hypothèques. L'art. 834 dut avoir en pratique pour résultat d'amener, de la part des acquéreurs, de nombreuses transcriptions, et de révéler ainsi à la fois et les mutations de propriété et les réserves de priviléges.

D. — Loi du 23 mars 1855.

Tel était, à notre sens, l'état des choses quand intervint la loi de 1855.

Elle dispose : art. 1 : « Sont transcrits au bureau des hypothèques de la situation des biens : 1° tout acte entre-vifs, translatif de propriété immobilière, ou de droits réels susceptibles d'hypothèque..... »

Art. 3. « Jusqu'à la transcription, les droits résultant des actes et jugements énoncés aux articles précédents ne peuvent être opposés aux tiers qui ont des droits sur l'immeuble, et qui les ont conservés en se conformant aux lois. »

Art. 6. « A partir de la transcription, les créanciers privilégiés ou ayant hypothèque, aux termes des art. 2123, 2127, 2128 C. Nap., ne peuvent plus prendre utilement inscription sur le précédent propriétaire. Néanmoins le vendeur ou le copartageant peuvent utilement inscrire les priviléges à eux conférés par les art. 2108 et 2109 C. Nap. dans les 45 jours de l'acte de vente ou de partage, nonobstant toute transcription d'actes dans ce délai. Les art. 834 et 835 (1) du Code de procédure civile sont abrogés. »

Quel est le régime que ces articles inaugurent? Je reconnais bien dans l'art. 1 le principe de l'art. 26 de la loi de brumaire; est-ce à dire que le législateur soit revenu aux errements de celle-ci, de telle sorte que l'art. 2108, régénéré, se rattache de nouveau au principe dont il découlait autrefois, et retrouve sa raison d'être? Au lieu de cette formalité qui ne pouvait plus avoir la prétention d'être un système de publicité, allons-nous y retrouver une simple conséquence de la publication de toutes les clauses du contrat, et la publicité du privilége du vendeur va-t-elle se trouver de nouveau concorder avec celle de la vente, de manière que, purement relative tant que les effets de la vente sont relatifs, elle soit absolue quand ils sont absolus? Le privilége du vendeur ne *naîtrait* pas *conservé*, comme le dit M. Mourlon; car il est très-vrai qu'il existe du jour de la vente et qu'à l'égard du vendeur la vente est parfaite du jour du contrat. Mais sa publicité serait liée à celle de la vente; il serait toujours

---

(1) L'art. 835, conséquence et complément de l'art. 834, était ainsi conçu : Dans le cas de l'article précédent, le nouveau propriétaire n'est pas tenu de faire aux créanciers dont l'inscription n'est pas antérieure à la transcription de l'acte, les significations prescrites par les art. 2183, 2184 C. civ., et dans tous les cas, faute par les créanciers d'avoir requis la mise aux enchères dans le délai et les formes prescrits, le nouveau propriétaire n'est tenu que du paiement du prix conformément à l'art. 2186 C. civ.

connu de celui à qui il pourrait être opposé : et telle était la seule publicité exigée et parfaitement organisée à son égard par la loi de brumaire. Est-ce là aussi ce que le rédacteur de la loi de 1855 a voulu ?

Oui, si nous en croyons M. Suin dans son exposé des motifs : « Quant à ceux *qui ont traité avec l'acquéreur*, le dessaisissement du vendeur ne s'opère que sous la condition de la conservation de son droit, qui reste protégé par l'art. 2108 du C. Nap. » (M. Tropl., *Transcript.*, App., p. 11.) A en croire M. Rouland, la vente ne serait elle-même parfaite *entre les parties* qu'à dater de la transcription ! (M. Tropl. *Transcript.*, App., p. 109.) Tel aurait aussi été, dans une séance secrète du conseil d'Etat, l'opinion de M. Rouher, d'après un rapport de M. Bayle-Mouillard. (Mourl., II, p. 314). Mais M. Suin, dans son discours au Corps législatif, a démenti ce que son exposé des motifs semblait dire. M. Rouher a prononcé au Corps législatif des paroles incompatibles avec les idées qu'il exprimait au conseil d'Etat. Quant à la doctrine de M. Rouland, son exagération même nous empêche de l'admettre : M. de Belleyme le contredit, d'ailleurs, formellement : « L'art. 1583 conserve tout son effet, toute sa portée. »

Au milieu de ces contradictions, qui devons-nous croire, et à quoi nous arrêterons-nous ? Il y a eu ici, nous en avons la conviction, une erreur de la part des rédacteurs de la loi de 1855, et la confusion nous paraît venir de ce qu'ils ont fait, entre le droit de préférence et le droit de suite, une distinction que rien ne nous semble justifier.

1° *Droit de préférence.* Qu'ils en aient eu ou non

conscience, en remettant en vigueur l'art. 26 de la loi
de brumaire, il ont rendu à son art. 29 (2108 C. civ.)
sa signification et sa vie. Si, sous le Code, cette publicité
postérieure à la naissance du privilége ne se comprenait
pas, elle redevient normale quand elle n'est qu'une conséquence de la publication de la vente même, nécessaire
pour la consolider. L'ancien projet du Code se trouve
reconstitué. Le législateur veut que le privilége du
vendeur, comme tout autre, soit rendu public. Il ne
dit pas qu'il ne le sera qu'à la condition d'être transcrit ; mais il constate que la publication de la vente
suffira pour atteindre ce but, quand la transcription
contiendra la mention que le prix n'est pas payé. Moins
sévère que la loi de brumaire, le Code n'exige pas
l'inscription d'office pour la conservation du privilége,
et ne l'impose au conservateur que sous sa responsabilité personnelle.

Si tel n'est pas le système du législateur, si, comme
le veut M. Mourlon, la publicité du privilége est parfaitement indépendante de la publicité de la vente, et
a besoin d'exister même alors que la vente est clandestine, qu'est-ce que cette publicité prépostère, qui
avertit les créanciers hypothécaires de l'acheteur vingt
ou trente ans après qu'ils ont reçu et fait inscrire leur
droit, et qui permet au vendeur de les primer ? La loi
n'impose, en effet, aucun délai au vendeur par rapport
aux autres créanciers de l'acheteur. — M. Mourlon
convient que c'est inexplicable.

2° *Droit de suite*. Mais, à l'inverse, si le législateur
de 1855 a suivi les errements de celui de l'an VII ; si
les tiers qui contractent avec l'acheteur sont toujours

réputés suffisamment avertis quand le contrat mentionne la dette du prix, comment se fait-il que le sous-
acquéreur soit autrement traité que le créancier hypothécaire de l'acheteur? A l'un comme à l'autre, ne
peut-on pas dire : Vous connaissiez la vente, puisque
vous saviez que l'acheteur pouvait vous conférer des
droits sur l'immeuble. Si vous connaissiez la vente,
vous connaissiez le privilége. Pourquoi parler de
clandestinité et vous prétendre surpris ? — L'existence
du privilége est sauvegardée par rapport au créancier par
une inscription prise à une époque quelconque. Par
rapport au sous-acquéreur, son existence ou son extinction sera le prix de la course. Il s'agira pour l'acquéreur
non pas de faire apparaître des priviléges qu'il ne connaît pas, mais d'éteindre, par une transcription hâtive,
un privilége qu'il sait parfaitement exister. Ce n'est
plus un mode de publicité, c'est un moyen rapide de
purge, appliqué au privilége des précédents vendeurs.

De toute manière, il faut en convenir, ce sont là de
singulières règles de publicité :

Repousse-t-on le système que nous avons admis pour
le droit de préférence, la loi pose alors une règle de
publicité qui consiste à prévenir des tiers qui ont déjà
contracté !

Admet-on notre solution, la loi pose à l'égard du
sous-acquéreur une règle de publicité qui consiste à
avertir quelqu'un qui ne peut ignorer l'existence du
privilége !

Et cela est tellement vrai que, demandant à nos
adversaires si, pendant que le vendeur peut encore
s'inscrire (le délai de 45 jours n'étant pas expiré), l'ac-

quéreur qui a transcrit et veut purger, doit lui faire des notifications, ils nous répondent. « Ces notifications » n'auraient pas été nécessaires sous l'empire de l'art. » 835 C. pr.; mais il a été abrogé. En faut-il conclure » qu'elles sont obligatoires aujourd'hui ? Sans aucun » doute !.. (Mourlon, n° 665.) » Et cependant son privilége n'est pas inscrit; il est seulement dans le délai pour l'inscrire ! S'il faut qu'il lui fasse des notifications, c'est donc qu'il connaît le privilége. Ce n'est donc pas pour le porter à sa connaissance que l'inscription est requise.

Cependant la transcription de son propre titre, nos adversaires en conviennent, ne le garantit pas contre ceux à qui le vendeur aurait consenti, même depuis cette transcription, des droits sur l'immeuble. La transcription de la première vente peut seule le rassurer contre eux. Il a donc grand intérêt à transcrire le premier, comme le second contrat; mais s'il est prudent, il fera transcrire le second avant l'autre, et alors le vendeur sera dépouillé de son privilége ! La transcription de la vente de Secundus à Tertius *consolide*-t-elle et *purge*-t-elle la propriété de ce dernier ? Non, à l'égard des créanciers ayant hypothèque du chef de Primus ou de l'aquéreur nouveau qui, de son chef, a transcrit (la transcription de la vente de Primus à Secundus ayant été omise). — Oui, à l'égard de Primus lui-même, le seul dont Tertius dût connaître les droits nonobstant l'omission de toute formalité !

La transcription de la vente de Secundus à Tertius assure les droits transmis par le premier au second. Comment se fait-il qu'elle ait pu lui transférer plus de

droits que Secundus n'en avait lui-même ? Secundus,
tant que la première vente était clandestine, n'avait
qu'une propriété relative; tant qu'elle restera telle, il
n'a pu transférer à Tertius qu'une propriété relative,
par rapport aux ayants cause de Primus. — Il n'avait
qu'une propriété incomplète; Tertius avait retenu un
privilége, et Secundus ne pouvait l'en priver : car en
transcrivant son titre d'acquisition, il n'eût consolidé
qu'une propriété démembrée. Comment, en publiant les
droits qu'il tient de Secundus, Tertius va-t-il les rendre
plus étendus qu'ils ne l'étaient entre les mains de celui-ci?

Si je vous vends une nue propriété, et que vous la
revendiez à un tiers, celui-ci, en transcrivant seulement le dernier contrat, peut-il prétendre qu'il a éteint
mon usufruit ? Pourquoi cette prétention inadmissible
pour tous les autres droits retenus sur l'immeuble
vendu, devient-elle légitime quand il s'agit de la
réserve d'un privilége ?

Si, au lieu de transférer à Tertius la propriété, Secundus lui avait conféré une hypothèque, celui-ci aurait eu
beau rendre publics les droits qu'il venait de recevoir,
Primus conservait toujours son privilége! Et cependant
Tertius, sous-acquéreur, a-t-il dû, moins que Tertius,
créancier hypothécaire, prendre communication des
titres de propriété de celui avec lequel il traitait ? Et
cette inspection a-t-elle dû, dans le premier cas, lui
laisser plus de doutes que dans le second sur l'existence
du privilége ?

A supposer que le prix soit encore dû par le nouvel
acquéreur, dans le système de la loi, le droit de préférence sera-t-il perdu pour le vendeur primitif, en

même temps que le droit de suite? Oui, répond
M. Flandin (II, n° 1111,) et nous sommes disposé à le
croire; car le droit de préférence est en général perdu
en même temps que le droit de suite. Et cependant
n'est-ce pas bizarre que la transcription d'un acte auquel ils sont étrangers affranchisse les créanciers d'un
privilége, qui existait vis-à-vis d'eux sur leur gage
depuis son entrée dans le patrimoine du débiteur?

Il y a là quelque chose d'insoluble pour nous, une
énigme dont nous renonçons à trouver le mot. Peut-
être, sans se rendre compte de la portée que l'art. 1
donnait, où plutôt rendait à l'art. 2108, le législateur
a-t-il été trompé par les termes ambigus de l'art. 834,
et a-t-il cru que le privilége du vendeur était assujetti
à la nécessité de l'inscription dans la quinzaine. Sans
remonter aux principes non plus qu'à la loi de brumaire,
il s'est persuadé qu'en abrogeant cet article, il imposait
au vendeur l'obligation de s'inscrire avant la transcription de la revente, et, loin de croire amoindrir ses
droits en lui fixant un délai fatal de 45 jours, passé
lequel la transcription d'une aliénation ultérieure
l'exclurait, il a cru lui donner une plus grande latitude,
sinon que l'art. 834 C. pr., au moins que le Code
Napoléon et la loi de brumaire. Cela semble ressortir
de la manière dont le délai de 45 jours lui a été
concédé. Le projet primitif ne contenait pas de délai
spécial pour le vendeur. La commission du Corps
législatif fit observer que si on ne lui donnait pas un
certain temps pour se mettre en règle, l'abrogation de
l'art. 834 lui ferait courir le danger d'une revente
immédiate faite à un sous-acquéreur, d'autant plus

pressé de transcrire qu'il serait de mauvaise foi : cette transcription rendant impossible la conservation du privilége, il en serait injustement dépouillé. — Le conseil d'État accorda un mois pendant lequel aucun acte ne pourrait être transcrit à son préjudice. La commission insista pour en obtenir deux. On transigea, et, coupant le différend par moitié, on arriva au chiffre de 45 jours. — Quoi qu'il en soit, la législation actuelle nous semble pouvoir se résumer dans les propositions suivantes que nous ne nous chargeons, ni de justifier, ni de faire concorder entre elles.

Au point de vue du droit de préférence, la publicité du privilége est nécessairement contemporaine de celle de la vente, et pourvu que la créance du prix en ressorte clairement, il parviendra à la connaissance du public par les mêmes actes et de la même manière que l'aliénation elle-même.

Au point de vue du droit de suite, la revente anéantit le privilége, pourvu qu'elle réunisse deux conditions : 1° qu'elle soit transcrite avant la première vente; 2° que 45 jours depuis celle-ci aient passé sans que le vendeur ait inscrit son privilége ou fait faire la transcription du premier contrat.

Par ces derniers mots, nous venons de prendre parti dans une question que soulève l'art. 6 de la loi nouvelle. La transcription que l'art. 2108 déclare suffisante au point de vue du droit de préférence, suffit-elle au point de vue du droit de suite ? Quelques personnes ont cru que cette transcription ne suffisait pas, et qu'il fallait de toute nécessité qu'une inscription eût été prise, afin que les tiers acquéreurs fussent avertis plus éner-

giquement que les créanciers hypothécaires : la loi
nouvelle, dans son art. 6, parle en effet d'une inscription. — Nous avons déjà dit que l'art. 2108 obligeait le conservateur des hypothèques à prendre une
inscription d'office ; mais qu'elle n'était plus exigée à
peine de déchéance pour le vendeur. Il est peu probable
que le législateur de 1855 ait voulu changer cet état
de choses, et s'écarter, sur ce point, de l'art. 2108 auquel il renvoie. Le mot *inscrire* a été employé dans l'art.
6 parce que la transcription valant inscription, il peut,
à la rigueur, s'appliquer au vendeur, tandis que le mot
transcription n'aurait pu s'appliquer aux copartageants,
dont on parlait dans la même phrase. On voit, au surplus, dans la discussion de la loi les rédacteurs employer
alternativement et indifféremment l'un et l'autre de
ces mots.

Les créances conservées par la transcription doivent
être déterminées, ou l'acte doit au moins contenir des
éléments suffisants de détermination. La transcription
ne conservant, en effet, le privilége que parce qu'elle
révèle aux tiers la créance du prix, en même temps
que l'aliénation, elle manquerait son but si cette
créance n'était pas facilement déterminable. Nous
avons dit que les dommages-intérêts, résultant de l'inexécution des charges imposées à l'acheteur, étaient
garantis par le privilége. Ce n'est, à notre avis, qu'à la
condition que ces charges soient évaluées dans l'acte de
vente ; à défaut de quoi le privilége sera perdu, à moins

que le vendeur ne fasse transcrire à la suite un acte complémentaire où cette évaluation soit faite. (Pont, *Priv.*, I, n° 267.) Le privilége serait conservé de même si l'inscription d'office contenait cette évaluation. En effet, quoique le conservateur n'ait pas de mission pour la faire, il a pu se constituer en cela *negotiorum gestor* du vendeur ; et nous pensons que l'inscription serait suffisante, à elle seule, pour conserver le privilége.

L'inscription d'office peut donc profiter au vendeur : elle ne peut pas lui nuire . Si elle est faite incomplétement ou imparfaitement, de même que si elle était omise, le privilége n'en souffrirait aucune atteinte. Si des tiers contractent avec l'acheteur, dans l'ignorance du privilége, après avoir requis du conservateur un certificat d'inscriptions où celle-ci ne se trouve pas mentionnée, ils ont pu croire que mainlevée en avait été donnée par le vendeur. De là un préjudice possible, dont le conservateur encourt la responsabilité, sans qu'il puisse, comme le prétend M. Troplong, s'en décharger en prétextant que les tiers doivent s'imputer à eux-mêmes leur erreur, pour n'avoir pas consulté simultanément les deux registres des inscriptions et des transcriptions. (Tropl., *Priv.*, n° 286 ; conf. Mourl., *Transcr.*, II, n. 689). Il est évident qu'admettre la doctrine de M. Troplong, serait le décharger complétement d'une responsabilité que la loi lui impose.

Aucun délai n'est fixé au conservateur pour faire cette inscription. Il devra, s'il est prudent, l'opérer immédiatement, et, pour échapper à la responsabilité qui pèse sur lui, il ne peut arguer de ce [qu'aucun texte ne lui imposait de limites. Il pourra, en effet, toujours l'effectuer, mais il s'expose au recours que pourra exercer contre lui quiconque, dans l'intervalle, aura subi un dommage par suite de son retard à obéir aux prescriptions de la loi.

L'inscription prise d'office est-elle soumise au renouvellement décennal, prescrit par l'art. 2154? Un avis du conseil d'Etat du 22 janvier 1808 a tranché cette question. Il est ainsi conçu : « Le conseil d'Etat est d'avis que : 1° toute inscription doit être renouvelée avant l'expiration du délai de dix années; 2° lorsque l'inscription a été nécessaire pour opérer l'hypothèque, le renouvellement est nécessaire pour sa conservation ; 3° lorsque l'hypothèque existe indépendamment de l'inscription, et que celle-ci n'est ordonnée que sous des peines particulières, ceux qui ont dû la faire doivent la renouveler sous les mêmes peines ; 4° enfin lorsque l'inscription a dû être faite d'office par le conservateur, elle doit être renouvelée par le créancier qui a intérêt. »

On voit qu'il résulte encore clairement des termes de cet avis que ce n'est pas au conservateur qu'est imposée l'obligation de renouveler l'inscription. C'eût été pour lui une tâche presque impossible à remplir : c'est à lui de la faire d'office, c'est au vendeur lui-même de la renouveler. Mais ce qui était déjà douteux sous le Code, ce qui l'est resté depuis l'avis que nous venons de citer et la loi de 1855, c'est la question de savoir quelles seront les conséquences de la péremption de l'inscription.

Un premier système raisonne ainsi : La transcription vaut, d'après l'art. 2108, ni plus ni moins qu'une inscription. Or l'inscription dure dix ans ; la transcription ne peut avoir effet au delà de la même période. D'ailleurs comment le conseil d'État dirait-il que le renouvellement devra être fait par le créancier *qui a intérêt*, si, nonobstant le défaut de renouvellement, le privilége subsistait ? Cette opinion nous semble cependant devoir être repoussée. Le conseil d'Etat n'avait pas à résoudre la question de savoir quel serait l'effet du renouvellement sur le privilége du vendeur, mais seulement qui devait opérer ce renouvellement. Il se référait, au surplus, aux principes ordinaires pour la sanction de cette obligation. Le renouvellement est imposé sous les mêmes peines qui sanctionnaient l'inscription primitive : tel est le principe. Quoique le 3° de l'avis ne le mentionne qu'à propos de l'hypothèque, il lui est évidemment commun avec le privilége. La seule dérogation que le 4° apporte à ces principes, c'est que l'obligation ne repose plus sur la même tête ; la peine ne menace plus la même personne pour le défaut de renouvellement que pour défaut d'inscription. — L'inscription n'ayant jamais été faite, le privilége n'en aurait pas moins été indéfiniment conservé. Comprend-on que quand elle a eu lieu, elle ait pour effet de limiter à dix années le droit conféré par la transcription au vendeur ?

Que si l'on dit que ce droit lui-même est limité à dix ans, comme celui qui résulte de l'inscription, je répondrai que jamais la transcription n'a été soumise au renouvellement décennal ; que l'art. 2108 attache à la transcription l'effet de conserver le privilége ; que cet effet n'est pas plus limité à 10 ans que les autres effets du même acte. — La sanction du renouvellement sera, comme celle de l'inscription première, que les tiers, trompés par un certificat incomplet, auront droit à des dommages-intérêts. Seulement ce ne sera plus contre le conservateur qu'ils agiront, mais contre le vendeur lui-même. J'accorde que les plus simples dommages-intérêts seront l'impossibilité pour le vendeur d'opposer à ces tiers son privilége ; mais il le conservera à l'égard de toutes autres personnes ; à quelque époque qu'il fasse le renouvellement, il sauvegardera tous ses droits pour l'avenir.

La faillite ou le décès du débiteur, dont la succession a été acceptée bénéficiairement, arrêtent le cours des inscriptions : ces événements porteront-ils atteinte au privilége, en ce sens que, si la vente n'est pas encore transcrite, le vendeur soit dépouillé, faute de pouvoir faire la transcription ? — A en croire M. Mourlon, l'affirmative est de la dernière évidence. Le privilége du vendeur doit être inscrit : sans inscription, il est dénué d'effet. Or les droits de privilége et d'hypothèque ne peuvent plus être inscrits valablement après la faillite du débiteur. La loi ne distingue pas. Quant à prétendre que ce qui est vrai de l'inscription ne l'est pas de la transcription, c'est *faire injure à la loi* que de lui prêter un pareil *non-sens* : de défendre au privilégié de *s'inscrire*, et de lui permettre de *transcrire*. « Si la transcription supplée l'inscription et en tient lieu, il est clair que, pour valoir comme inscription, il faut qu'elle soit faite dans un temps où l'inscription

17

peut être utilement prise. » (*Transcrip.*, II, p. 358 et suiv.)

Malgré ces arguments et la conviction presque fougueuse avec laquelle ce jurisconsulte les développe, nous n'hésitons pas à nous ranger à l'opinion contraire, et nous persistons à croire que la faillite, bien qu'arrêtant le cours des inscriptions, n'arrête pas celui des transcriptions. Quoi qu'en dise M. Mourlon, ce n'est pas là une querelle de mots; en y réfléchissant, on reconnaît bien vite qu'il était en effet impossible de les assimiler, et nous ne voyons pas quel non-sens nous prêtons au législateur, en soutenant que, dans la rédaction de l'art. 2146, il ne pensait pas au privilége du vendeur, mais seulement aux priviléges qui ne sont rendus publics que par une inscription.

Rappelons-nous que, dans le projet du Code, l'art. 2108 se rattachait à un système de publicité calqué sur la loi de brumaire, et dans lequel le privilége du vendeur était soumis, pour sa conservation, à la même publicité que la vente dont il naissait. Clandestin tant qu'elle était clandestine, il lui suffisait d'être rendu public par l'acte même qui la notifiait aux tiers et permettait aux créanciers de l'acheteur, de compter sur l'immeuble vendu. Dans ces conditions, était-il possible que l'art. 2146 s'appliquât à la transcription? Non évidemment, puisque la masse des créanciers était la première intéressée à transcrire pour consolider la propriété, précaire jusque-là, du débiteur. Tant que la transcription n'avait pas eu lieu, ils pouvaient se voir opposer les actes consentis sur l'immeuble par l'ancien propriétaire; leur intérêt bien entendu était de

la requérir, et les syndics, chargés par l'art. 490 C.
comm. de faire tous les actes conservatoires, auraient
manqué à leur devoir, en ne rendant pas incommutable, par la transcription, la propriété du failli. Non-
seulement, après la faillite, la transcription pouvait,
mais elle devait être faite. — D'autre part, la transcription n'était pas exigée pour conserver le privilége.
Elle avait seulement pour effet, quand elle contenait
mention de la créance du prix, de dispenser le vendeur
de donner une autre publicité à ses droits lors de la publication de la vente. Si donc elle avait lieu après la faillite, rien ne limitait la portée de l'art. 2108. Si elle n'avait
pas lieu, le vendeur pouvait tenir à la masse des créanciers le même langage qu'à un créancier hypothécaire
ou à un sous-acquéreur : Vis-à-vis de vous mon privilége
n'est pas clandestin tant qu'il a, ni plus ni moins, la
même publicité que la vente : ou vous ne connaissiez
pas celle-ci, et alors vous n'avez pas dû compter sur
un bien que vous ne saviez pas être entré dans le
patrimoine du débiteur; ou vous la connaissiez, et
alors vous connaissiez le privilége. Vous pouvez m'opposer la vente que j'ai consentie, c'est vrai; mais vous
ne pouvez me l'opposer que telle qu'elle est, c'est-à-
dire sauf la réserve du privilége qu'elle contient.

Tel était l'esprit dans lequel avait été conçu le projet
du Code, et voilà pourquoi l'art. 2146 fait arrêter
par la faillite le cours des inscriptions et non celui
des transcriptions.

Mais la suppression de l'art. 01 du projet (*sup.*,
p. 238), en faisant de l'art. 2108 une vaine formalité
n'ayant plus aucune concordance avec l'entrée du bien

dans le patrimoine du débiteur, et nécessaire seulement pour l'exercice du privilége, a-t-elle enlevé toute
raison d'être à cette distinction? Et puisque, sous
l'empire du Code, la transcription joue le rôle d'une
simple inscription, faut-il les assimiler l'une à l'autre
au point de vue de l'art. 2108? Nous nous y refusons
par trois motifs : le premier, c'est que l'on ne peut pas
étendre les déchéances par analogie, et qu'elles sont
essentiellement de droit étroit : il ne suffit pas qu'une
distinction faite par la loi ait perdu sa raison d'être
pour qu'on puisse soumettre un droit aux rigueurs de
dispositions qui n'étaient pas écrites pour lui. — Le
second, c'est que la perte du privilége était sans intérêt pour la faillite, le droit de résolution lui étant
laissé. — Le troisième, c'est que, même sous le Code, il
eût été impossible de dire que la faillite empêchait la
transcription, puisque la masse des créanciers avait
encore quelque intérêt à ce qu'elle fût effectuée, soit
pour faire des notifications à fin de purge, soit pour
faire courir la prescription contre des hypothèques,
soit dans l'espoir de profiter du bénéfice de l'article 2108.

Si la transcription avait été requise par les syndics,
M. Mourlon eût-il dit qu'elle ne pouvait pas avoir lieu?
— Si elle était opérée, nous demandons dans quel
texte il trouve que la faillite enlève à la transcription,
une fois consommée, la puissance de conserver le privilége.

Aujourd'hui enfin que la loi de 1855 est revenue,
au point de vue du droit de préférence, au système
du projet du Code, comment la transcription ne serait-

elle plus possible après la faillite, puisque l'intérêt même des créanciers exige impérieusement qu'elle soit faite ; qu'elle seule leur permet de compter sur l'immeuble ; que le privilége, à leur égard, n'a besoin que de la publicité donnée à la vente même ? Comment surtout M. Mourlon peut-il, au nom du crédit, repousser si énergiquement le vendeur demandant à être colloqué par préférence, lui qui admet, avec la Cour de cassation, que cette extinction prétendue de son privilége ne le priverait pas de l'action résolutoire, même depuis la loi nouvelle ? (N° 820.)

Les modes d'extinction des priviléges, mentionnés dans l'art. 2180, sont applicables au privilége du vendeur : il ne peut évidemment survivre à l'extinction de l'obligation principale, ou à la renonciation du vendeur ; le tiers acquéreur peut lui faire, comme à tout autre, des notifications à fin de purge. Enfin le détenteur peut acquérir par prescription ce qui manque à sa propriété, comme il aurait pu acquérir la propriété même de la chose qu'il tiendrait *a non domino* ; à dater du jour où son propre titre est devenu public, cette prescription court à son profit ; elle durera dix ou vingt ans s'il est de bonne foi, c'est-à-dire, si, en fait, il n'a pas connu l'existence du privilége. S'il l'a connue, il ne pourra arriver, comme dit Pothier, *à la perfection de son domaine* que par une possession de trente ans. L'espoir que le débiteur principal paierait ne l'empêcherait pas de n'avoir plus, relativement au privilége, cette bonne foi qui lui aurait permis de prescrire par une possession moins longue.

Comme cette prescription est une vraie prescription acquisitive, elle aura toujours invariablement son point de départ dans la transcription de l'acte d'acquisition du tiers détenteur : peu importerait que la créance du prix fût à terme, et ne pût encore commencer à se prescrire.

SECTION II. — DU DROIT DE RÉSOLUTION DU VENDEUR D'IMMEUBLES.

Indépendamment du droit que lui donne l'art. 2103 de se faire payer par préférence sur le prix de l'immeuble vendu, le vendeur a le droit de demander la résolution de la vente (1654). Ce droit peut lui être ou plus ou moins avantageux que le privilége, et le choix lui est laissé entre ces deux voies. La résolution lui sera préférable si l'immeuble vaut plus que le prix stipulé, soit que la vente ait été faite à des conditions défavorables pour lui, soit que des circonstances particulières aient, depuis, donné au fonds une plus grande valeur. Elle lui sera préférable encore si l'immeuble est d'une importance assez peu considérable pour que les frais d'une procédure d'ordre, ou même des priviléges généraux qui le priment, menacent d'en absorber la valeur. — A l'inverse, s'il a déjà reçu des à-compte qu'il serait obligé de restituer, et s'il trouve avantage à maintenir le contrat, l'immeuble étant du reste suffisant pour parfaire son paiement, il a intérêt à se prévaloir plutôt du privilége. La restitution des à-compte, le paiement à la régie d'un nouveau droit de mutation, pourraient le gêner et lui rendre la résolution onéreuse et difficile. D'ailleurs peut-être a-t-il besoin d'argent et ne lui serait-il pas facile de se défaire immédiatement et à aussi bon compte de l'immeuble qui lui ferait retour.

Il a donc le choix entre ces deux voies; et nous avons déjà dit qu'il pouvait, après avoir demandé le paiement du prix, revenir, s'il ne l'avait pas obtenu intégralement, au droit de résolution dont il n'avait pas voulu se prévaloir d'abord. Il est clair néanmoins que, s'il a poussé sa première demande jusqu'à faire saisir et mettre en vente l'immeuble, il ne lui est pas possible, les enchères ne s'élevant pas assez haut pour le désintéresser, d'exercer son action résolutoire contre l'adjudicataire qu'il a lui même provoqué à acheter. Il y a eu de sa part renonciation évidente à son droit de résolution; nous en dirions autant du reste d'une revente amiable qu'il aurait approuvée et à laquelle il aurait concouru. Cette solution doit être donnée même sous l'empire du Code, et dès avant l'art. 717 du Code de procédure.

Nous avons dit, en parlant du vendeur de meubles, comment et au profit de qui s'opérait la résolution; quels étaient les pouvoirs du juge, quelles étaient les restitutions qu'elle amenait, les indemnités auxquelles elle donnait lieu. Ces règles sont communes à toute espèce de vente.

Nous n'avons, dans les rapports du vendeur avec l'acheteur, qu'à signaler une seule question : celle de savoir quel sera le tribunal compétent pour juger l'action en résolution d'une vente d'immeubles Sera-ce le tribunal de la situation des biens ou celui du domicile de l'acheteur, ou l'un et l'autre, au choix du vendeur? On comprend que la question ne se soit pas posée à l'occasion de la vente d'effets mobiliers, ceux-ci n'ayant pas de situation distincte du domicile de leur possesseur.

La solution de cette question dépend, aux termes de l'art. 59 C. proc. du caractère de l'action en résolution : cette action est-elle personnelle, réelle ou mixte ? En droit romain, la règle *actor sequitur forum rei* était absolue, et d'ailleurs aucun doute ne pouvait s'élever sur le caractère de l'action née du pacte commissoire : selon les uns, c'était l'action *venditi* ou *præscriptis verbis*, exclusivement personnelles; suivant les autres, c'était l'action en revendication, purement réelle. — Notre ancien droit français, en donnant, non plus au pacte commissoire lui-même, mais au jugement rendu sur l'action résolutoire, l'effet de faire revenir la propriété au vendeur, souleva des doutes sur la nature de cette action. Une opinion restée à l'état d'isolement, et dont Albéric seul est signalé comme le défenseur, soutenait qu'elle était personnelle. La grande majorité (Pothier entre autres) lui reconnaissait certains caractères de personnalité et certains caractères de réalité, dont la combinaison constituait une action mixte (Pothier, *Introd. gén. aux cout.*, §§ 121 et 122, et *Vente*, n° 465). Cette distinction n'offrait pas d'ailleurs en matière de compétence le même intérêt qu'aujourd'hui. En matière mixte, il était généralement reconnu que la règle *actor sequitur forum rei* s'appliquait, par le singulier motif que le caractère personnel était *dignior reali*. — L'action en résolution, sous le Code, a-t-elle cessé de recevoir la qualification que lui donnait l'ancien droit ?

Très-vraisemblablement le législateur de 1806 a suivi sur ce point la doctrine de Pothier.

Lorsqu'il a donné, dans l'art. 59, le choix entre le tribunal du domicile et celui de la situation, en matière d'actions mixtes, il est remarquable que, sur les trois actions ainsi qualifiées par le droit romain (§ 20 *De act. instit.*), il en est au moins deux auxquelles cette règle ne se rapporte pas. En matière de succession (*familiæ erciscundæ*), et en matière de société (*communi dividundo*,) du moins dans les cas les plus fréquents, il y a un domicile spécial. En matière de bornage, les règles des actions mixtes pourraient encore, en théorie pure, être considérées comme applicables, car cette action découle à la fois, d'après le Code, d'une servitude (646) et d'une obligation quasi-contractuelle (1370). Mais, en pratique, il est impossible de classer, au point de vue de la compétence, l'action en bornage parmi les actions mixtes, et de permettre de l'intenter ailleurs qu'au tribunal de la situation. La loi du 25 mars 1838 (art. 6) n'a t-elle pas décidé la question dans le sens de la réalité, en attribuant la compétence en cette matière au juge de paix, dans une certaine mesure et en l'assimilant ainsi à une action possessoire ?

Il est donc probable que le Code, en parlant d'*actions mixtes*, avait précisément en vue ces actions, ayant certains caractères personnels, et certains caractères réels, tendant à la fois à l'exécution d'une obligation et à la reconnaissance d'un droit réel, que, à tort ou à raison, les anciens auteurs et Pothier assimilaient aux actions appelées mixtes par Justinien. L'action en résolution était de ce nombre.

Si donc nous supposons que l'immeuble est resté
entre les mains de l'acheteur, l'action en résolution
sera intentée, au gré du vendeur, devant le tribunal
du domicile du débiteur ou devant le tribunal de la
situation. Tel nous paraît être le système qui ressort
de l'art. 59, si l'on recherche dans notre ancienne jurisprudence le sens et l'origine de la classification qu'il
consacre. Il faut bien convenir toutefois qu'il eût été
peut-être plus raisonnable en pratique de faire de cette
action une action purement personnelle; car le tribunal
du domicile du débiteur sera certainement bien plus
à même d'apprécier la situation et le degré de bonne
foi de l'acheteur, et de juger s'il y a lieu de lui accorder des délais. On peut répondre cependant que le
tribunal de la situation, à son tour, est plus apte que
celui du domicile à juger si la mal-tenue du domaine
ne fait pas courir au vendeur le risque de perdre à la
fois la chose et le prix. — Si l'immeuble a changé de
mains, nous avons dit ailleurs que le vendeur pouvait
opter entre deux partis. Il peut actionner séparément
d'abord le premier acheteur, puis le sous-acquéreur :
le premier, pour voir dire que le contrat est résolu;
le second, pour revendiquer contre lui l'objet, en conséquence de l'anéantissement du droit de son auteur.
La première action est mixte; la revente de l'immeuble
ne lui enlève pas son caractère, et Pothier ne distingue
pas entre cette hypothèse et celle où l'acheteur possède
encore. Le retour de la propriété, qui imprimait à
l'action un caractère de réalité, n'a-t-il pas lieu dans
le premier comme dans le second cas? — La seconde
action est une revendication; elle est donc purement

réelle, et sera intentée devant le tribunal de la situation.

Le vendeur peut, et c'est le plus simple, intenter contre l'un et l'autre une seule action, et, à raison de la connexité des deux affaires, les lier en une même instance. Il citera l'acquéreur primitif et le sous-acquéreur soit devant le juge du domicile du premier, soit devant celui de l'arrondissement où est situé l'immeuble.

Comme nous l'avons dit à plusieurs reprises, le retour de propriété, qui est le principal effet de la résolution, est opposable aux tiers, même de bonne foi. Cette bonne foi, qui consiste dans l'ignorance du défaut de paiement, et non pas seulement dans la confiance que l'acheteur paiera, donne cependant, même en matière immobilière, quelque avantage au possesseur évincé : 1° il garde les fruits comme tout possesseur de bonne foi, tandis que, d'après le droit commun, les accessoires devraient faire retour au vendeur avec le fonds lui-même; 2° de même que le sous-acquéreur d'un meuble non payé, s'il est de bonne foi, échappe à la résolution par la prescription instantanée, de même la bonne foi de l'acheteur d'un immeuble fera courir à son profit la prescription de dix ou vingt ans.

Mais aucune mesure de publicité n'était prescrite dans le Code pour la conservation du droit de résolution. Rien ne garantissait les tiers contre ce danger : et notre législation, vigilante en matière de privilége, avant qu'une main maladroite n'eût porté le désordre dans le système du projet, conservait la clandestinité de l'action résolutoire, laissant subsister ainsi, à côté des mesures protectrices édictées en faveur des tiers, une

institution de nature à détruire tout l'effet que ces
mesures pouvaient avoir. Rien ne révélait ce droit au
public, et il était pleinement indépendant du privilège.
Le vendeur avait pu, soit renoncer à celui-ci, soit le
perdre; il conservait la faculté d'exciper de l'art. 1184.
De quelle importance étaient pour le crédit et pour la
sureté des transactions les précautions que l'on pouvait
prendre, fussent-elles efficaces, pour ne pas laisser subsister contre les créanciers hypothécaires un droit de préférence occulte, si, au lieu de produire à l'ordre, le vendeur pouvait anéantir le contrat, et retirer purement et
simplement l'immeuble des biens du débiteur commun?
N'était-ce pas illusoire que d'enlever un droit de préférence, un démembrement de la propriété à quelqu'un qui
conservait le droit de reprendre la propriété elle-même?
La purge, qui avait éteint le privilège, ne pouvait même
donner à l'acquéreur une sécurité complète; car le droit
de résolution subsistait contre lui. (Aubry et Rau, III,
p. 285; — Troplong, II, 660; — Cass., 25 août 1841.)

L'adjudication sur saisie ne l'éteignait pas non plus,
et, après avoir payé son prix, après qu'un ordre avait
été ouvert où le vendeur avait négligé de se faire colloquer, l'adjudicataire pouvait se voir évincer par lui
(Cass. civ., 24 août 1831, etc). Ce système est si singulier que, lors de la promulgation du Code, quelques
doutes s'élevèrent : quelques jurisconsultes essayèrent
de soutenir que les règles rigoureuses posées en matière
de privilége supposaient que l'action en résolution ne
lui survivait pas. Merlin (*Répert.*, v° *Résolution*, n° 4),
sans cacher ses préférences pour ce système, le seul
raisonnable et le seul logique, fut obligé de recon-

naitre que ce n'était pas celui de la loi, et tous les auteurs se sont, depuis, rangés à son opinion. La jurisprudence, qui avait aussi hésité au début, suivit bientôt
les errements de la doctrine (Cass. 2 déc. 1811, 3 déc.
1817). — Mais alors quelques personnes crurent qu'à
l'inverse l'action en résolution conservait le privilége.
On soutint que le vendeur dont le privilége n'avait pas
été conservé pouvait néanmoins être colloqué en vertu
de ce privilége : puisqu'il pouvait, en demandant la résolution, dépouiller encore et tiers détenteurs, et créanciers hypothécaires, comment ne pourrait-il pas les
primer ? Qui peut le plus, peut le moins (Lyon, 20 mai
1828.) On repoussa encore ce système (Cass., 18 juillet
1825 ; — Montpellier, 1er avril 1832), et il resta bien
acquis que, dans le Code, le vendeur avait deux garanties parfaitement distinctes l'une de l'autre. « La perte
du privilége le faisait retomber au rang de créancier ordinaire. Mais il était toujours créancier : il était toujours
vendeur non payé, et il pouvait dès lors faire résoudre
la vente. » (Marcadé, VI, p. 291.)

Mais, dès cette époque, tous les jurisconsultes signalèrent au législateur cette inconséquence et ce danger : on montra combien il était urgent de protéger
les tiers contre cette action résolutoire et quelles in-
quiétudes cet état de choses faisait naitre, quelles entraves il apportait à la circulation des biens. Malgré
leurs efforts, malgré des réclamations incessantes, le
progrès fut lent à s'accomplir, et ce ne fut que peu
à peu, par des réformes successives et partielles, que
furent corrigés les vices de la loi, et que ses lacunes
furent comblées.

La première innovation législative que nous ayons à noter date de 1833. On discutait un projet de loi sur l'expropriation pour cause d'utilité publique, qui devint la loi du 7 janvier 1833. M. Lherbette fit observer que l'utilité publique étant quelque chose de permanent, les expropriations opérées pour cette cause contre l'acheteur ne pouvaient être anéanties ou arrêtées par une action résolutoire intentée par le vendeur non payé. Ce serait entraver les travaux publics, amener des frais et des lenteurs considérables, et cependant, comme cette expropriation est dirigée non contre la personne, mais contre l'immeuble, elle aurait été aussi bien prononcée vis-à-vis du vendeur que vis-à-vis de l'acheteur. En expropriant l'immeuble, on l'exproprie contre tous ceux qui ont sur lui des droits quelconques, actuels ou éventuels. La publicité donnée à cette procédure avertit du reste suffisamment le vendeur pour qu'il puisse se présenter en temps utile. Aussi posa-t-on en principe, dans l'art. 19 de la loi, que cette expropriation ne pourrait être annulée ni arrêtée par aucune demande en résolution ; le droit du vendeur n'est cependant pas perdu, et tant que l'indemnité n'a pas été payée, il peut exercer sur elle son action résolutoire, si mieux il n'aime exercer son privilége. Si donc l'indemnité allouée est plus considérable que le prix stipulé dans la vente, il aura le droit d'y prétendre à l'exclusion de tous autres, son action en résiliation étant reportée de l'immeuble sur le prix. La loi du 3 mai 1841 a reproduit cette disposition dans son art. 18.

Dans cette même année 1841, un autre projet de loi fournit aux partisans de la réforme l'occasion de

faire un progrès de plus, et de prévenir l'un des
plus graves abus du système du Code : la possibilité
pour le vendeur d'intenter son action résolutoire
contre des adjudicataires sur saisie. Ce sont en effet
les plus favorables de tous les acquéreurs ; ils sont
sollicités à acheter par des annonces multipliées; il
importe au succès des enchères qu'ils soient le plus
nombreux et le plus sérieux possible. Ils achètent sous
la foi de la justice ; tandis que l'acquéreur amiable
peut exiger de son vendeur tous les renseignements
qui peuvent le mettre au courant de la situation,
l'adjudicataire n'a aucun moyen de remonter à l'origine de la propriété mise en vente (Mourlon, *Transcript.*, II, p. 427). — Quand rien n'aura révélé à
l'adjudicataire l'existence de l'action résolutoire, il ne
faut pas qu'il puisse être plus tard dépouillé par elle.

Telles furent les raisons mises en avant par les
adversaires du Code dans la discussion de la loi du
2 juin 1841 sur la saisie immobilière. Allant plus
loin encore, ils soutinrent que, même au cas où l'action en résolution était révélée au public, il y avait
danger à la laisser survivre à l'adjudication. De deux
choses l'une : ou, prévenus de ce danger, les tiers seront écartés des enchères ou y apporteront une timidité
désastreuse pour le saisi et ses créanciers ; — ou bien,
voyant le vendeur assister, sans y mettre obstacle, aux
opérations de la saisie, ils auront tout lieu de croire
qu'il se contentera de produire à l'ordre, et se trouveront surpris quand, ayant payé leur prix, ils seront
actionnés par lui en résolution. Ce n'est pas manquer
à la foi du contrat que de sommer le vendeur d'opter

entre ses deux droits ; sans doute, il n'a pas le secret des enchères, et voudrait se réserver le droit d'opter quand il saura si le prix d'adjudication peut ou non suffire à le désintéresser. Mais ne peut-il pas avoir à l'avance des données assez précises pour se décider, et faut-il compromettre, pour cela, le succès des enchères et la sécurité de l'adjudicataire? On arriva ainsi au système suivant (art. 692 et 717, C. proc.) :

Le vendeur a-t-il rendu public son privilége, la saisie lui sera notifiée comme à tous les créanciers inscrits; cette notification le mettra en même temps en demeure de choisir entre ses deux droits, on le prévenant qu'à défaut d'avoir formé sa demande en résolution et de l'avoir signifiée au greffe du tribunal avant l'adjudication, il sera déchu du droit de la faire prononcer contre l'adjudicataire.

S'il n'est pas au nombre des créanciers inscrits, il ne sera pas averti ; et néanmoins, faute par lui d'avoir notifié sa demande en temps utile, il perdra le droit de l'exercer désormais. Jusqu'à l'adjudication, cependant, quoique non inscrit, il peut demander la résolution : seulement, le défaut d'inscription de son privilége pourra le dépouiller de ses deux droits : car, d'une part, l'adjudication sur saisie purge l'immeuble de tous les priviléges qui le grevaient; d'autre part, laissé dans l'ignorance des opérations de la saisie, il peut ne pas être, en temps utile, informé de l'urgence qu'il y a pour lui à former sa demande en résolution.

S'il a opté, en temps utile, pour l'action résolutoire, le tribunal lui fixera un délai pour la mettre à 'fin. Ce délai expiré, à moins que, pour des causes graves dûment justifiées, le tribunal n'en accorde un second, il sera passé outre à l'adjudication, et le jugement qu'obtiendrait ultérieurement le vendeur dans l'instance en résolution serait sans effet vis-à-vis de l'adjudicataire.

L'art. 838, dernier alin., étendait ces dispositions à l'adjudication prononcée à la suite d'une surenchère sur aliénation volontaire.

Quant aux ventes amiables, elles restèrent soumises au régime du Code.

Dès cette époque, une réforme plus complète fut mise à l'ordre du jour. Dans l'enquête ouverte sur le régime hypothécaire, des propositions nombreuses et diverses se produisirent. Les cours royales et les facultés de droit consultées fournirent dans leurs réponses tous les éléments d'une discussion approfondie. Mais le projet de loi en vue duquel cette volumineuse enquête avait eu lieu n'aboutit pas; les Chambres n'en furent jamais saisies.

En 1849 et 1850, quand l'Assemblée nationale s'occupa du projet de réforme hypothécaire, cette question ne pouvait passer inaperçue. Une commission extra-parlementaire présenta au gouvernement un projet d'après lequel la clause résolutoire tacite n'était pas opposable aux tiers. Le pacte commissoire exprès l'était seul, et injonction était faite au conservateur de le mentionner dans l'inscription d'office. Le conseil d'Etat accepta cette idée, et M. Bethmont fut chargé de la soutenir dans le sein de l'Assemblée. Ce n'était évidemment là qu'une demi-mesure; elle donnait bien au pacte commissoire une certaine publicité ; mais ce résultat aurait aussi bien été atteint pour la clause tacite par la transcription de l'acte qui mentionnait le non-paiement du prix. Les réformateurs ne se contentaient pas de demander que la clause résolutoire ne pût exister qu'à la condition d'être publique ; ils soutenaient que, même connue, la résolution toujours imminente était une entrave pour les transactions, une atteinte au crédit foncier, et qu'il fallait que les tiers contractant avec l'acheteur pussent être mis à l'abri de ce danger. A ce point de vue, le projet était impuissant, car il ne donnait aucun moyen de purger, et la clause résolutoire expresse fût d'ailleurs devenue bientôt de style.

Le temps n'était pas aux palliatifs et aux demi-mesures. La commission de l'Assemblée mit bien vite de côté la timide innovation de la commission extra-parlementaire et du conseil d'Etat, et proposa hardiment un projet bien autrement radical. Sa donnée, que M. Pougeard avait développée dans un remarquable travail (*De l'amélioration du régime hypothécaire*), était celle-ci : Suppression de l'action résolutoire dans les rapports du vendeur avec les tiers qui ont contracté avec l'acheteur, et ont reçu de lui soit la propriété, soit des hypothèques, soit d'autres droits réels. L'action en résolution serait opposable seulement à ceux qui n'auraient transcrit ou inscrit leurs droits que postérieurement à la mention de la demande en résolution en marge de la transcription de l'acte de vente.

Sur ce terrain, s'engagea une mémorable discus-

sion, un de ces grands débats parlementaires, qui, loin
de dépenser en vaines paroles un temps précieux,
jettent sur les matières qu'ils touchent une vive lumière, et fournissent aux intérêts qu'ils concernent la
garantie d'un examen approfondi; qui donnent aux
justiciables l'assurance qu'aucune mesure ne sera votée
sans que toutes ses conséquences soient prévues et ap-
préciées; enfin qui, s'ils ne réalisent pas immédiatement le progrès, le préparent et en ouvrent la voie, et
posent des bases solides pour les réformes à venir.

MM. Vatimesnil, Michel de Bourges, Dupont de
Bussac se firent les champions du projet de la commission. Inconnu, le droit de résolution est une occasion de surprises et de fraudes inévitables. Public, il
écartera les acheteurs, entravera la circulation des
biens, et ne permettra aucune amélioration du fonds.
Quel capitaliste voudrait acheter un fonds sur lequel
pèse un droit de résolution? Ne restât-il qu'une fraction minime du prix non payée, les à-compte versés
par l'acheteur n'augmenteraient pas son crédit; l'a-
cheteur qui veut revendre sera donc la proie des spé-
culateurs hasardeux, qui lui imposeront les conditions
les plus onéreuses pour compenser les risques qu'ils
courent. — Quel sous-acquéreur, que menacerait l'action résolutoire, oserait entreprendre sur l'immeuble
des travaux de nature à l'améliorer, à augmenter son
produit? Quel cultivateur serait assez hardi pour faire
sur le sol, qui peut d'un jour à l'autre lui être enlevé,
des avances considérables, qui ne se traduiraient même
pas en une plus-value immédiate et sensible? Le
crédit foncier exige donc impérieusement la suppres-

sion du droit de résolution, en tant qu'opposable aux tiers; et le vendeur ne saurait se plaindre, car il lui reste son privilége.

Ce système rencontra au sein de l'Assemblée d'énergiques résistances. M. Rouher, alors garde des sceaux, par un amendement devenu célèbre, leur fournit un point de ralliement et d'appui. Respecter la liberté des conventions; laisser à la volonté des parties, expresse ou tacite, tous ses effets, mais rendre public le droit de résolution; fournir aux tiers les moyens d'en purger la propriété : telle fut la pensée qui le lui dicta. Que signifierait la publicité du privilége, si l'action résolutoire survivait? que signifierait la purge du privilége, si elle ne mettait à l'abri de la résolution? M. Rouher proposait « de rattacher l'existence et la viabilité de l'action résolutoire à l'existence même du privilége... de telle sorte que la publicité du privilége constituerait la publicité de l'action résolutoire. » — Sauf cette modification, le régime du Code serait maintenu.

Deux voix puissantes s'élevèrent pour combattre le projet de la commission; MM. Valette et Crémieux mirent au service du principe de l'amendement Rouher tout ce que la dialectique la plus pressante, l'expérience des affaires la plus consommée, de profondes méditations sur la réforme hypothécaire, donnaient d'autorité à leur parole. Le projet succomba sous leurs efforts, et l'Assemblée, entraînée, vota le maintien de l'action résolutoire et l'amendement Rouher à 414 voix de majorité contre 288.

J'emprunte au discours par lequel M. Valette ré-

suma la discussion, l'exposé sommaire des motifs qui
déterminèrent ce vote (*Monit. univ.* du 18 déc. 1850).
— Détruire des droits que les parties ont entendu se
réserver, ont stipulés peut-être expressément (car le
projet allait jusque-là), c'est outre-passer les bornes ;
c'est s'engager dans une lutte contre les besoins publics qui ont fait consacrer pendant si longtemps, et
par presque toutes les législations, l'action résolutoire.
Réglementer ces droits, organiser un système de publicité qui permette de constater facilement l'état de
la propriété de chacun ; concilier les droits du vendeur
et la liberté des conventions avec l'intérêt du crédit,
telle est la tâche du législateur : ce n'est pas les concilier que de sacrifier arbitrairement les premiers au
second.

Et qu'est-ce que ce crédit dont on parle tant, et auquel on sacrifie le droit réservé par l'ancien propriétaire de reprendre son bien qu'on ne lui a pas payé ? Il
s'agit de permettre à un acheteur qui ne veut pas accomplir ses obligations de se procurer de l'argent sur
le bien dont il doit encore le prix, soit par emprunt,
soit par aliénation ! Ce crédit, c'est une prime donnée
à la mauvaise foi ; c'est, en définitive, une application des plus pratiques de l'*art d'utiliser le bien d'autrui*. — S'il offre des garanties sérieuses à son vendeur, que l'acheteur obtienne de lui la renonciation à
l'action résolutoire ! Mais si celui-ci veut la garder, s'il
entend n'aliéner son fonds qu'à cette condition, pourquoi l'en dépouiller ?

A l'intérêt peu avouable de cet acheteur négligent,
quels sont les intérêts que l'on sacrifie ? Est-il vrai que

le vendeur soit suffisamment protégé par son privilége?
Soit une propriété de 1,200 fr. (les 7 1/12 des ventes
qui ont lieu dans le cours d'une année sont au-dessous
de ce chiffre) : « Il faudra des saisies, des procès-ver-
baux, des cahiers des charges, des placards, des annonces dans les journaux, et tous les incidents possibles de la saisie immobilière. Vous aurez ensuite des
règlements d'ordre, et lorsque vous serez arrivés nécessairement à un état de frais montant à 200 ou
300 fr., vous dites au vendeur: Que nous importe?
Vous prendrez ce qui vous est dû en argent. Sur votre
créance de 600 à 700 fr., vous aurez à défalquer une
somme de 200 à 300 fr. Voilà ce que vous répondrez
à un paysan qui n'est pas payé et qui redemande son
bien : suivez les règles de la procédure, passez à l'expropriation ; adressez-vous à un avoué, il fera marcher
votre affaire : apposez des placards, faites des annonces,
un ordre, et vous serez colloqué ! »

Et si le nouvel acquéreur a revendu par parcelles
à dix sous-acquéreurs, au lieu d'une poursuite en
résolution que le vendeur intenterait contre tous par
une seule et même action, il lui faudra suivre dix
expropriations, ou répondre à dix notifications à fin de
purge par dix surenchères différentes ! Le fisc seul ga-
gnerait à l'établissement d'un pareil *crédit foncier*, et
le résultat certain serait de faire manger le fonds en
frais, et de déprécier toutes les petites propriétés : car
la vente au comptant étant désormais seule sans danger, les acheteurs seraient nécessairement plus rares.

Publier, réglementer, organiser le droit, c'est la
seule manière de donner au crédit public une satisfac-

tion légitime : aller plus loin, ce serait violer des droits sacrés, attenter à la liberté des parties, introduire dans la circulation des biens, par la méfiance que l'on ferait naître chez les vendeurs, plus d'embarras et de gêne que n'en apportait l'action résolutoire elle-même.

Outre l'amendement de M. Rouher, M. Valette proposait, en terminant, plusieurs réformes complémentaires :

Si l'immeuble avait acquis une plus-value, si des a-compte avaient été versés, ce que restituerait le vendeur, reprenant son immeuble, serait affecté aux créanciers hypothécaires ;

Une extension très-simple de l'art. 717 C. proc. permettrait de purger l'action en résolution à la suite d'une aliénation volontaire comme à la suite d'une aliénation forcée.

Après ce discours, comme nous l'avons dit, l'amendement Rouher fut voté à une imposante majorité. Mais les événements politiques firent avorter le projet de réforme hypothécaire, qui alla grossir la collection des documents amassés depuis 1843.

Lors de la discussion de la loi de 1855, M. Rouher put reproduire, au sein du conseil d'État, dont il était alors président, l'amendement qu'il avait proposé en 1850, et il a pris place dans la loi nouvelle, dont il forme l'art. 7. « L'action résolutoire établie par l'art. 1654 C. Nap. ne peut être exercée après l'extinction du privilége du vendeur, au préjudice des tiers qui ont acquis des droits sur l'immeuble du chef de l'acquéreur et qui se sont conformés aux lois pour les conserver. »

Si l'on n'interprétait cet article qu'en le rapprochant

des autres dispositions de la loi, on pourrait croire que l'action est éteinte seulement quand le privilége est perdu faute d'une publicité suffisante. Mais si l'on se rappelle quelle en a été l'origine, et dans quels termes M. Rouher le présentait en 1850, on en conclura que toute extinction du privilége anéantit le droit de résolution; qu'en procédant à la purge, on en débarrasse l'immeuble, en même temps que du droit de suite; que la renonciation même au privilége impliquerait abandon de l'action résolutoire.

Six mois étaient donnés aux vendeurs, dont le privilége était éteint le 1er janvier 1856, pour conserver par une inscription leur droit de résolution.

Ce droit est donc soumis désormais au régime que nous avons indiqué plus haut pour la conservation du privilége. Quoique ce système ne nous paraisse pas irréprochable, la loi de 1855, en rattachant l'un à l'autre les deux droits du vendeur, réalise un véritable progrès : de même qu'elle a rendu un grand service que nous ne devons pas méconnaître, en remettant en honneur le principe de la publicité des actes concernant la propriété immobilière; et, le principe étant posé, les conséquences s'en dégageront forcément peu à peu. Puisse le législateur couronner son œuvre, arriver un jour à une réforme plus complète, et mettre enfin un ordre plus parfait dans cette matière si importante et si difficile!

Nous devons encore signaler une disposition de la nouvelle loi, relative à la résolution. Dans son art. 4, elle exige que le jugement qui la prononce soit mentionné en marge de l'acte d'aliénation transcrit, dans le mois à dater du jour où il a acquis force exécutoire. Il est évident que l'acte constatant l'aliénation-résolue serait pour les tiers qui contracteraient avec l'acheteur un danger presque aussi grave que le serait pour ceux qui contracteraient avec le vendeur le défaut de transcription de la vente maintenue. L'obligation de faire faire cette mention est imposée à l'avoué qui a obtenu le jugement, et aux termes de l'art. 4, une amende de 100 francs punirait sa négligence à l'accomplir. L'omission de cette formalité n'empêcherait pas, du reste, le jugement d'être opposable aux tiers qui contracteraient postérieurement avec l'ancien acheteur.

Telle est la législation qui nous régit. L'avons-nous comprise ? Avons-nous réussi à l'exposer telle que nous la comprenions ? Nous osons à peine l'espérer. Nous hasardant d'un pas mal assuré sur un terrain aussi scabreux, comment n'aurions-nous jamais bronché ? Autant que nous l'avons pu, nous avons pris nos maîtres pour guides ; mais quelquefois, ils nous ont fait défaut, et nous avons dû chercher seul notre route ; parfois nous nous sommes écarté de la voie qu'ils nous montraient ; comment nous flatterions-nous de ne nous être jamais égaré ? Qu'ils nous le pardonnent ; car ce sont eux qui nous ont enseigné à n'accepter jamais, même de leur bouche, que des vérités qui nous parussent démontrées, et à ne pas reconnaître d'articles de foi dans les sciences humaines. Même quand nous nous permettons de discuter leurs doctrines, ce sont encore leurs leçons qui nous soutiennent et nous dirigent ; car c'est à leur école que nous avons appris les règles et les principes qui nous permettent de contrôler leurs opinions.

POSITIONS

DROIT ROMAIN.

I. Les servitudes pouvaient, en droit prétorien, être constituées par simple pacte.

II. L'arbitrium du juge dans la revendication pouvait être exécuté *manu militari*.

III. Le vendeur en droit romain n'a pas de privilége sur la chose vendue.

IV. La *lex commissoria* était toujours conçue sous la forme de condition résolutoire.

V. L'acheteur qui n'a pas payé dans le délai fixé ne peut pas purger sa demeure en offrant son prix.

VI. La consignation n'était pas nécessaire pour valider les offres faites, en vue d'éviter la *lex commissoria*, au vendeur qui refusait de recevoir son paiement.

VII. Après la résolution de la vente, les arrhes étaient perdues pour l'acheteur; mais les à-compte lui étaient restitués.

VIII. Le retour légal de la propriété au vendeur par l'effet de la condition résolutoire réalisée n'a été longtemps que l'opinion d'une minorité parmi les jurisconsultes. Ce n'est que sous Justinien que nous le trouvons définitivement consacré.

IX. Quelques divergences qu'il faille reconnaître sur ce point entre les fragments du Digeste et du Code, il est peu probable que les lois 3 et 4 *De pact. int. empt.* C. soient l'expression des deux doctrines contraires : la seconde nous paraît se placer dans l'hypothèse d'une tradition faite à titre précaire par le vendeur à l'acheteur.

DROIT FRANCAIS.

I. Si l'objet vendu et non payé a été donné en gage par l'acheteur, le privilége subsiste à l'égard de tous autres que le créancier gagiste.

II. L'immobilisation par destination laisse subsister le privilége et le droit de résolution du vendeur des meubles immobilisés.

III. Le vendeur d'un office ministériel a un privilége.

IV. Le vendeur d'effets mobiliers prime les privilégiés de l'art. 2101.

V. Le droit que l'art. 2102 4° désigne sous le nom de revendication n'est autre chose que la reprise du droit de rétention.

VI. La résolution est admise dans les ventes de meubles comme dans celles d'immeubles.

VII. Le privilége du vendeur doit être étendu à l'échangiste.

VIII. Le donateur avec charges a une véritable créance : le donataire ne peut s'en affranchir en abandonnant la donation.

IX. Le privilége du vendeur garantit les intérêts dus, même au delà de deux ans et l'année courante.

X. Le renouvellement décennal de l'inscription n'est pas imposé au vendeur à peine de déchéance du privilége.

XI. Le jugement déclaratif de faillite ne fait pas obstacle à la conservation du privilége du vendeur par la transcription de la vente.

DROIT COMMERCIAL.

L'art. 550 du Code de commerce ne souffre aucune distinction.

DROIT INTERNATIONAL.

I. Un enfant naturel, né en France, d'un père Anglais ou Russe et d'une mère Française, ne serait pas légitimé par le mariage de ses père et mère, contracté en France avant sa majorité.

II. La loi de 1825 punit comme faits de piraterie des actes que le droit des gens n'admettra jamais comme tels.

DROIT PÉNAL.

I. L'autorisation du conseil d'État n'est pas un préliminaire obligé de la poursuite intentée contre un ministre du culte à raison de faits relatifs à ses fonctions.

II. Les agents de la police secrète, qui ont dénoncé un fait délictueux, peuvent être cités comme témoins. L'art. 322 du Code d'inst. crim. ne leur est pas applicable.

DROIT ADMINISTRATIF.

Les propriétaires de maisons prenant jour sur une route ou une rue, ont un véritable droit de servitude sur le terrain qu'elle occupe, pour le cas où elle viendrait à être déclassée.

HISTOIRE DU DROIT.

I. Il est impossible de fixer d'une manière précise la date de l'introduction de l'appel comme d'abus dans notre droit. Il naquit des luttes de l'Église et de l'État au moyen âge, et se développa suivant les phases diverses de ces luttes.

II. Le fait capital dans l'histoire de ses origines est l'introduction des clercs dans le parlement royal sous Philippe-le-Bel et l'attribution de l'appel simple des officiaux aux parlements.

Vu par le Président de la Thèse,

G. BONNIER.

Vu par le Doyen,

C. A. PELLAT.

Permis d'imprimer,

Le vice-recteur,

A. MOURIER.

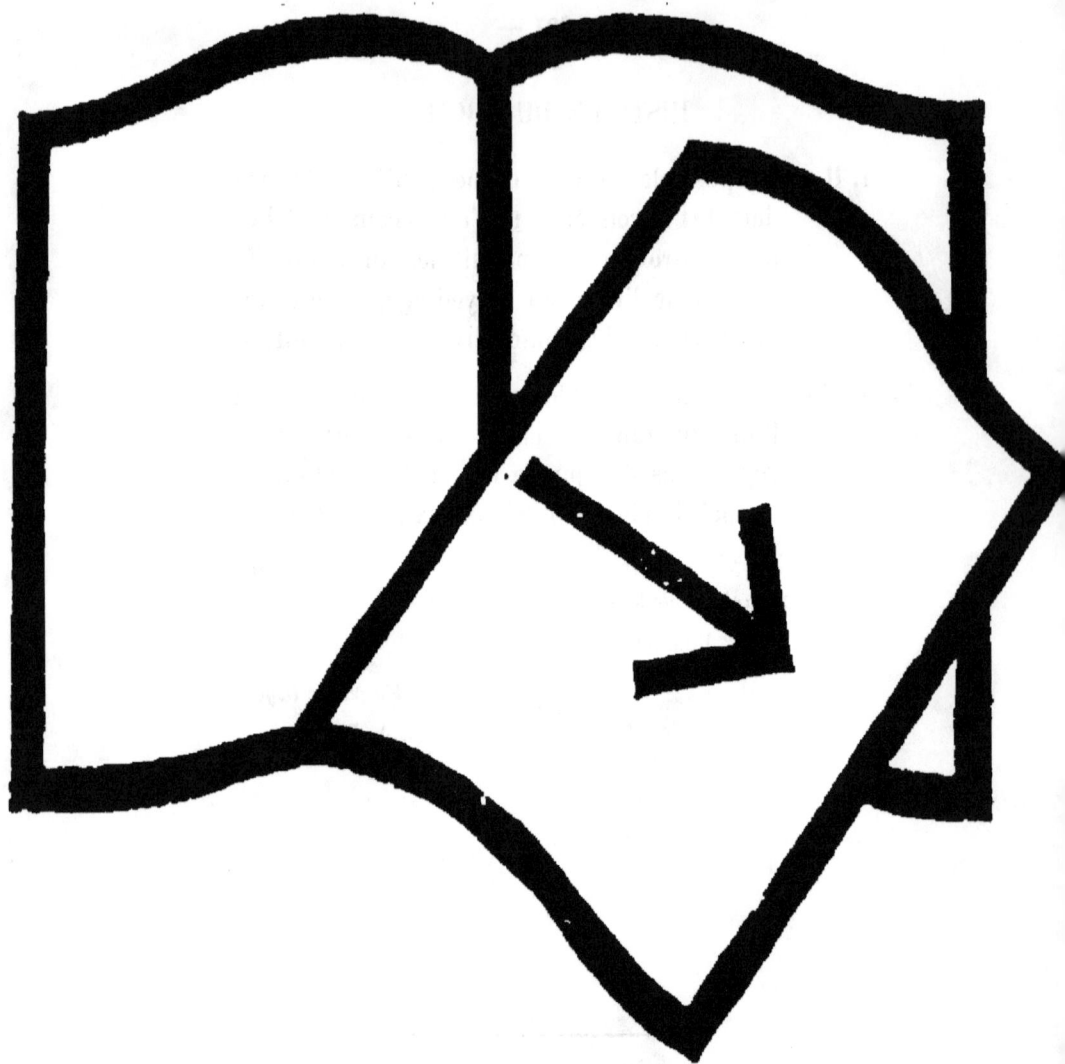

Documents manquants (pages, cahiers...)

NF Z 43-120-13

www.ingramcontent.com/pod-product-compliance
Lightning Source LLC
Chambersburg PA
CBHW070243200326
41518CB00010B/1671